›Der versteckte Garten‹ ist eine kenntnisreiche Einführung in die Welt der Kabbala. Anhand eines historischen Abrisses gibt die Autorin die Entwicklung der einzelnen Lehren der jüdischen Mystik wieder. Sie stellt Schulen, Lehrmeister und Methoden vor und untermauert ihre Ausführungen mit Zitaten aus historischen Texten, so daß wichtige Vertreter der unterschiedlichen Richtungen wie Joseph Caro, Simeon bar Jochai, Isaac Luria, Abraham Abulafia und Baal-schem Tow zu Wort kommen. So zum Beispiel Baal-schem Tow, der die Kabbala für den einfachen Menschen zugänglich machte, indem er seine Idee des ›Gott Anhangen‹ in das alltägliche Leben einbettete. Nach Baal-schem Tow erreicht der Mensch seine Vervollkommnung in Gott nicht allein durch Fasten und Selbstkasteiung, sondern auch durch die Wertschätzung des Göttlichen im Alltag.

Besserman weist auf extreme Entwicklungen und ihre Folgen hin, und sie zeigt Parallelen zu anderen esoterischen Traditionen auf. Doch vor allem macht sie deutlich, daß die Kabbala ein Weg spiritueller Schulung ist, der den Übenden zu eigener, unmittelbarer religiöser Erfahrung führt.

Dr. phil. Perle Besserman wuchs in New York in einer jüdischen Familie auf, die auf den Baal-schem Tow (Rabbi Israel Elesier, 1699–1769) zurückgeht, jenen herausragenden Mystiker und Lehrer des osteuropäischen Judentums, der der Begründer des Chassidismus und Held vieler jüdischer Legenden ist. Bereits in ihrer Kindheit machte die Autorin Bekanntschaft mit den mystischen Überlieferungen der Juden, und später studierte sie viele Jahre mit Rabbi Aryeh Kaplan, dem führenden amerikanischen Übersetzer kabbalistischer Texte und Interpreten der esoterischen Traditionen seines Volkes. Perle Besserman verfaßte mehrere Bücher und zahlreiche Artikel für Fachzeitschriften. Durch Vortragsreisen wurde die Autorin auch im deutschen Sprachraum bekannt.

Perle Besserman

Der versteckte Garten

Die Kabbala als Quelle spiritueller Unterweisung

Aus dem Amerikanischen von
Angelika Schweikhart

Fischer
Taschenbuch
Verlag

Spirit
Herausgegeben von Micheline Rampe
und Stephan Schuhmacher

Deutsche Erstausgabe
Veröffentlicht im Fischer Taschenbuch Verlag GmbH,
Frankfurt am Main, Mai 1996

Die amerikanische Originalausgabe erschien 1978 unter dem Titel
›Kabbalah. The Way of the Jewish Mystic‹ bei Doubleday, New York

Quellennachweise am Ende des Bandes
Satz: Fotosatz Otto Gutfreund GmbH, Darmstadt
Druck und Bindung: Claussen & Bosse, Leck
Printed in Germany
ISBN 3-596-13013-1

Gedruckt auf chlor- und säurefreiem Papier

Inhalt

Vorwort

Es freut mich sehr, für die amerikanische Neuausgabe von *Der versteckte Garten* ein Vorwort schreiben zu können. Das Buch hatte meine eigenen Forschungen zur Kabbala angeregt und befruchtet. Auf dem dunklen, unruhigen Meer der Bücher, die dieses exotische Reich zu beschreiben versuchen, war Perle Bessermans Buch wie ein Leuchtfeuer für mich, das mir den Weg zum Verständnis dessen wies, worum es in der jüdischen Mystik geht. Die Betonung der historischen Einordnung, die Originalzitate aus den heiligen Texten, der wirkungsvolle Gebrauch hebräischer Begriffe halfen mir am Anfang meiner eigenen Suche, mich in einem riesigen, oft verwirrenden Bereich zurechtzufinden.

Das Buch bestätigte auch meinen Anfangsverdacht, daß die Kabbala viele interessante Merkmale mit anderen spirituellen Traditionen gemein hat. Man erfährt zum Beispiel, daß die Regulierung des Atems, spezielle Körperhaltungen und komplexe Visualisierungen auch zur jüdischen Mystik und nicht nur zum Yoga und dem Daoismus gehören. Mit ausgeprägtem ökumenischem Gespür beleuchtet Dr. Besserman in ihrem Werk diese auffallenden Ähnlichkeiten im Denken und in der Praxis.

Als dieses Buch in den 70er Jahren verfaßt wurde, war das keine leichte Aufgabe. Außer Gershom Scholems trockenen, wissenschaftlichen Schilderungen und Martin Bubers stilisierter Wiedergabe der frühen chassidischen Geschichten gab es auf dem Buchmarkt so gut wie nichts zu diesem Thema. Für jemanden, der etwas Sinnvolles über die Kabbala erfahren wollte, war das frustrierend. Man konnte natürlich okkultistische Darstellungen der Kabbala finden, aber diese waren und sind, besonders für Anfänger, von zweifelhaftem Wert. Wie die Weisen sagten: Halbwahrheiten sind manchmal gefährlicher als Lügen, und diese okkultistischen Abhandlungen waren voller Ungenauigkeiten und Entstellungen.

Nicht so Perle Bessermans Buch. Dank ihrer Prägung durch die Jeschiva-Kultur ist ihr Werk eine wirkliche Würdigung des Judentums, seiner jahrhundertealten Erscheinungsformen und seiner Lebensweise. Doch im Unterschied zu vielen anderen Darstellungen dieser spirituellen Tradition atmet ihr Buch einen lebendigen jüdischen Geist. Sie zeigt überzeugend, daß das Spektrum des Judentums über Jahrhunderte den Rahmen für eine individuelle, mystische Ausdrucksweise geliefert hat: von der Kontemplation der geheimen Lehren in der *Thora* bis zum ekstatischen Gebet und zu Meditationen über die Buchstaben des hebräischen Alphabets. Sie zeigt deutlich, daß die Kabbalisten bei all ihren Unternehmungen fest auf dem Boden der Ethik stehen und daß das Emporsteigen auf der Himmelsleiter immer eine geduldige, schrittweise unternommene Reise zum Göttlichen ist.

Es überrascht nicht, daß Perle Besserman diesen jüdischen Geist so treffend vermittelt. Sie wuchs in New York auf und erhielt eine fundierte jüdische Ausbildung. Ebenso wichtig war vermutlich Rabbi Aryeh Kaplan, der herausragende moderne Interpret und Übersetzer klassischer kabbalistischer Texte. Er war für einige Jahre ihres Erwachsenenlebens ihr Lehrer und förderte ihr Gespür für die besonderen Feinheiten der heiligen Schriften. Die Kabbala hat immer besonderen Nachdruck darauf gelegt, daß wir den bestmöglichen Lehrer finden, und Dr. Bessermans Buch beweist, daß sie diesem Prinzip gefolgt ist.

Seit dem ersten Erscheinen des Buches hat das Interesse an jüdischer Mystik stark zugenommen. Glücklicherweise ist heute davon sehr viel mehr zugänglich, und die rege Neugier auf den esoterischen Zweig des Judentums wächst weiter. Als Reaktion auf meine einschlägigen Bücher und Artikel erhalte ich beinahe täglich Anfragen von Lesern aus abgelegenen Orten, die eine intensivere Verbindung mit Theorie und Praxis der Kabbala suchen. In der ganzen Welt fühlen sich plötzlich Menschen aus jeder Religion und mit jedem denkbaren Hintergrund von diesem alten Weg der Erkenntnis angezogen. Das letzte Kapitel dieses Buches schildert treffend, wie die Sachlage noch vor gar nicht allzulanger Zeit war, als die kabbalistische Forschung außerhalb der chassidischen Gemeinden ein sehr einsames Einzelunternehmen war.

Doch auch heute, da die kabbalistische Forschung weiter fortgeschritten ist, hat Dr. Bessermans Buch nichts von seiner Bedeutung eingebüßt. Es bleibt ein fesselnder Reiseführer in die verwirrende Welt der jüdischen Mystik und läßt uns diese alte Weisheitstradition besser verstehen.

Dr. phil. Edward Hoffman

Einleitung

Im 13. Jahrhundert kam zu einem jüdischen Mystiker ein Schüler, der die Kunst der *Hitbodeduth* oder Meditation lernen wollte.

»Bist du in einem Zustand völligen inneren Gleichgewichts?« fragte der Meister.

»Ich denke«, antwortete der Schüler, der fromm gebetet und gute Werke getan hatte.

»Wenn dich jemand beleidigt, fühlst du dich noch gekränkt? Wenn du Lob erhältst, weitet sich dann dein Herz vor Vergnügen?«

Der potentielle Schüler dachte einen Moment nach und antwortete dann etwas einfältig: »Ich glaube, ich fühle mich gekränkt, wenn ich beleidigt, und stolz, wenn ich gelobt werde.«

»Dann gehe und praktiziere die Loslösung von weltlichen Leiden und Freuden noch einige Jahre länger. Dann kannst du zurückkommen, und ich werde dich in Meditation unterweisen.«

Dieser Novize mußte sicherlich nicht seine Sachen packen und sich in eine Höhle zurückziehen, um sein Ich durch Fasten zu unterwerfen, denn die Verhaltensregeln und täglichen Praktiken des traditionellen Judentums waren alles, was er als Unterweisung zur Ichlosigkeit brauchte. Das Gebet über sein Brot am Morgen erinnerte ihn an den göttlichen Grund, auf dem sein Lebensunterhalt beruhte. Er konnte lernen, sich selbst weniger wichtig zu nehmen, indem er das »Wunder« der gewöhnlichen Akte wie Atmen, Essen, Schlafen, Liebe mit seiner Frau und Handel mit seinen Nachbarn kontemplierte. Mit einem hochkonzentrierten Geist konnte der jüdische Mystiknovize sich mitten im Alltagsleben auf die Erleuchtung vorbereiten, indem er eine geistige Leiter hinaufstieg, die zwar in der Erde verankert war, ihn aber doch unvermeidlich zu Gott hinführen würde. Die uneingeschränkte Beachtung der Gebote würde sein Ich schließlich so demütig werden lassen, daß er in der stetigen Gegenwart des Allmächtigen einen Zustand genannt »Ehrfurcht« erfahren würde. »Ehrfurcht« würde schließlich zu »Liebe« und »Liebe« zu »Anhangen« werden. »Liebe den Herrn, deinen

Gott, […] gehorche Seiner Stimme und hange Ihm an; denn das ist dein Leben und die Länge deiner Tage«, sagt der Autor des Deuteronomium, eine Aussage, die von jüdischen Mystikern seit den biblischen Zeiten wörtlich genommen wurde. Aus dieser Perspektive kann ein Großteil der Bibel als Handbuch der Unterweisung gelesen werden, das den Weg des Mystikers, angefangen beim Rückzug von sinnlichen Bindungen (Ekklesiastes) über die Höhen und Abgründe des geistigen Kampfes (Psalmen) bis zur Einheit der Seele mit ihrem Schöpfer, schildert (Hoheslied).

Der Maggid von Meseritz, ein brillanter chassidischer Philosoph des 18. Jahrhunderts, beschreibt das so: »Ein Mann sollte sein Ich so lange von seinem Körper trennen, bis er durch alle Welten hindurchgegangen und eins mit Gott geworden ist, bis er völlig aus der körperlosen Welt verschwunden ist.«

Sein Schüler Schneur Salman nannte diesen Prozeß *Bittul ha-Jesch*, Vernichtung des begehrenden Selbst. Dennoch sind die jüdischen Mystiker eine paradoxe Kombination aus Spiritualität und Weltlichkeit. Juden sind ihrer Natur nach praktisch, sie stehen fest auf dem Boden. Sie wissen fast instinktiv, daß das, was aufsteigt, auch wieder herunterkommen muß, und daß, wie »illusorisch« auch immer, diese Welt eine »Universität für die Seele« ist. Mit den Füßen auf dem Boden und dem Kopf in den Wolken gehen, ist ein riskantes Unternehmen. Wenn der Meister vom Schüler verlangt, er solle sein Ich auf dem Marktplatz vernichten, dann setzt er ihn auf den ersten und untersten Ast eines Baumes, dessen Wurzeln aus unserer Welt der Menschen, Tiere, Pflanzen und Mineralien, der Schmerzen, Leiden und Freuden, von Zeugung und Tod bestehen und dessen höchste Äste bis zu dem lautlosen, unbekannten und unkennbaren Wohnsitz des UNENDLICHEN reichen. Mehr noch: Wenn der jüdische Mystiker einmal gelernt hat, seinen Weg auf der Wurzelebene des Baumes zu gehen, ohne zu straucheln, wird er schließlich die Verantwortung dafür tragen, daß die höchste Welt mit der niedersten vereint wird. Von ihm wird erwartet, daß er sich am gesellschaftlichen Leben in Politik, Familie und Gemeinde beteiligt und doch zugleich in vollkommener, uneingeschränkter Gemeinschaft mit Gott lebt.

Für den Juden sind Gemeinschaft und religiöses Leben ein und dasselbe. Der Mystiker kann sich auch in seinen spirituellen Praktiken nicht von seinen Mitbrüdern absondern, denn der Kern seines Glaubens, die Offenbarung am Sinai, ist nicht einem Menschen geschehen, sondern einer Gemeinschaft von sechshunderttausend Seelen. Seit damals ist die jüdische mystische Erfahrung immer eine gemeinschaftliche geblieben. Leiden und Verfolgung haben Hoffnung auf messianische Erlösung in sie einfließen lassen; das Exil hat sie mit Nationalismus gefärbt. Wenn nicht fremde Tyrannen an der Auslöschung der jüdischen Gemeinschaft arbeiteten, dann taten falsche Messiasse und Häresiejäger ihr Bestes, die mystische Vision von innen heraus zu zerstören. Im 17. Jahrhundert gelang es dem in Smyrna geborenen Sabbatai Zwi, einem selbsternannten Messias, alle jüdischen Gemeinden in Europa und dem Nahen Osten aufzuwühlen. In Erwartung der unmittelbaren Erlösung aus seiner Hand folgten ekstatische Gruppen ihrem manisch-depressiven Anführer in die Türkei. Diejenigen, die nach Hause zurückkehrten, waren oft gebrochene, mittellose Nomaden. Diejenigen, die an ihrem blinden Glauben festhielten, wurden zügellos und abtrünnig. Im Namen der mystischen Erlösung wäre es Sabbatai Zwi (der schließlich selbst zum Islam konvertierte) beinahe gelungen, die jüdische Mystik ein für allemal zu zerstören.

Nach diesem Debakel praktizierten die wahren Anhänger der mystischen Tradition mehr als hundert Jahre lang im Untergrund, bis sie im 18. Jahrhundert als europäische Chassidim wieder auftauchten. Und dann entstanden während der nun folgenden, langsam verfallenden chassidischen Dynastien Kulte um einen Meister, einen *Zaddik*, von dem man glaubte, daß er über einen Vorrat an göttlicher Gnade verfüge, der groß genug war, eine ganze Gemeinde von träumenden Anhängern zu verwandeln. Männer gaben ihre Berufe auf, trugen exotische Kleidung und pflegten im Namen ihres *Zaddik* exzentrisches Verhalten. Sie ließen ihre Familien in Armut zurück, trugen den Meister in einer Sänfte durch die Straßen und dienten nur seinen Bedürfnissen. Diese Art der Verehrung war sehr unjüdisch, denn Juden konnten sich schon immer nur schwer der absoluten mentalen Tyrannei anderer Menschen unterwerfen. Große Lehrer wurden immer verehrt, aber ein Jude sollte nicht vor einem Götzenbild knien, auch nicht, wenn er die Heiligkeit seines geistlichen Meisters darauf projiziert. Dennoch gab es bei den Juden auch weiterhin einen Hang zur Lehrerverehrung, die auch heute noch erkennbar ist.

Aufgrund ihrer gemeinschaftlichen Struktur bedeutet die mystische jüdische Praxis eine doppelte Last: der Mystiker muß nicht nur lernen, Gott anzuhangen, er muß auch die ganze Gemeinde, die ganze Schöpfung mit sich nehmen! Und um sie auf dem Weg nicht zu zerstören, muß er vollkommen sein. Mit Moses als Vorbild muß sich der jüdische Mystiker in seinem Alltagshandeln mit jedem Atemzug auf Gott konzentrieren; aber er muß auch immer von dem »hohen Ort« herabkommen und unter den Menschen leben. Wenn er sich Gott »unterwirft«, entwickelt er eine so große Liebeskraft, daß er den göttlichen Einfluß in diese unvollkommene Welt der Menschen hereinbringt.

Seit den frühesten Zeiten war die Praxis in der jüdischen Mystik geheim. Im 11. Jahrhundert nannte ein spanischer Philosoph namens Ibn Gabirol diese geheimen mündlichen Lehren »Kabbala« oder »Überlieferung«. Seit damals wird die jüdische mystische Praxis allgemein als »Kabbala« bezeichnet. Das sollte uns aber nicht fehlleiten, denn dieselbe geistliche Lebensweise und -führung, dieselbe Teilnahme an der Gemeinschaft herrschte unter Juden unabhängig von Zeit und Kultur lange vor dem 11. Jahrhundert. Die Kabbalisten leisteten ganze Arbeit. Aus Angst vor Verfolgung aus den Reihen der jüdischen Gemeinschaft und von außen verbargen sie eine bereits ziemlich esoterische Tradition noch gründlicher. Die komplizierten Diagramme und mystischen Texte, die heute als Kabbala gelten, wurden oft absichtlich verstümmelt, um den uneingeweihten Blick zu verwirren. Die Überlieferung selbst wurde mündlich vom Meister an den Schüler weitergegeben; damit wurde einerseits ihre Integrität gesichert, andererseits persönliche Anleitung gegeben. Im 13. Jahrhundert kam ein Großteil davon in geschriebener Form in dem Buch *Sohar* (»Buch des Glanzes«) ans Licht, das die Taten und Lehren von Rabbi Simeon bar Jochai, einem Weisen und Meisterkabbalisten aus dem 1. Jahrhundert, beschreiben soll. Doch auch diese »Erläuterung« des kabbalistischen Glaubens und Handelns bringt Laien und Gelehrten kaum mehr Information über seine praktische Anwendung, als sie zuvor schon hatten.

Die Kabbala ist kein intellektuelles Unterfangen, und sie ist auch nicht – wie der Talmud – eine rationale Exegese des jüdischen Gesetzes. Sie ist zunächst und vor allem eine mystische Praxis, aber eine, die völlig vom Judentum abhängig und in es integriert ist. Der Versuch, kabbalistische »Meditation« zu praktizieren, ohne deren Grundlagen in der Thora (dem Pentateuch) zu verstehen, wäre wie der Versuch, ohne Flügel zu fliegen. Man kann nicht einmal anfangen, das mystische Leben eines Juden zu führen, ohne Kenntnis des Hebräischen, denn der Stoff der Kontemplation ist die Sprache der Thora. Verschiedene Kabbalisten haben einzelne Buchstaben, die in Kapiteln und Versen enthalten sind, als Gegenstand der Meditation gebraucht. Im Gegensatz zu vielen anderen geistlichen Disziplinen, die den Suchenden dazu anhalten, sich von allem zu entfernen, sich an einen ruhigen Ort auf dem Land zurückzuziehen und zu meditieren, wird der jüdische Mystiker dazu gedrängt, das Leben inmitten weltlicher Aktivitäten in einer neuen Weise anzugehen. Er beginnt mit dem Rat der talmudischen Weisen, die ihn drängen, »Brot mit Salz zu essen, mäßig Wasser zu trinken, auf dem Boden zu schlafen, ein karges Leben zu führen und mit Eifer zu studieren«.

Verschiedene Meister haben diese Anweisung verschieden interpretiert. Die Zerstreuung der Juden hat eine durchgängige Schule der mystischen Praxis fast unmöglich gemacht. Das Wunder ist, daß trotz der verstreuten und kulturell unvereinbaren jüdischen Gemeinschaften die jüdischen mystischen Praktiken einander so ähnlich sind. Das Hebräische als die gemeinsame Sprache hat ohne Zweifel dazu beigetragen. Die alten Mystiker legten großen Wert auf visionäre Erfahrung und Kontemplation. Die sephardischen Juden konzentrierten sich mehr auf die prophetischen Aspekte der Meditation und auf die Juden als eine heilige Gemeinschaft. Die europäischen Juden erhoben das Gebet zu göttlichem Status. Mehr als fünftausend Jahre lang hat die Kabbala, geleitet vom Pentateuch und den Gesetzen, manchmal dunkel und manchmal strahlend geblüht. Oft war die Mystik so vollkommen in das Alltagsleben der Juden integriert, daß sie unbemerkt blieb. Doch heute scheint sie eine populäre Wiedererweckung zu erfahren. Da in der Kabbala die Worte ihrer großen Meister und deren persönliche Haltung zu ihrer Praxis im jüdischen Leben im Mittelpunkt stehen, läßt sie sich am besten durch das Beispiel ihrer verschiedenen Lehrer verstehen.

»Gott reist inkognito«

Ein anonymer Atheist
auf seiner Reise durch Israel

I. Das mystische Leben

1 Die Vorbereitungsphase: Pflege der Ehrfurcht

Der verborgene Garten

Das Studium der Kabbala gleicht dem Betreten eines herrlichen, aber gefährlichen Gartens. Öffne das erste Tor, und du stehst vor großen Weinstöcken und Schlingpflanzen, sich bewegenden Blumen, goldenen Vögeln und sprechenden Schmetterlingen. Durchschreite das nächste Tor, und die ganze Szene ist verschwunden. Jetzt wird dir ringsum sonnengetränktes Wasser vorgetäuscht, das sich bei näherem Hinsehen als die Marmorhalle eines großen Palastes erweist. Öffne ein anderes Tor, und du betrittst die Welt der körperlosen Klänge, wo sanftes Flügelschlagen ankündigt, daß du in das Reich der *Ofanim*, der Engelwesen in Gestalt von Rädern, gelangt bist. Jedes Tor dieses Gartens führt tiefer in halluzinatorische Visionen, verstrickt den unvorsichtigen Wanderer bei jeder Wendung immer stärker.

Der erfolgreiche Pilger, der sein psychisches, ethisches und spirituelles Selbst bewahrt hat, geht weiter, bis er einen hellen Ort erreicht. Hier wächst ein Baum, dessen Zweige aus zehn Sphären in verschiedenen Farben bestehen, die jeweils eine aufsteigende »Welt« oder eine Ebene des spirituellen Verstehens repräsentieren. Wenn der Mystiker zu diesem Baum des Lebens gekommen ist, weiß er, daß er den Punkt erreicht hat, an dem er wirklich bereit ist, aufzusteigen. Die Tore haben ihn in den verborgenen *Pardes* geführt, den Garten, in dem der heilige Baum wächst, der die Stufen seines Aufstiegs zu Gott markiert.

Die jüdischen Weisen wollen alle bis auf den vollkommen stabilen, vollkommen ethischen Menschen von diesem Ort abhalten. Die Buchstaben des hebräischen Wortes *Pardes* enthalten, so sagen sie, den Hinweis auf das dort enthaltene Geheimnis: P steht für *Peschat*, die einfache, äußere Bedeutung der Thora, R für *Remes*, die homiletische Bedeutung, D für *Drusch*, die allegorische Bedeutung, und S für *Sod*, die geheime oder innere Bedeutung. Um zu illustrieren, von welcher Art diese gefährliche Reise durch den »Garten« des jüdischen mystischen Lebens ist, erzählen die talmudischen Rabbiner die Geschichte von den vier großen Weisen, Ben Azzai, Ben Zoma, Ben Abuja und

Rabbi Akiba. Diese vier Gelehrten lebten und lehrten in Palästina in den ersten Jahrhunderten der gemeinsamen Zeitrechnung. Alle waren berühmte Rechtskundler an der zentralen jüdischen Gelehrtenakademie in Jabne nach der zweiten Zerstörung des Tempels in Jerusalem. Nach den Schilderungen wurde Ben Zoma verrückt, Ben Abuja wurde zum abtrünnigen Verräter, Ben Azzai starb in seiner Jugend, und Akiba wurde mit neunzig ein erleuchteter Heiliger und Märtyrer.

Die Legende berichtet, jeder der vier habe »den *Pardes* betreten«, das heißt, ein mystisches Leben geführt. Rabbi Akiba, der älteste und am besten vorbereitete, war der erste, der überbewußte Zustände erreichte. Doch bei seiner »Rückkehr« ins normale Wachbewußtsein warnte er die anderen drei davor, den Illusionen zu erliegen, die ihr Geist auf dem Weg erzeugen würde.

»Wenn ihr an die reinen Marmorsteine kommt, sagt nicht ›Wasser, Wasser!‹, denn die Psalmen sagen, ›Wer Falschheit spricht, wird nicht vor Meinen Augen bestehen!‹«

Der heiligmäßige Ben Azzai »schaute und starb«, denn seine Seele sehnte sich so sehr nach ihrem Ursprung, daß sie sofort beim Betreten des Lichts den physischen Körper abwarf.

Ben Abuja, dessen intellektuelle Verwirrung nicht genügend bereinigt war, schaute und sah nicht einen Gott, sondern zwei, und wurde ein Abtrünniger.

Ben Zoma sah und verlor seinen Verstand, denn er hatte das gewöhnliche Leben nicht mit der visuellen Erfahrung in Einklang gebracht.

Nur Rabbi Akiba, der mit dem vollkommenen inneren Gleichgewicht, ging und kam in Frieden.

Für den Kabbalisten stehen Gedanke, Tat und Ziel in direkter Beziehung, deshalb wird er Gott um so ähnlicher, je mehr er Geist, Körper und Seele verfeinert. Da er glaubt, der Mensch sei buchstäblich im Bilde Gottes erschaffen, arbeitet der Mystiker so lange an sich, bis er selbst so strahlend hell wird, daß er nichts außer Gott widerspiegelt. »Die Vereinigung mit dem ABSOLUTEN« ist in diesem Fall eine Frage von »Gleiches zieht Gleiches an«. Je göttlicher ein Mensch wird, desto mehr Göttlichkeit scheint durch ihn hindurch. Auf diesem ersten Ast des spirituellen Baumes ist die gesamte offenbarte Welt das Arbeitsinstrument des Kabbalisten. Er destilliert Gottes Gegenwart aus den Sternen, den Menschen, der Nahrung – aus allem Leben ringsum. Wenn seine Sinne dann weiter verfeinert sind, wird er mit den ätherischen Welten der Engelwesen, der reinen Farbe und des Klangs kommunizieren können, bis er schließlich die nicht manifeste Ebene des Bewußtseins, genannt *Debekuth*, erreicht, das Anhangen an Gott, der höchste vom menschlichen Bewußtsein erreichbare Zustand.

Bachja ben Josef Ibn Pakuda: »Erkenne Gott mit deinem Herzen«

Das Buch von den Herzenspflichten, Bachja ben Josef Ibn Pakudas Handbuch für den Mystiker aus dem 11. Jahrhundert, betont den offenbarten Aspekt Gottes »in Verbindung mit dem Himmel und der Erde, der Welt und den Winden«. Bachja ermunterte seine Schüler, mit dem Studium der Natur zu beginnen und erst danach zu abstrakteren Themen überzugehen. Wonne, die nicht in der physischen Realität begründet ist, ist nicht Wonne, sondern Täuschung, sagt der jüdische Meister: »Wenn du dir Ihn in einer Form vorstellst oder an Ihn denkst, als ob Er irgend etwas ähnlich wäre, solltest du dich bemühen, Seine Bedeutung weiter zu untersuchen [...] bis du das Bild aus deinem Denken vertrieben hast und du Ihn nur durch Demonstration erreichst«. Der Jude studiert das Bild, zieht seinen göttlichen Inhalt heraus und gelangt so dazu, Gott überall zu sehen.

Bachja war in der ersten Hälfte des 11. Jahrhunderts Richter am rabbinischen Gericht in Saragossa, Spanien, und sein Anliegen galt vor allem der Anwendung des jüdischen Gesetzes auf die mystische Praxis. Unter dem Einfluß der asketischen Philosophie und der Techniken zeitgenössischer muslimischer Sufi-Mystiker führte Bachja in die traditionelle jüdische Ethik eine esoterische Nuance ein. Er war sehr kritisch gegenüber den Rabbinern, die ihre Aufmerksamkeit nur auf das äußere Gesetz legten und seinen spirituellen Inhalt ignorierten. Über sein eigenes Leben und seine Praxis ist nur sehr wenig bekannt, aber daß er zögerte, sein System öffentlich zu enthüllen, geht aus der Einleitung zu den *Herzenspflichten* hervor. Aber zur Zeit seines Richteramtes war die spirituelle Leere im Judentum offensichtlich so groß, daß sie ihn zum Schreiben veranlaßte. Bachja war zwar mit den großen arabischen Philosophen seiner Zeit vertraut, selbst aber ein neuplatonischer Mystiker, der dennoch uneingeschränkt jüdisch blieb und die kontemplative Askese des Ostens mit dem praktisch-vernünftigen Judentum verband. Seine eigene ernsthafte Frömmigkeit und Gottesliebe scheinen durch jedes Wort seiner emotional aufgeladenen Lehre: Erkenne Gott mit deinem Herzen.

Nach Bachja sollte der Geist mit seiner Unterscheidungsfähigkeit die direkte religiöse *Erfahrung* und nicht den blinden Glauben oder die Tradition bestätigen.

Er teilt seine Praxis der »Selbst-Prüfung« in zehn Tore ein, die dem entsprechen, was er als die zehn Ebenen im spirituellen Leben eines Menschen bezeichnet. (Das »Tor« als Bild der Stufen mystischer Erfahrung ist bei den Juden sehr beliebt.) Zuerst und vor allem muß man die Einheit Gottes in der Vielfalt der Schöpfung wahrnehmen. Zu diesem Zweck empfiehlt Bachja das Studium des aktiven Wirkens des GÖTTLICHEN in der Natur – vom einzelligen Organismus bis zum Menschen. Wenn der Mystiker von seinen eigenen Wünschen und Abneigungen Abstand nimmt, betrachtet er die Natur, wie es ein Wissenschaftler tun würde. Zuerst richtet er seine Aufmerksamkeit ganz auf die einzelnen Elemente: Feuer, Luft, Erde und Wasser; dann studiert er sie in Kombinationen wie Gas, Eis, Mineralien und Pflanzen. Als nächstes betrachtet er den Organismus. Er könnte zum Beispiel seine eigene Entwicklung bedenken, sich selbst als Embryo im Schoß seiner Mutter ausmalen und sich den Wachstumsprozeß vom Fetus zum Erwachsenen vor seinem geistigen Auge vorstellen, so etwa wie einen Film in Zeitlupe. Von einer beinahe mikroskopischen Reise in jedes seiner Organe und Glieder geht er weiter zur Kontemplation der mentalen Funktionen wie Erinnerung, Sprache und Denken und dann der aus diesen Funktionen emanierenden Emotionen: Scham, Liebe, Zorn usw.

Das intensive Studium der organischen Welt, sagt Bachja, wird einen Menschen auf natürliche Weise zum vollen *Verständnis* der auf der Erde vorhandenen metaphysischen, philosophischen, gesellschaftlichen, künstlerischen und moralischen Systeme bringen. Das wirkliche Begreifen der eigenen wunderbaren physischen Existenz – etwa wie der Körper Nahrung in Energie und Leben umwandelt, oder das feine und wunderbare Wirken des Atems – wird den Schüler dazu befähigen, den ätherischen Körper zu verstehen, mit dem sein animalisches, instinktives Selbst verbunden ist, den Nexus, vermittels dessen Körper und Seele durch Nerven, Blut und Atem zusammengehalten werden.

Bachja gibt seinem Schüler den Rat, diese minutiöse Untersuchung an jedem einzelnen Aspekt der Natur durchzuführen. Denn die Beziehung zwischen Samen, Erde und dem Wachsen der vollentwickelten Pflanzen, die wechselnden Farben des Lichts bei Morgen- und Abenddämmerung, die Jahreszeiten, ja auch das Insekt, das vor einem über die Mauer kriecht, könnten einen Menschen auf die Stufe der EHRFURCHT erheben.

Das zweite Tor repräsentiert die eigentliche ANBETUNG Gottes, die aus diesen Kontemplationen erwächst. Das neue Verständnis der Schöpfung erregt im Schüler nun den Wunsch, das jüdische Gesetz in ganz neuem Geist zu befolgen. Da er jetzt nicht mehr von Furcht vor Strafe oder dem Wunsch nach Belohnung im Himmel angetrieben ist, dient er Gott aus reiner Dankbarkeit für seine Gaben. Er erfüllt zum Beispiel die *Mizwa*, die göttliche Vorschrift, nur erlaubte Speisen zu essen, als ein natürliches Ergebnis seiner Vertiefung in das Tierleben. Jetzt, da er die *Mizwa* nicht mehr aus Gewohnheit oder Gehorsam befolgt, übernimmt er sie in wahrer Demut und aus Verständnis für ihre Absicht. Die ganze Schöpfung vibriert vor göttlicher Energie. Aber er gibt sich nicht der Wonne der Entsagung von weltlichen Angelegenheiten hin, sondern bleibt fest auf dem »mittleren Weg« und meidet Askese ebenso wie sinnliche Erregung. Ist der Schüler mit seiner Praxis an diesem Punkt angelangt, ist er bereit, durch das Tor des VERTRAUENS zu treten, das dritte Tor. Hier wird er die Ausgeglichenheit pflegen, die für das weitere Emporsteigen auf dem Baum des Lebens so wichtig ist. Hier lernt er, seine Zuversicht allein auf Gott zu setzen und der göttlichen universalen Ordnung so sehr zu trauen, daß er fühlt, daß es ihm an nichts mangelt. Die Größe und das Wunder des Universums haben ihm Gottes Weisheit bewiesen; jetzt kann er die Weisheit akzeptieren, die sich ihm in seinem täglichen Leben zeigt. Wenn er das vierte Tor passiert, die ZUSTIMMUNG, dann wird er zufrieden mit seinem Los; auch Prüfungen und Leiden helfen ihm, sie erweitern sein Herz, damit mehr von Gott einströmen kann. Aber er hat keine fatalistische Haltung zum Leben. Gott sorgt, aber der Schüler muß arbeiten und Geld verdienen und darf seinen Körper und seine Bedürfnisse nicht mißachten.

Das fünfte Tor, HEUCHELEI, gibt ihm die Chance, seine Ernsthaftigkeit zu prüfen. Jenseits dieses Tores liegt das Reich des Zweifels, des Zorns und des Nihilismus. Wenn er seinem Glauben treu bleibt, wird der Schüler, so versichert Bachja, unversehrt durch das sechste Tor, DEMUT, gehen. Hier stellt der Mystiker fest, daß er anderen gegenüber weniger kritisch ist, daß er endlich Beleidigungen ertragen kann, ohne ihren Stachel zu fühlen. Er und seine Leistungen sind nicht mehr eins. Das angenehme Haus, die schöne Frau, die erfolgreichen Söhne existieren selbständig außerhalb seiner selbst.

Am siebten Tor begegnet er seinen früher begangenen Sünden. Dank seiner REUE kann er sich seinen Taten ehrlich stellen und sein Herz im Gebet ausschütten. Mit dem Entschluß, sein destruktives Verhalten in Zukunft zu ändern, setzt er sein Vertrauen in Gott und bittet um Hilfe bei der Tilgung seiner Sünden. Die offene Bitte, das Flehen, das Seufzen und die Tränen sind ein wesentlicher Bestandteil des jüdischen mystischen Gebetes. Mittelalterliche Chassidim in Deutschland standen eine Stunde lang in schweigender Vorbereitung, bevor sie auch nur die erste Zeile der Liturgie über die Lippen brachten; Rabbi Levi Isaak von Berditschew, ein Chassid des 18. Jahrhunderts, stand an den Heiligen Tagen am Altar und bat Gott mit lauter Stimme, seinem Volk die Leiden zu erlassen, so wie ein Rechtsanwalt vor einem Richter plädiert. Andere Mystiker mit geringerer Neigung zur öffentlichen Darstellung saßen in ihren Häusern in privaten Meditationszimmern oder draußen auf den Feldern und weinten und riefen zu Gott.

Wie alle jüdischen Mystiker glaubte auch Bachja, mit der Äußerung innerer Zustände, sozusagen mit ihrer Konkretisierung, könne man das Spirituelle mit dem Physischen vereinen. Im Judentum ist diese Vorstellung sehr wichtig: Auf dem spirituellen Weg gibt es keinen Fortschritt ohne damit einhergehendes physisches Verhalten. Wenn man in seinem Innern bereut, sagt Bachja, muß man diese Reue auch in seinem äußeren Leben vollziehen. Man kann nichts verschieben und sagen, »diese Eigenschaft werde ich später ausmerzen«. Die Reue auf dem Totenbett genießt im Judentum sehr geringes Ansehen. Der Einsicht in die eigenen »Sünden« muß die Reue in Worten, Gedanken und Taten folgen. Bachja illustriert die Bedeutung dieses Tores mit der folgenden Geschichte.

Ein Reisender kam an einen Fluß, und in der Hoffnung, sich so eine Brücke zu bauen, warf er alle seine Silbermünzen in das Wasser. Als er hinübergehen wollte, stellte er jedoch fest, daß außer einer alle seine Münzen auf den Boden gesunken waren. Es gelang ihm, diese eine Münze herauszuholen, und er bezahlte damit den Fährmann, der ihn ans andere Ufer brachte. Reue, sagt Bachja, ist wie diese letzte Münze. Wenn alle Schätze des Lebens verloren sind, dann wird sie allein über das Wasser des Lebens helfen.*

Wenn der Mystiker durch das achte Tor, die SEELENPRÜFUNG, hindurchgeht, versucht er sich so weit zu reinigen, daß er »ohne Augen sieht, ohne Ohren hört, ohne Zunge spricht, ohne Wahrnehmungssinn begreift und ohne Verstand denkt...« Das innere Tor dieses Weges ist denen vorbehalten, die bereit sind, sich in Meditation von der Welt abzusondern. Obgleich diese Stufe der mystischen Praxis scheinbar in Widerspruch zur antiasketischen Haltung des jüdischen Gesetzes steht, kann sie von der kleinen Schar höherer Menschenwesen, deren Wunsch, Gott zu schauen, ihre Liebe zu Seiner Schöpfung übersteigt, doch nicht ausgelassen werden. Im Judentum gibt es sehr viele Propheten und Heilige, und an sie wendet sich Bachja. Wie die alten biblischen Propheten, so müssen sich auch manche Menschen von der Welt abwenden. Sie gehen als Eremiten in Wüsten und Wälder und streben allein nach der Vision Gottes. Andere, die sozialer gestimmt sind, sondern sich in ihren Häusern in besonderen, abgeschlossenen Räumen ab und verweilen in ekstatischen Gebeten bei Gott. Traditionellere Juden bleiben in der Welt und nehmen an ihrem Treiben in Übereinstimmung mit den Geboten und Gesetzen teil, halten aber jeden Luxus aus ihrem Leben fern. Sie führen ein Leben nach den Anweisungen der talmudischen Weisen, essen und schlafen kaum und widmen sich dem Thorastudium.

* Da Bachja diese Geschichte »den Alten« zuschreibt, fragt man sich, ob er nicht für seine eigenen Zwecke vielleicht eine Hindu-Geschichte adaptiert hat, die illustrieren soll, wie sinnlos es ist, sich um Wunderkräfte zu bemühen. »Einst kam ein Schüler zu seinem Lehrer und rühmte sich, er habe zwölf Jahre mit der Vervollkommnung seiner paranormalen Fähigkeiten am Ufer eines Flusses verbracht, bis er eines Morgens feststellte, daß er über das Wasser gehen könne, ohne daß auch nur seine Füße naß wurden. Der Lehrer blickte ihn traurig an und sagte: ›Wie schade, daß du so viel Zeit vergeudet hast, wo du doch mit einer Silbermünze den Fährmann hättest bezahlen können, damit er dich hinüberrudert.‹«

ABSTINENZ, das neunte Tor, ist mehr oder weniger nötig, je nach dem Charakter der Gemeinschaft, in der man lebt. Sind die Juden von hedonistischen Völkern umgeben, dann ist die asketische Lebensweise für ihr Überleben wichtig. Da das ganze in *Das Buch von den Herzenspflichten* entworfene System dazu dient, einen Menschen von seinem Ego zu trennen und ihn auf die Begegnung mit Gott vorzubereiten, kann seine Anwendung nur mit der entsprechenden Selbstdisziplin gelingen. Ist die Welt um ihn herum völlig verdorben, dann ist es vielleicht leichter für ihn, wenn er sich in eine ruhige Gemeinde Gleichgesinnter zurückzieht. Ist er durch das zehnte Tor, HEILIGKEIT, gegangen, dann kann er inmitten des Getümmels bleiben und anderen Suchenden einen Halt bieten.

Wenn der Mystiker die Lehren der verschiedenen Tore befolgt und sich diese zu eigen macht, verläßt er das Reich der EHRFURCHT und gelangt in das persönliche Reich der LIEBE. Hier sehnt sich seine Seele so sehr nach ihrem Ursprung, daß er zu den größten irdischen Opfern, selbst dem seines Lebens, fähig ist. Ist Bachjas Schüler durch das letzte Tor hindurchgegangen, kann er antworten wie der Heilige, der in der Wüste geschlafen hatte und von einem Reisenden aufgeweckt und gefragt wurde, ob er sich nicht vor all den Löwen ringsum fürchte: »Ich müßte mich vor Gott schämen, wenn ich irgendein anderes Wesen außer Ihm fürchtete.«

Die Einsamkeit der Wüste unterstützt aber die visionäre Erfahrung. Bachjas asketische Lehren wurden fünf Jahrhunderte später von der mystischen Bruderschaft in der nordgaliläischen Stadt Safed wirklich als ein praktikables System für eine Gemeinschaft übernommen.

Safed: Das jüdische Schangri-La

Safed liegt hoch oben auf einem grünen Hügel oberhalb des Hulatales. Wenn ein Reisender an einem nebligen Morgen die gewundene Straße zu der Stadt hinaufgeht, sieht er zunächst nichts als tiefhängende Wolken und feuchtgrüne Wiesen, die an das schottische Hochland erinnern. Die dünne, frische Luft bestätigt ihm, daß er wirklich die palmengesäumten Ufer des Sees Genezareth hinter sich gelassen hat und in eine andere Landschaft gekommen ist. Plötzlich werden die

Wolken von hellem Sonnenlicht vertrieben, und es zeigt sich eine Ansammlung ockerfarbener Häuser, die an den steilen Berghang geklebt sind. Safed ist ein natürlicher Rückzugsort für Mystiker, die perfekte Landschaft, um EHRFURCHT zu entwickeln, eine ätherische Stadt, die ebensogut eine kleine tibetische Enklave oder die Umgebung für ein isoliertes Kloster im Vorgebirge des Himalaja sein könnte. Ein jüdisches Schangri-La, und das war es auch einst.

Heute beherbergen seine gewundenen Gassen und staubigen Straßen eine Künstlerkolonie. Vor vierhundert Jahren vollbrachten Kabbalisten auf diesen Straßen Wunder und tanzten am Sabbat, in weiße Gewänder gekleidet und mit Weinlaub im Haar, auf dem Weg zu den blau getünchten Synagogen. Die Katzen sind noch da, sie liegen Pfoten leckend in den kleinen gewölbten Toreingängen an den Häusern der Kabbalisten und werden von den Bewohnern der Stadt für *Gilgulim* (Inkarnationen) von kabbalistischen Hausgeistern, die noch über die Stadt wachen, gehalten. Auch die Synagogen sind noch da – leer bis auf ihre orientalischen Teppiche, runden Bankreihen und anmutigen Zinnkandelaber. Die Mahagoni-Altäre, die nach sephardischer Tradition in der Mitte des Raums stehen, sind wundervoll poliert und werden von den bejahrten Dienern, die jede Spur der alten Stadt pflegen, in bestem Zustand gehalten. Der Friedhof mit seiner sternförmigen Anordnung von Grabsteinen zum Gedenken an kabbalistische Meister, die hier begraben sind, liegt, von den Häusern her gut sichtbar, an einem steilen Hang, als solle er die derzeitigen Bewohner an die berühmten Cordovero, Luria und Caro, die einmal hier lebten, erinnern.

In dem Wunsch, den alten Mystikern gleich zu werden, wirft sich der moderne Chassid auf dem Grab des einen nieder, den sie »Ari« nannten, den größten Kabbalisten von allen. Er schließt die Augen, verweilt dort in schweigender Meditation und hofft, ein Funke seiner eigenen Seele möge sich mit dem unsterblichen Geist des Meisters vereinen. Doch auch wenn hier noch eine gewisse Aura der Heiligkeit und des Friedens zu spüren ist, weiß er doch, wenn er geht, daß die Blütezeit der jüdischen Gemeindemystik, die Herrlichkeit Safeds, vorbei ist, wahrscheinlich für immer.

Zwar hatte hier seit der Antike eine ziemlich große jüdische Gemeinde bestanden, doch erst aufgrund der spanischen Vertreibung der

Juden wuchs die Bevölkerung im 15. und 16. Jahrhundert stark an, und die Stadt wurde zu einem betriebsamen ökonomischen, intellektuellen und geistlichen Zentrum. 1607 schrieb Schlomel von Mähren, der Autor einer Biographie Isaak Lurias, des Ari: »Hier leben große Gelehrte, Heilige, Männer der Tat [...] Keiner von ihnen schämt sich, zum Brunnen zu gehen und Wasser zu holen und dann den Eimer auf seinen Schultern zu tragen oder zum Markt zu gehen und Brot, Öl und Gemüse zu kaufen. Sie verrichten alle Arbeiten im Haus selbst.«*

Das Leben in Safed war nach dem Gemeinschaftsmodell der Essener gestaltet und stellte das vollkommene sozialistische Ideal der Zusammenarbeit dar. Hier leistete Isaak Luria, der größte Meister der Stadt, mit großen Summen aus dem Stoffhandel seiner Familie seinen Beitrag zum Stadtschatz, und hier wirkte der in Spanien geborene Josef Caro, dessen Name ein Synonym für die gesamte halachische (rechtliche) Tradition des Judentums ist, des Nachts als inspirierter Mystiker und des Tags als praktischer Rechtsanwalt. Caro wurde nach Safed durch ein göttliches Dekret »befohlen«, das er in ekstatischer Trance erhalten hatte. 1536 gelangte er aus Konstantinopel nach Palästina und wurde in der blühenden Gemeinde von Handwerkern, Bauern, Händlern und Lehrern sofort heimisch. Seine eigene Jeschiva besuchte ein so großartiger Gelehrter wie Moses Cordovero (1522–70), Schwager und Schüler des berühmten Salomo Alkabez, ein herausragender mystischer Autor und der seinerzeit führende Kabbalist in Safed.

Unter der Führung von Alkabez traf sich eine Gruppe, die sich selbst die *Chaverim* (Genossen) nannte, regelmäßig an den Gräbern der toten Heiligen, um dort Gespräche über die Schrift und Gruppenmeditationen durchzuführen. Caro, der Anwalt, verfaßte die Statuten ihrer Vereinigung. Bei diesen Treffen ermahnte Alkabez die Mitglieder, der Thora im Denken und bei der Ausführung ihrer Vorschriften dauernde, uneingeschränkte Aufmerksamkeit zu widmen. Um ihre Herzen auf den »Wohnsitz der *Schechina*« (unmittelbare Gegenwart und weiblicher Aspekt Gottes) zu richten, wurden sie darin unterwiesen, Geist und Körper ständig durch die Enthaltsamkeit von Ärger, Geschwätz, Grausamkeit gegenüber Tieren, Schwören und Heuchelei zu reinigen. Die *Cha-*

* Zitiert in: Solomon Schechter, »Safed in the Sixteenth Century«, *Studies in Judaism*, S. 232.

verim wollten sich nicht an Festen beteiligen, außer am Sabbat und bei anderen religiösen Gelegenheiten, jeder hatte geschworen, an den Leiden ebenso wie an den Freuden seiner Nachbarn teilzunehmen.

Die Mystiker von Safed entwarfen einen Tagesablauf, nach dem sie sich jeden Tag für ein oder zwei Stunden trafen, um geistliche Gespräche zu führen, und am Freitag zu einem allgemeinen Überblick über die Taten, die sie während der Woche begangen hatten, und legten so die Grundlage für alle späteren Gemeinschaften. Nach diesen spirituellen Sitzungen versammelten die *Chaverim* ihre Familien und zogen en masse hinaus auf die Straßen und begrüßten freudig die »Königin Sabbat«. Zu Hause achteten sie sorgfältig darauf, ihren Kindern denselben spirituellen Eifer beizubringen. Sie rezitierten das Dankgebet bei Tisch deutlich und ließen jedes Mitglied der Familie die Bedeutung eines jeden Wortes wiederholen und empfinden. Bevor sie sich zurückzogen, vollführten sie eine alte mentale Übung, die Philo, ein jüdisch-hellenistischer Philosoph des 1. Jahrhunderts, entworfen hatte, wozu die rückläufige Überprüfung der Handlungen und Gespräche des Tages gehörte – eine Einrichtung zur objektiven Selbstbeurteilung, bei der jede Übertretung und Unterlassung der göttlichen und irdischen Vorschriften der Thora zutage trat. Auch wenn sie aus vielen verschiedenen Teilen Europas und des Nahen Ostens kamen und deshalb verschiedene Sprachen sprachen, wurden die Schüler von Alkabez ermuntert, untereinander, besonders am Sabbat, Hebräisch zu sprechen. Jeder *Chaver* hatte das Recht, seine Mitgenossen zu tadeln, wenn sie Fehler begingen, die Ermahnten aber durften darauf nichts erwidern.

In anderen Gruppierungen in Safed gab es Büßer und Asketen jeglicher Spielart. Als Josef Caro 1536 hier eintraf, fand er eine Stadt vor, die sich insgesamt vorrangig dem spirituellen Leben und nur beiläufig dem Erwerb des Lebensunterhaltes widmete. Einige der Bürger fasteten, andere beteten die ganze Nacht, wieder andere praktizierten strengen Vegetarismus. Doch die in Safed herrschende Askese betonte niemals die Kasteiung um ihrer selbst willen. Das erste Ziel war die praktische Umsetzung der Thora. Deshalb gaben die Bürger täglich Almosen, Waisen wurden von wohlhabenderen Familien sofort adoptiert und aufgezogen; Feiertage waren ganz und gar gemeinschaftliche, ganz und gar mystische Gelegenheiten zur Freude.

Das Arbeiten an der Psyche lag jenseits des auf der praktischen Ebene des täglichen Zusammenhandelns geübten ethischen Verhaltens. Um das spirituelle Zentrum im Herzen zu hegen und die erste Ebene des mystischen Bewußtseins, die EHRFURCHT, zu pflegen, befolgten die *Chaverim* von Safed einen Unterweisungsplan, den der brillante Gelehrte und Lehrer Moses Cordovero entworfen hatte. Der Mystiker versuchte durch Nachahmung der dreizehn in seinen täglichen Gebeten gesprochenen Attribute in sich selbst das folgende Modell eines ichlosen Verhaltens zu stärken:

1. Nachsicht im Angesicht von Beleidigung.
2. Geduld im Ertragen von Übeln.
3. Vergebung, bis das erlittene Übel ausgelöscht ist.
4. Totale Identifikation mit dem Nachbarn.
5. Völlige Abwesenheit von Ärger, verbunden mit richtigem Handeln.
6. Erbarmen, bis man sich nur noch an die guten Eigenschaften seines Peinigers erinnert.
7. Ausmerzen aller Spuren von Rachsucht.
8. Vergessen von Leiden, die einem von anderen zugefügt wurden, und Erinnerung an das Gute.
9. Mitleid mit den Leidenden, ohne Urteil über sie.
10. Aufrichtigkeit.
11. Erbarmen mit den Guten, das über den Buchstaben des Gesetzes hinausgeht.
12. Beistand für die Gottlosen, um sie zu bessern, ohne über sie zu urteilen.
13. An alle Menschen immer in der Unschuld ihrer Kindheit denken.

Moses Cordoveros »Dreizehn Göttliche Attribute«

Nach Cordoveros Lehre stand es nicht nur in der Macht des Mystikers, sich diese dreizehn Göttlichen Attribute zu eigen zu machen oder sie zu verlieren, sondern er würde sie auch jedesmal, wenn er eines davon nicht beachtete, der ganzen Welt entziehen! Da konkrete Bilder leichter haften als abstrakte Begriffe wie »Demut« und »Mitleid«, lehrte Cordovero, jeder *Chaver* solle sich seinen eigenen Körper als eine Analogie zum großen kosmischen Baum des Lebens ausmalen, in dem sie alle enthalten waren. Wenn der Jünger zum Beispiel seine Aufmerksamkeit auf die Demut richten wollte, dann konnte er zunächst an die höchste Sphäre des Baumes, die *Krone* Gottes, denken und sie dann mit seinem eigenen Kopf assoziieren. Auf diese Weise würde er immer daran denken, nicht mit arrogant erhobenem Kopf vor den Blicken der anderen umherzugehen. Als nächstes würde er dann automatisch den Kopf mit dem Gehirn, dem Sitz des Denkens, assoziieren und deshalb immer seine Gedanken sammeln und auf Gott richten. Die Vorstellung der Stirn ließ ihn dann an die Idee denken, ein offenes und angenehmes Betragen zu zeigen. Die Ohren erinnerten ihn daran, immer aufnahmebereit zu sein für nützliche Informationen und Verleumdung und anderes nutzloses Geschwätz auszuschließen. Die Augen standen für Erbarmen, wenn er sie sich offen, und für Widerstand gegen Versuchung, wenn er sie sich geschlossen vorstellte. Freundlichkeit ging mit jedem durch die Nase eingeholten Atem, während Zorn durch Schnarchen repräsentiert wurde. Ein strahlendes Gesicht symbolisierte Güte, Milde und die Abwesenheit von strengem Gericht. Der Mund repräsentierte die Weisheit, die ohne Verleumdung oder Grausamkeit ausgeteilt wird.

Mit der Verinnerlichung dieser göttlichen Eigenschaften über das übliche menschliche Maß hinaus wollte der Mystiker zu einem reinen Gefäß werden, das zu noch höherer Praxis und Erkenntnis bereit wäre. Cordovero drängte seine Schüler, langsam voranzugehen und die Demut zum »Schlüssel zu allem« zu machen. Wenn die Gebete des Mystikers auf nichts Geringeres als die *Krone* des Baumes gerichtet waren, dann mußte man von ihm erwarten, daß er sich auch sonst, wenn er nicht betete, in jedem Augenblick demütig verhalten würde. Die *Krone*, die mit dem NICHTS (Gott ohne Form) assoziiert ist, ist die Essenz der Demut, wie wir sie in unserer Welt kennen. Für den Kabbalisten, der alles wache Denken und Handeln mit dieser höchsten und subtilsten Form der Demut verband, wurde sie deshalb zu einem vollkommenen Instrument zur Auslöschung des Ich, die vor jeder strukturierten Meditation erfolgen mußte.

Cordovero versicherte den *Chaverim*, die tägliche Übung der »dreizehn Göttlichen Attribute« würde einen leichten, natürlichen Aufstieg auf dem Baum des Lebens gewähren. Ein Mensch ohne Ich könne ganz mühelos, sagte er, barmherzig reagieren, wenn ihm von seinem Nachbarn Pein zugefügt werde, denn von ihm sei wirklich nichts übriggeblieben, das verletzt sein könnte! Natürlich mußte der *Chaver* auf die unvermeidlichen weltlichen Ablenkungen achten, die ihn von seinem Ziel abbringen wollten, wobei die Lockung, die von der Ehre ausging, die bei weitem schlimmste war. Deshalb konnte er Gottes Schöpfung als ein Sinnbild seiner eigenen umgekehrten Versuchung betrachten und sie dadurch *ehren.*

Der Baum des Lebens

Der kosmische Baum des Lebens versinnbildlichte die Emanationen von Gottes »Eigenschaften« in die sichtbare Welt der Menschen:

Der kosmische Baum

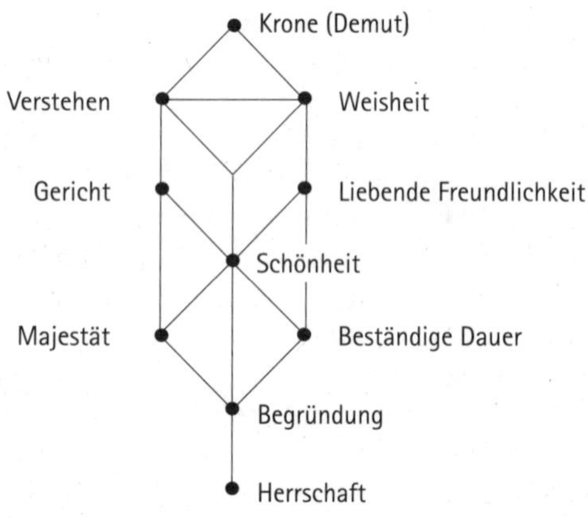

Und da die Imitatio Gottes einen Menschen schließlich direkt zur Erkenntnis Gottes führen würde, tat der Kabbalist sein Bestes, jede Eigenschaft auf dem Baum zu vervollkommnen. So erhielt er denn einen ständigen kontemplativen Fluß zwischen *Krone* und *Weisheit* in seinem Denken und zwischen Demut und Mitteilung der göttlichen Weisheit in seinen Handlungen aufrecht. Das *Verstehen* hatte die

Funktion, ihn mit einer Waffe gegen Weltlichkeit auszustatten. Wenn Cordoveros Schüler sich dann wieder seinen Körper als den Baum des Lebens vorstellte, konnte er die rechten und die linken »Zweige« in die »weiblichen« (negative Energie) und die »männlichen« (positive Energie) Aspekte seiner selbst und durch Ausweitung in die des Universums teilen. War die *Krone* noch neutral, über allem Geschaffenen, so nahmen die darunterliegenden Sphären jetzt Farbe, Geschlecht, Form und Klang an. Richtete er seine Aufmerksamkeit auf die Sphäre der *Liebenden Freundlichkeit* mit der entsprechenden Farbe, dem zugehörigen Engelwächter und Gebet, dann gelangte der *Chaver* zu einem Modell, wie er in jede mögliche Lebenssituation Erbarmen projizieren konnte. Der Übergang zwischen dem kontemplativen mentalen Bild und seiner physischen Wirkung bedurfte zweifellos nur eines Augenblicks. Sie gingen schließlich so ineinander über, daß der Kabbalist zwischen Kontemplation und gewöhnlichem täglichem Handeln keinen Unterschied mehr machte. Er war sozusagen zu den Eigenschaften *Krone, Weisheit, Verstehen* und so weiter geworden.

Solange er noch nicht zur totalen asketischen Isolation bereit war, war es die Aufgabe des Mystikers, die entgegengesetzten Energien auf dem »Baum« seines Körpers zu koordinieren. Aus der Sphäre des *Gerichts* auf der linken Seite stammten zum Beispiel alle sexuellen und aggressiven Impulse. Doch der *Chaver* sollte keineswegs Sex oder Aggression ignorieren oder unterdrücken; er lernte vielmehr, sein »männliches« und sein »weibliches« Selbst in Ehe und Arbeit zu vereinen. Nachdem es ihm einmal gelungen war, diese Impulse in sein spirituelles Streben zu integrieren, konnte der Kabbalist, sagt Cordovero, »sie alle auf den Dienst Gottes richten und sie so auf die rechte Seite binden«. Die Übung des »Bindens« (bekannt als *Jichud*), die erst auf eine lange, strenge Praxis folgte, bedeutete, daß jemand die Stufe erreicht hatte, wo er nicht nur sich selbst, sondern alle Welten zu Gott führen konnte.

Cordovero lehrte seine Schüler auch, die kosmischen Zyklen jenseits ihres eigenen Körpers und Geistes zu erkennen. Jede Eigenschaft Gottes beherrschte eine andere Tageszeit; so richtete der Mystiker etwa seine geistige Konzentration auf *Souveränität*, den Herrscher der Nacht, wenn er schlafen ging. Um Mitternacht stand er auf, wusch sich und meditierte über die spirituelle Substanz der Thora als Braut Gottes,

Schechina. Bevor er zur Synagoge ging, heftete er seine Aufmerksamkeit auf die drei Patriarchen, Abraham (verkörpert in *Liebende Freundlichkeit*), Isaak (verkörpert in *Gericht*) und Jakob (verkörpert in *Schönheit*). Fortgeschrittene Schüler konnten diese Bilder mit den entsprechenden Körperteilen und gleichzeitig mit der Synagogenliturgie koordinieren. Die Fähigkeit, derart komplizierte geistige Übungen mit einer körperlichen Tätigkeit zu kombinieren, gab für den Lehrer den Maßstab ab, mit dem er den Grad und die Intensität des Konzentrationsvermögens, der *Kawwana*, seiner Schüler bemessen konnte. Wenn der Kabbalist seine Lehrzeit beendet hatte, hatte er seine Individualität so weit ausgelöscht, daß sein persönlicher Lebenszyklus von dem des unpersönlichen Universums nicht mehr unterscheidbar war. Der *Chaver* von Safed nutzte die ihm von der Thora auferlegten rituellen Verpflichtungen im Rahmen seiner alltäglichen Welt, um sein Leben in einen ausgedehnten Blick auf das Unendliche zu transformieren.

»Das«, sagt Cordovero, »ist der Tageslauf [des Kabbalisten] in Übereinstimmung mit dem Lauf der Sphären, so daß er immer an das herrschende Licht gebunden ist [...] Und das ist eine umfassende Methode, durch die ein Mensch sich allezeit an die Heiligkeit binden kann, so daß die *Krone* der *Schechina* sich niemals wieder von seinem Kopf entfernt.«

Isaak Luria: Der »Löwe« von Safed

Cordovero, Alkabez und die anderen bereiteten nur die Bühne vor für die Ankunft des erhabenen Lehrers der Lehrer, Isaak Luria, des »Ari«, des Löwen von Safed, im Jahr 1570. Zu jener Zeit wurde Chajim Vital (1543–1620), ein gelehrter Rabbi, der in Damaskus lebte, plötzlich von Visionen heimgesucht, die die Ankunft eines herabgestiegenen Gottes in Safed ankündigten. Vital folgte seiner Eingebung, reiste dorthin und fand seine Visionen bestätigt. Fast unmittelbar nach seiner Ankunft wurde der Ari (eine Permutation des Namens »Rabbi Isaak Aschkenasi«) zum unbestrittenen Führer der mystischen Schule in Safed. Obwohl er sein Amt nur sechs Jahre innehatte, gestaltete er die Praxis der jüdischen Mystik völlig um.

Isaak Luria, geboren 1534 in Jerusalem (Nachkomme einer deutschen Familie und deshalb zur Bezeichnung seiner westlichen Herkunft »Aschkenasi« genannt), war kein gewöhnliches Kind. Vor Aris Geburt kam der Prophet Elia zu seinem Vater und verkündete: »Durch ihn wird die Lehre der Kabbala der Welt offenbar.« Bei der Beschneidung sah der Vater im Gedränge in der Synagoge unter den Gläubigen auch den Propheten stehen.

Schon im Alter von acht Jahren erwies sich der Junge als Talmud-Genie. Sein Vater starb wenig später, und die Familie zog in das Haus eines reichen Onkels in Kairo. Der Bruder seiner Mutter erkannte den Jungen als Wunderkind, adoptierte ihn und ließ ihn von einem Tutor namens Bezalel Aschkenasi unterrichten (sein wahrer Lehrer und nach Aussage des Ari der eigentliche Ursprung seines Namens), bis er fünfzehn Jahre alt war, seine Cousine (und Stiefschwester) heiratete und seine Studien beendete. Mit siebzehn wurde der Ari in die Kabbala eingeweiht.

Eines Tages gesellte sich ein Reisender, der geschäftehalber nach Kairo gekommen war, zum Nachmittagsgottesdienst zur üblichen Schar der Gläubigen in Lurias Synagoge. Die Neugier des jungen Studenten war geweckt, als er sah, wie der Fremde seine Gebete aus einem Manuskript mit kabbalistischen Interpretationen der Liturgie las. Luria ging zu dem Mann und befragte ihn zu dem Manuskript. Der Geschäftsmann geriet durch die Fragen in Verlegenheit und antwortete, er sei nur ein unwissender Marrane – ein getaufter spanischer Jude, der insgeheim dem Judentum anhing – und könne noch nicht einmal die Buchstaben in seinem Buch lesen. Luria bat ihn, ihm das Manuskript zu verkaufen, da es für jemanden, der nicht lesen konnte, wohl kaum einen Wert haben könnte. Zunächst lehnte der Mann ab, schließlich aber willigte er in den Verkauf ein, allerdings unter der Bedingung, daß Luria zu seinen Gunsten mit seinem einflußreichen Schwiegervater in einer Steuerangelegenheit verhandeln würde.

Das Buch war nichts anderes als der *Sohar* (»Das Buch des Glanzes«), das Luria mit viel Mühe in den nächsten acht Jahren studierte. Als er im Verstehen des Inhaltes nicht so erfolgreich war, wie er gehofft hatte, übte Luria Askese, die ihm, wie er sagte, ein »himmlischer Impuls« vorgeschrieben hatte. Er zog sich in eine kleine Hütte am Nilufer zurück und verbrachte ununterbrochen fünf Tage allein mit Studium und Meditation. Am Sabbat kehrte er zu seiner Familie in die Stadt zurück. Gebet, Fasten und der *Sohar* blieben zwei Jahre lang seine einzige Gesellschaft, dann erschien ihm der Prophet Elia und initiierte ihn persönlich. Danach befand sich der Ari in jeder Nacht umgeben von Engelscharen und großen Weisen wie Rabbi Simeon bar Jochai (der vermeintliche Autor des *Sohar*), Rabbi Akiba und Rabbi Eleasar der Große. Außerdem konnte er jetzt Gesichter, Taten, die Zukunft und die Gedanken der anderen noch vor ihrem Eintreten lesen. Während dieser nächtlichen Treffen wurden ihm alle Geheimnisse der Inkarnation offenbart. So lernte der Ari zwischen alten und neuen Seelen unterscheiden; er konnte sofort ihre spirituelle Entwicklung oder Degeneration erkennen. In der Flamme einer Kerze sah er die Zukunft, und er erkannte die Seelen der gerechten Toten, unterhielt sich und studierte mit ihnen. Am eindrucksvollsten waren seine nächtlichen Gespräche mit Elia, von dem er »Mund an Ohr« seine gesamte kabbalistische Weisheit gewann.

Acht visionäre Jahre gingen vorüber; dann zog der Ari auf Befehl seines himmlischen Meisters mit seiner Familie von Ägypten nach Safed. Elia hatte ihm auch verkündet, daß er nicht mehr lange zu leben habe, ihn aber seine letzte Aufgabe in der nordgaliläischen Region erwarte.

Cordovero und die anderen begrüßten ihn sofort. Die beiden Männer unterhielten eine gegenseitige Kollege-Schüler-Beziehung, die aber bald durch Aris unbestrittene Meisterschaft abgelöst wurde. Auch wenn sein Sohn sich später mit Josef Caros Tochter verlobte, unterhielten der neue Löwe von Safed und der ekstatische Rechtsgelehrte respektvolle, aber dennoch kühle Beziehungen. Chajim Vital, dessen Weissagung sich durch die Ankunft des Meisters bestätigt hatte, wurde sein engster Schüler und Biograph, sein Schreiber und Verleger. Der Ari war so ätherisch, daß er ein etwas irdischeres Vehikel wie den aktiven Vital brauchte, um seine Botschaft in seinen Schriften weiterzugeben.

»Das ist nicht möglich, weil alles miteinander in Beziehung steht«, sagte der Ari einmal. »Kaum öffne ich den Mund, so habe ich das Gefühl, als hätte das Meer die Dämme durchbrochen und alles überflutet. Wie soll ich also das sagen, was meine Seele empfangen hat, und wie soll ich es gar in einem Buch niederschreiben?« Das blieb die Aufgabe von Chajim Vital, dem es zwar eigentlich untersagt war, Notizen zu machen, der es aber dennoch fertigbrachte, das gesamte lurianische System aus mystischen Splittern und Bruchstücken zu einem brillanten einheitlichen Ganzen zu vereinen.

Als Moses Cordovero mit achtundvierzig Jahren starb, war die Gemeinde des glänzendsten Interpreten der Kabbala beraubt. Bei seinem Begräbnis sah der Ari, wie eine Feuersäule die große Seele begleitete, die seiner Auffassung nach eine Inkarnation von Abrahams Diener Eleasar gewesen war. Nachdem Cordovero gestorben war, änderten die *Chaverim* ihren Namen zu Ehren des Ari in »Löwenjunge«. Die Gruppe der Zwölf lebte in einem Anwesen zusammen, das aus einem Gebäudeblock mit Schlafräumen und Küchen für die Löwenjungen und ihre Familien bestand, und widmete sich ausschließlich der neuen Lehre. Hier entwickelte Luria seine Ideen über die universale Mischung von Gut und Böse, die zwischen den Menschen und Gott tritt.

Nach Luria umfaßte die Aufgabe des Kabbalisten in seinen privaten Meditationen jetzt auch das Universum. Wenn der gereinigte, demütige Verstand sich an seinen göttlichen Ursprung geheftet hatte, war er verpflichtet, sich mit frischer Kraft in die niederen Welten hinabzulassen und die heiligen Funken aus den Schalen der Materie zurückzuholen, die jedes Wesen, jede Blume, die Mineralien und die sie bewohnenden Dämonen einhüllen. Dafür entwickelte der Ari ein ganz neues System der Konzentration, in dem er seine ausgefeilten mentalen Übungen als *Kawwanot* (kontemplative Symbole, die spezifische Visualisierungen bezeichnen) der Buchstaben und Sätze des täglichen Gebets darstellte.

Da die Durchführung dieser Übungen äußerste körperliche und geistige Reinheit verlangte, führte der Ari parallel eine Schulung des *Tikkun* (Verbesserung) ein. Manche festgelegten Formeln, die der Lehrer dem einzelnen Schüler gab, waren zur Reinigung seiner Seele von ihren Fehlern bestimmt und sollten so den Weg für die Reinigung alles dessen, was sie reflektierte, vorbereiten.

Das kommunale Wohnexperiment erwies sich als gescheitert, als die Familien der Löwenjungen über kleine Alltagsereignisse in Streit gerieten. Der Ari war ernstlich entmutigt, als die Nachricht zu ihm gelangte, aber die Gruppe funktionierte weiter, auch wenn sie kein gemeinsames Wohnquartier mehr hatte. Es gab zwei Kategorien von

Mitgliedern, beide strebten nach Erkenntnis und geistiger Entwicklung. Der Ari seinerseits versuchte die Idee zu befördern, daß sie alle *Glieder* eines großen Körpers wären, der organisch alle ihre spirituellen Hoffnungen und Erwartungen repräsentierte. Er hieß sie, dieses geistige Bild zu behalten, und lehrte die Löwenjungen, anhaltend für das Wohl ihrer Nachbarn zu beten. Er ermahnte sie, die Nachbarn mehr zu lieben und sich mehr um sie zu kümmern als um sich selbst, und auch ganz Israel mehr zu lieben. In ihren Gebeten sollten sie sich ganz »für Israel, in Israel und mit Israel…« hingeben. So initiierte der Ari, der seinen Schülern den Rat gab, alle Geschöpfe ohne Bevorzugung zu lieben, unabsichtlich die nationalistische Haltung, die für einen Großteil des kabbalistischen Glaubens und Handelns in den nächsten zweihundert Jahren kennzeichnend war. Manche gehen sogar so weit, daß sie sagen, Lurias »Nationalismus« habe Sabbatai Zwis zerstörerischer pseudomessianischer Bewegung Tür und Tor geöffnet.

Doch der Ari selbst liebte ausnahmslos die ganze Schöpfung. Er vermied es sorgfältig, Insekten oder Würmer zu verletzen, und betonte, daß auch sie in die Kette der Entwicklung wiedergeborener Seelen einbezogen wären. Auch mit unbelebten Dingen konnte er durch die Sprache des Geistes kommunizieren. Deshalb ist im lurianischen Gebet jedes Wort Träger von Mysterien, die weit über jedes wörtliche Verständnis hinausgehen. Er erhob die geschriebenen Konzentrationsübungen auf eine ungeahnte Höhe und legte sie in sephardischen Gebetbüchern nieder, die noch zwei Jahrhunderte nach seinem Tod auch den Ekstase suchenden europäischen Chassidim des Baal-schem Tow als Meditationshandbücher dienten. In Aris System konnte das wirkliche Gebet nur von einem reinen Menschen ausgesprochen werden, der sich, noch bevor er auch nur den Mund zu Gottes Lob geöffnet hatte, in die unendlichen Bereiche der kosmischen *Krone* aufgelöst hatte. In dieser Hinsicht war der Nachdruck, den der Ari auf Einfachheit, Demut und Milde legte, sehr viel größer als bei Bachja oder Cordovero. Da er alle diese Eigenschaften auch selbst hatte, inspirierte der Ari die Gemeinde in Safed, die nie aufhörte, ihn wegen seiner grenzenlosen Großherzigkeit und persönlichen Freundlichkeit zu verehren.

1572 wurde er plötzlich krank und starb innerhalb von drei Tagen. Josef Caro starb drei Jahre später. Chajim Vital kehrte nach Damaskus zurück und starb dort 1620. Nach diesen Verlusten war das Ende des

Goldenen Zeitalters der großen mystischen Gemeinde von Safed gekommen.

Vitals Aufzeichnungen, die bis zu seinem Tod geheimgehalten wurden, wurden gegen seinen ausdrücklichen Wunsch bekannt gemacht und verbreitet. So wurden Aris Lehren, wie Gershom Scholem formuliert, »zum gemeinsamen Eigentum der späteren Kabbala«.

Durch Vital bekommen wir einen Einblick in die Reinigungsvorschriften, die für einen Schüler bestimmt waren, der die ungeheuer komplizierte *Jichud*-(Bindungs-)Meditation vollziehen wollte. Bevor der Schüler die Synagoge betrat, machte er eine anonyme Schenkung an eine wohltätige Einrichtung. Dann band er seine Phylakterien um Kopf und Arme und trug sie während des ganzen Morgengebets. Nach einer mentalen Überprüfung der Handlungen und Gedanken des Vortages vergewisserte sich der Löwenjunge, ob er peinlich genau vermieden habe, irgendein Lebewesen zu verletzen oder nicht. Wenn der Ari festgestellt hatte, daß er ein Nachkomme der Seele Kains war, mußte er vermeiden, ein Messer auf den Tisch zu legen, an dem er aß. Und er durfte nicht einmal eine Milbe oder eine Laus an seinem Körper oder in seiner Kleidung töten. Nach Vitals Notizen lehrte der Ari seine Schüler das Gehen, Essen und Beten.

Die Schüler stellten auf Aris Geheiß immer Salz auf den Tisch, tranken aber nach dem Essen kein Wasser. Sie stellten ihre Füße nebeneinander, wenn sie den Segen sprachen, und bemühten sich sehr, die Gewohnheit, zerstreut an ihren Barthaaren zu zupfen, abzulegen. Vom Ari stammten auch die geeigneten meditativen Gesänge für das Anlegen der Sabbatkleider! Um sich »Achtsamkeit« einzuschärfen, gab es Formeln zur Vermeidung anderer nervöser Angewohnheiten, wie das Bewegen der Finger, und Formeln, die den Schüler daran hindern sollten, während des Gebets achtlos die Riemen seiner Phylakterien zu Boden hängen zu lassen. Jedem wurde auch ein Wochentag gegeben, an dem er persönlich besonders leicht spirituelle Fortschritte machen konnte, und ein Tag in jedem Monat, an dem er sicher vor Unglück und Tod war. Diese Zeiten waren keineswegs bloß »Glückstage«, sondern wurden speziellen Bußmeditationen gewidmet, die die Seele in Vorbereitung auf den Sterbetag befreien sollten. Der Schüler vollzog täglich mentale Korrekturen, manche waren sehr einfach wie etwa das Wiederholen des Satzes aus Exodus 15: »Ich bin der HERR, dein Arzt«

in Verbindung mit einem vom Tetragrammaton (JHWH) abgeleiteten heiligen Namen.

An dem umfassenden Charakter der Instruktionen zeigt sich, daß Luria seine Schüler von der Krankheit Weltlichkeit mit raschen, manchmal sogar drastischen Methoden heilen wollte. Wahrscheinlich wußte er, daß ihm nur sechs Jahre blieben, in denen er sie alles lehren mußte. Vital beschreibt ihn als »Arzt für die Seelen seiner Schüler«, einen, der jedem einzelnen genau die richtige Korrektur für die Taten nicht nur dieses Lebens, sondern auch früherer Leben verordnete: »Er erkannte in jedem Schüler, welcher Aspekt der Seele verunstaltet war, und wie jener sich reinigen möge, damit er das Licht empfange.«

Der Ari war ein so großer spiritueller Meister, daß er genau wußte, wo und wie hoch auf dem kosmischen Baum eine jede Seele angesiedelt war. Deshalb konnte er den Schülern genau in dem Moment Verse aus der Thora erläutern, da der Schüler bereit war, die tiefere Bedeutung des Verses zu verstehen, und so seinen spirituellen Aufstieg befördern. Der Schüler sprach dann den Vers laut und meditierte dabei über Aris Erläuterungen.

Der Meister gab seinen Schülern Formeln zur Abwendung der »äußeren Kräfte«, die sie ablenkten, Formeln, um sie daran zu erinnern, daß sie in Gottes Ebenbild geschaffen waren, Formeln, um Klänge und Gerüche herbeizuführen. Bei der Unterweisung zur Meditation über den Körper wies er seine Löwenjungen an, sie sollten sich nur mental auf ihren Kopf konzentrieren, ohne die heiligen Namen zu singen, denn die Krone herrsche in absoluter Stille. Wenn sie nach draußen gingen, sollten sie sich ihre Füße als die Sphären *Beständige Dauer* und *Majestät* und ihre Augen als *Weisheit* und *Verstehen* vorstellen und dabei immer daran denken, daß der Körper ein Thron des Heiligen Geistes wäre. Manche Schüler behaupteten sogar, sie »flögen« durch die Luft, wenn sie das Licht eines geheimen Attributes mit Namen *Daat* (Wissen) herabzögen, das auf dem kosmischen Baum seinen Platz zwischen *Weisheit* und *Verstehen* hat. Es gab zahlreiche Formeln für den Gebrauch bei religiösen Anlässen, Festtagsgottesdiensten und der Anwendung des jüdischen Gesetzes. Es gab ebenso viele kontemplative Formeln wie Lebenssituationen. »Alles hängt von der Intensität eurer Konzentration und eurer Bindung nach oben ab«, sagte der Ari. »Habt das immer vor Augen.« Es überrascht nicht, daß die Mystiker von Safed, die in Lurias Intensität ein spirituelles Vorbild hatten und sich der Meditation über seine *Jichudim* (Bindungen) widmeten, sich mit »den Engeln im Himmel« verglichen.

Moses Luzzatto und sein Zirkel

Moses Chajim Luzzatto, ein brillanter junger Kabbalist des 18. Jahrhunderts, hielt sich für einen spirituellen Sohn Aris. Auch für ihn gab die Interdependenz der Welten oder Existenzebenen ein geeignetes Mittel ab, um das Ich auszulöschen und dadurch das Bewußtsein zu erweitern. Wie und wann die himmlischen Boten, die zwischen Gott und Seinen emanierten Welten standen, beeinflußt werden könnten, wurde für den jungen italienischen Gelehrten zu einem moralischen Problem.

Luzzatto wurde 1707 in Padua geboren und hatte die für einen jungen Juden der privilegierten Klasse typische Biographie. Er studierte weltliche Literatur bei dem berühmten Isaak Chajim Cohen Cantarini und religiöse Werke bei dem hochangesehenen Rabbi Isaia Bassan. Doch schon in jungen Jahren zeigte Luzzatto Interesse an der Kabbala und überredete seinen zögernden Religionslehrer dazu, ihm einige ihrer Geheimnisse zu enthüllen. Da ihn die unzusammenhängenden Fetzen der Mystik, die ihm offiziell zugänglich waren, immer weniger befriedigten, begann Luzzatto, sich mit den verbotenen Werken im Selbststudium zu beschäftigen. Es dauerte nicht lange, und er hatte um sich einen Zirkel von gleichgesinnten Universitätsstudenten versammelt und las mit ihnen im geheimen die mystischen Texte. Die Gefährten überzeugten ihn, die dort beschriebenen lurianischen Meditationen zu praktizieren. Der jugendliche Meister und seine erste Gruppe ähnlich privilegierter jüdischer Universitätsstudenten wollten es den Mystikern von Safed gleichtun und entwarfen ein Regelwerk, das sie »Statuten des Zirkels« nannten und worin sie sich verpflichteten: »den *Sohar* anhaltend ohne Unterbrechung zu studieren, wobei jedes Mitglied der Reihe nach einen Abschnitt liest, vom frühen Morgen bis zur Stunde des Abendgottesdienstes, ausgenommen am Sabbat und an Festtagen. Das Studium des *Sohar* dient nicht dem Zweck der privaten (spirituellen) Fortentwicklung eines jeden der Mitglieder, auch nicht der Reinigung von ihren Sünden, sondern wird ausdrücklich und ausschließlich um der ›Vervollkommnung‹ der Heiligen *Schechina* und ganz Israels willen getan.«

Diese hochfliegenden Ideale wurden Tag und Nacht von intensiven Meditationen über Aris *Jichudim* (Bindungen) begleitet. Luzzatto räumte später selbst ein, er habe sich in den Statuten »begraben« und sie mental alle fünfzehn Minuten rezitiert. Doch trotz des streng klingenden Kodex wurden die Regeln des Zirkels ziemlich flexibel gehandhabt. Zwar wurde der *Sohar* kontinuierlich den ganzen Tag über von den Mitgliedern laut gelesen, doch waren auch Nichtmitglieder zugelassen, um sie nachts zu entlasten. In der Folge schlossen sich weitere neun junge Männer an, um, wie sie behaupteten, »das Volk Israel zu erheben«. In bewußter Nachahmung der Kabbalisten von Safed gelobten sie gemeinschaftliche Fürsorge füreinander, einen liebenden Geist und die totale Hingabe an die höchste WAHRHEIT. Kasteiungen wurden als kollektives Fasten durchgeführt. In diesem Geist richteten sie schließlich eine Lesung des *Sohar* rund um die Uhr ein, und jedes Mitglied mußte der Reihe nach wach bleiben. Manche lasen zusätzlich die Bibel und Kommentare, und alle wollten es bereitwillig unterlassen zu reden, einander zu begrüßen oder zu verabschieden, ohne Gott zu nennen. Die Mitglieder des Zirkels versuchten, eine mönchische Lebensweise zu befolgen, ohne jedoch den Komfort ihrer Elternhäuser hinter sich zu lassen, und meditierten schweigend stundenlang, gingen mit geneigtem Kopf umher und hielten die rabbinischen Gesetze buchstabengetreu ein.

»Das ganze Thema der Kabbala«, sagte Luzzatto, »ist es, die Natur Gottes zu erklären, gepriesen sei Er, daß Er absolut und wahrhaft Einer ist, daß Er unwandelbar ist und keine körperlichen Attribute hat…« Der junge Philosophen-Mystiker erläuterte die Überlegenheit, die in der auf Erfahrung beruhenden Erkenntnis spiritueller Dinge im Vergleich zu bloßer intellektueller Spekulation liegt: »Es ist unsere Pflicht, [die Kabbala] mit Verstand aufzunehmen, nicht nur als eine Sache des Glaubens, sondern damit wir unser Urteil mit ihr in Übereinstimmung bringen können […] Wenn [die Thora] in die Seele eingeht, fällt damit auch Licht hinein, wie die Sonnenstrahlen in ein Haus einfallen. Ja, sie gleicht sogar dem Feuer. Denn alle ihre Worte und Buchstaben sind wie Kohlen, die scheinbar erloschen sind, aber wenn jemand an ihnen zu arbeiten beginnt, dann schlägt aus jedem einzelnen Buchstaben eine große, vielfarbige Flamme. Das ist die in jedem Buchstaben verborgene Erkenntnis.«

Die Frage, wie die Thora durch Selbsterkenntnis zu verstehen und anzuwenden sei, wurde zur Grundlage einer bestimmten Vorbereitung für den Mystiker, die Luzzatto *Weg des Gerechten* nannte. Wenn einer die entsprechenden ethischen und moralischen Bedingungen erfüllt hatte, dann war er für den höheren »Weg Gottes« bereit. »Denn das allein ist das wahrhaft Gute, und alles, was die Menschen außerdem als gut betrachten, ist nichts als Leere und Wertlosigkeit [...] [Man] sollte ausharren und sich mit dem Gesegneten durch Handlungen vereinen, die zu diesem Ziel führen.«

Luzzattos Stufen, die zur vollkommenen Einheit führen, sind dem talmudischen Diskurs von Rabbi Pinchas ben Jair entnommen und fordern nachdrücklich:

Aufmerksamkeit
Eifer
Reinlichkeit
Absonderung
Reinheit
Rechtschaffenheit
Demut
Furcht vor Sünde und
Heiligkeit.

Die Talmudisten sprachen von diesen Eigenschaften als einem »Zaun um die Thora«; Luzzatto trieb die Idee weiter, indem er seine Schüler über die Grenze der menschlichen Ethik hinaus in das Reich des Göttlichen führte. Um die ihm durch das Ich auferlegte weltliche Blindheit auszulöschen, sollte Luzzattos Schüler (wie seine Vorgänger in Safed) bestimmte Zeiten des Tages und der Nacht der Überprüfung seines Verhaltens widmen und dies mit der »größten Regelmäßigkeit« durchführen. Luzzattos Introspektion erinnert an Bachjas Prozeß der »Selbstprüfung«, doch war sie um das entsprechende Studium der SCHRIFT erweitert, das die AUFMERKSAMKEIT in einen kontemplativen Zustand der EHRFURCHT erheben sollte. Er glaubte, die Schrift würde in Verbindung mit der Selbstprüfung die Einsicht des Kabbalisten in seine eigenen Handlungen so weit schärfen, daß die AUFMERKSAM-

KEIT gleichsam zum Instinkt werden würde. Deshalb unterschied er scharf zwischen jenen eifrigen Gelehrten, die sich in der Thora »verloren«, und denen, die sie bloß mit Blick auf himmlische Belohnung studierten. »Äußere Bewegungen [wie das ichlose Thorastudium und die Introspektion] ziehen innere nach.«

Doch obwohl Luzzatto seine Laufbahn als etablierter, verheirateter Gelehrter begann, lebte und predigte er später die mystische Lehre von der Wurzellosigkeit in der Welt und der »Verwurzelung im Dienst am Göttlichen«. Je geringer das Verlangen nach weltlicher Ehre wurde, desto stärker wuchs das Sehnen des Kabbalisten nach dem ABSOLUTEN und führte ihn zu spirituelleren Gewohnheiten, Praktiken und Menschen. Dieses Sehnen kennzeichnete seinen Eintritt in die zweite Stufe, die Praxis der vollkommenen REINLICHKEIT, die sich in dem nun vollkommenen Gefühl für die eigene geistige Klarheit und Urteilsfähigkeit des Mystikers zeigte. Stolz, Ärger und Neid fielen auf dieser Stufe von ihm ab, so wie die tote Haut von einer sich häutenden Schlange abfällt. Ebenso der Wunsch nach Reichtum oder Ruhm. »Denn wenn [dein] Geist mit allen diesen Dingen lebt«, so versicherte Luzzatto, »dann wird er sie in seinem Bereich alle überblicken und aus der Quelle der Wahrheit ein neues Verständnis hervorbringen.«

Die Stufe der ABSONDERUNG kennzeichnete den Punkt, an dem der Schüler von einem rein ethischen Verhalten zur HEILIGKEIT übergeht; ersteres wurde innerhalb der geordneten Welt des jüdischen Gesetzes praktiziert, letzteres brachte den Mystiker in einen Bewußtseinszustand, der ganz und gar frei von Handlungen war: »Den wenigen Auserwählten, die Nähe zu dem GESEGNETEN EINEN erlangen und damit all denen nutzen wollen, die von ihnen abhängen, obliegt die Erfüllung der höheren Pflichten eines Heiligen.«

Der jüdische Heilige, der *Zaddik*, lebt in völliger Abgeschiedenheit von den Freuden der Welt. Wie der buddhistische Bodhisattva ist er ein erleuchtetes Wesen, das menschliche Gestalt angenommen hat und unter anderen Menschen lebt, um sie in einen göttlichen Stand zu erheben. Die jüdischen Mystiker des höchsten Grades waren immer *Zaddikim*; Heiligkeit blieb das höchste Ziel für diejenigen, die noch auf dem Weg waren. Um die »Weltlichkeit« auszulöschen, gab Luzzatto wie Bachja seinen Schülern den Rat, die trügerische Eigenart des vergänglichen »Guten« zu betrachten. Analysierte der Schüler die Eigenschaften jeder einzelnen Quelle der Freude, dann konnte er auch ihre Kehrseite erkennen, den vergänglichen Zauber. Eine solche Entwöhnung brachte ihn schließlich dazu, das Vergnügen »als großes, beständiges Übel zu verachten und abzulehnen«. War die Sinnlosigkeit, Freuden zu suchen und Schmerz zu vermeiden, einmal erkannt und offenbar geworden, dann zog diese Wahrheit den Schüler weiter weg vom Materialismus hin zu dem einfachen Leben der Zufriedenheit, das im Talmud gezeichnet ist. Luzzatto empfahl völlige Einsamkeit denen, die sie ertragen konnten, denn wenn man die weltlichen Güter aus dem Blick entfernt, dann entfernt man gleichzeitig auch das Verlangen nach ihnen »aus dem Herzen«.

Wie alle anderen jüdischen Mystiker plädierte auch Luzzatto dafür, die aufsteigenden *Madregot* (Ebenen) langsam zu nehmen und den eigenen Fähigkeiten entsprechend voranzugehen: »Erwirb heute ein bißchen und [füge] morgen ein bißchen [dazu], bis [du] so daran gewöhnt bist, daß es dir zur zweiten Natur geworden ist.«

REINHEIT bedeutete die sorgfältige Überprüfung jedes einzelnen der eigenen Motive, auch derjenigen hinter den anscheinend guten Werken. Die *Mizwot* (göttlichen Vorschriften) einzuhalten, war sinnlos, wenn der Kabbalist den verborgenen Wunsch nach spiritueller Belohnung hatte. Reinheit bedeutete Wunschlosigkeit, Desinteresse und völlig selbstloses Handeln. Der rituelle Gottesdienst, der auf ein einziges Ziel ausgerichtet ist, half, wenn er in vollkommener Konzentration ausgeführt wurde, jede Spur des Ich auszubrennen: »Je mehr Zeit einer dem tiefen Nachdenken widmet, um so die niedrige Natur der Weltlichkeit und ihrer Freuden zu erkennen, desto leichter wird er seine Gedanken und sein Herz reinigen können, so daß sie bei keiner Tat den Weg zur bösen Neigung einschlagen können; und bei den irdischen Tätigkeiten, die er ausführt, wird er seine Rolle nur gezwungenermaßen einnehmen.«

Um DEMUT zu erlangen, sollte der Schüler sein Herz läutern, bevor er eine *Mizwa* erfüllt. Ablenkende Gedanken sollten als »Ehebruch des Herzens« angesehen werden, weil sie die Aufmerksamkeit des Mystikers von seiner »Geliebten« auf die eitlen und trügerischen Illusionen der Welt lenkten. Die von der Thora vorgeschriebenen 613 *Mizwot* waren vermutlich für den gewöhnlichen Juden ausreichend, aber Luzzattos Kabbalist mußte sie erweitern. Wie Aris Löwenjunge mußten es auch die Mitglieder des Zirkels unterlassen, Fleisch zu essen oder auch nur Insekten zu töten, ganz zu schweigen davon, daß sie unter allen Umständen mit Mitgefühl und Milde gegenüber den Menschen handeln mußten.

Um EHRFURCHT auszulösen, ermunterte Luzzatto den Mystiker, er solle sich vorstellen, er stünde vor Gott »und spräche mit Ihm, auch wenn man Ihn nicht sehen kann«. Diese Phase in der Vorbereitung auf die Vereinigung war die schwierigste, denn jetzt mußte sich der Kabbalist ein »mentales Bild« von etwas machen, das er nie gesehen hatte, hatte er doch bisher entsprechend der Welt der sinnlichen Erfahrung gehandelt. Seine Sehnsucht, mit Gott wie mit einem Freund von Angesicht zu Angesicht umzugehen, was in der nächsten Phase, LIEBE, folgen würde, würde ihn von einem persönlichen, selbstgeschaffenen Bild des ABSOLUTEN zum unpersönlichen, formlosen EINEN voranbringen.

Luzzatto trat dafür ein, die eigene Grobheit und Niedrigkeit im Angesicht des Göttlichen zu betrachten, denn EHRFURCHT rührt aus der Selbsterniedrigung, sagte er, die sich in Liebesverlangen verwandelt. Wie ein abwesender Liebender, der von der Dame seines Herzens hört, empfindet der Kabbalist schon bei der Erwähnung Gottes Freude. HEILIGKEIT, DEMUT und FURCHT VOR SÜNDE – alles natürliche Bestandteile der *Liebe* des Mystikers zu Gott – würden ihn zur *Debekuth* bringen, den Zustand der ständigen Vereinigung mit Ihm. An diesem Punkt »strebte er nach nichts mehr und war mit nichts außerhalb Seiner beschäftigt [...] so sehr, daß es ihm [nicht gelang], sich abzusondern und von Ihm wegzugehen«. In diesem Zustand der Heiligkeit war der Kabbalist bereit, die Psalmen Davids in ekstatischer Meditation zu betrachten. Die aus diesen Bemühungen herrührende *Debekuth* zeigte sich darin, daß ihm Gottes Gegenwart beim Sitzen, Gehen, Schlafen und Wachen ständig bewußt war. Luzzatto verglich diesen Zustand der erhabenen Nähe zu Gott mit dem Symbol des Tabernakels im Tempel, wo der Körper nur als Haus für die GÖTTLICHE GEGENWART diente: »Ich habe schon darauf hingewiesen, daß man dies nicht allein ausführen kann, sondern man muß sich dessen bewußt werden und sich darum bemühen [...mit] viel Absonderung [von der Welt], intensiver Betrachtung der Geheimnisse der göttlichen Herrschaft und der Geheimnisse der Schöpfung und einem Verständnis für die Majestät des Gesegneten Einen […] so weit, daß man Ihm ganz anhangen will und in der Lage ist, körperliche Handlungen wie ein Opfer auszuführen.«

Im *Weg des Gerechten*, einem Führer für den mystischen Pfad zur HEILIGKEIT, welcher diesen in einzelne Kapitel gegliedert darstellt, betont Luzzatto die überragende Bedeutung des »Alleinseins«. Er glaubte, der Kabbalist könne den »Freund« im Innern, der ihn den Weg zu Gott lehren würde, nur kennenlernen, wenn er die vergänglichen Reize der äußeren Welt ganz ausschließt. Jenseits dieses Reiches der *Debekuth* lag ein Reich genannt »Heiliger Geist«, wo man mental, und manchmal auch physisch, in einen Propheten verwandelt wurde. Auf dieser Ebene war der Kabbalist wie Moses vor ihm auf dem »Weg Gottes«.

In der Nachfolge der lurianischen Kabbala betonte Luzzatto die Meditation entlang des Kontinuums, auf dem die irdischen und himmlischen Menschenseelen existieren und sich treffen. Entsprechend lehrte er seine Zirkelmitglieder die Sphären des kosmischen Baumes zu kontemplieren, um so die »geheimen Bewegungen« von oben zu unterstützen, die das »innere Licht« der himmlischen Attribute hervorrufen und auf die flehende Seele unten richten würden. Unter der verzückten mentalen Anleitung des Kabbalisten würde dann »die ganze Wonne des Unendlichen« nach unten fließen, bis »alle Welten einen wohltuenden Einfluß bewußt wahrnehmen«. Nur wer auf dem Weg der Vorbereitung die Stufe der HEILIGKEIT erreicht hatte, durfte es wagen, diese Übung auszuführen, die, wie Luzzatto sagte, »das Böse in das Gute wenden wird«.

Die Geheimnisse von Beth El

Die letzte bekannte Gruppe praktizierender Kabbalisten trifft sich auch heute noch in der Jeschiva Beth El in Jerusalem. Die kleine Gemeinde, die auch dem interessiertesten Besucher verschlossen bleibt, setzt die vor vierhundert Jahren von ihren Vorläufern eingeführte Praxis fort. Die Gemeindemitglieder führten noch zu Beginn des 20. Jahrhunderts ein Gemeinschaftsleben als Gruppe und nannten sich selbst *Mechavenim* (diejenigen, die mit Meditation beten). Wenn sie sich in einem Kreis zu Füßen ihres *Rav Ha-Chassid* (Meister der Andacht) versammelten, ließen sie Musik und schweigende Meditation ineinander übergehen, um einen Zustand der EHRFURCHT herbeizuführen, bis der Meister schließlich den wortlosen Gesang anstimmte der sie zur Ekstase führte.

Zwischen dem 16. und dem 19. Jahrhundert wirkte der *Rav Ha-Chassid* nicht nur als das spirituelle Oberhaupt der Jeschiva, sondern auch als Oberhaupt von Jerusalem und ganz Palästina. Mitglieder der Bruderschaft hinterließen ein Dokument, das ihre dem Spirituellen gewidmete Lebensweise bezeugt. Jeder unterschrieb einen Vertrag, er werde jeden weltlichen und spirituellen Erwerb seinen Mitbrüdern überlassen – nicht nur in diesem Leben, sondern auch in allen zukünftigen! Jeder gelobte, sein Leben für die anderen zu opfern; und jeder verschrieb sich ganz einer ausschließlichen Suche nach nichts Geringerem als der vollkommenen Einheit mit dem ABSOLUTEN. Manche schrieben Bücher und Anweisungen, die neue Mitglieder bei ihren Meditationen anleiten sollten; sie tragen Titel wie *Der Strom der Vollkommenheit, Der Duft der Freude* und *Grußworte*, doch bleiben sie denen, die nicht von den Meistern von Beth El in ihre Geheimnisse eingeführt sind, unverständlich.

Ariel Bension, Nachkomme eines Mitglieds dieser Gemeinschaft, berichtet, daß sie von spanisch-jüdischen Exilanten gegründet wurde, die von Aris Betonung der geschriebenen *Kawwanot* (Symbole zur Konzentration) im Gebet beeinflußt waren. Die Meister in Beth El, so Bension, führten Melodien ein, »um die Phase der Meditation zu kennzeichnen«. Der *Rav Ha-Chassid* sang die meditative Melodie laut, »um die stumme Meditation der *Mechavenim* anzuregen«. Zunächst wurden die Meditationen in tiefem Schweigen ausgeführt, das manchmal bis zu 15 Minuten dauerte. Aber die inspirierenden Melodien traten allmählich an die Stelle des Schweigens und gaben dem sich anschließenden kontemplativen Gebet einen ekstatischen Rahmen. Der Meister intonierte ein Impromptu, ein wortloses Lied, aus dessen Melodie und Rhythmus der Schüler den Charakter der jeweiligen Meditation unmittelbar erkennen konnte.

Wenn der *Rav Ha-Chassid* die Gemeinde beim Beten des *Sch'ma* (Einheit von Gott und Seinem Namen) leitete, führte er sie zugleich aus ihrem individuellen Bewußtsein in die Vereinigung mit der *Schechina* (Gottes immanenter, weiblicher Gegenwart). Die einzige Anforderung für diese Form der spirituellen Übung war ein sehnendes Herz und ein asketisches, dem Gebet gewidmetes Wesen. Der Intellekt spielte in der von den Beth-El-Mystikern praktizierten Andachtskontemplation eine geringe Rolle. Dreimal täglich rezitierten sie die Liturgie, die von den Juden in der ganzen Welt rezitiert wird, aber ihr Gebet wurde mit einer *Kawwana* vorgetragen, die so intensiv war, daß sie den lebendigen Geist Gottes aus der Umhüllung der Worte hervorrufen konnte.

2 Liebe: Die Reise zu Gott

Wenn der Mystiker durch ethische und spirituelle Übungen zur Pflege der EHRFURCHT seine Seele ausreichend gereinigt hatte und jetzt von der Sehnsucht eines Liebenden nach einem Blick der Geliebten erfüllt war, dann war er vorbereitet auf die Reflexion einer Vision des ABSOLUTEN. Auch wenn diese Stufe, die in den erotischen Bildvorstellungen im Hohelied Salomos geschildert wird, noch nicht als »Vereinigung« klassifiziert werden kann, ist sie doch sehr hoch. Der Mystiker fühlt sich nicht mehr als kleines, unbedeutendes Geschöpf, von seinem Schöpfer durch Äonen in Raum und Zeit getrennt, sondern betrachtet Gott jetzt als seinen *Dodi* (lieben Freund). Auch auf diesem hohen Niveau nähert sich der Liebende seinem Ziel in Stufen; dank der wechselseitigen Abhängigkeit der einzelnen Glieder der gesamten Kette der Welten am kosmischen Baum kann er nun im Wissen, daß Gott, Seine Idee und Sein Wort eins sind, mit der LIEBE ebenso verfahren wie mit der EHRFURCHT. Deshalb können im entsprechenden Mikrokosmos seines eigenen Geistes das Denken, Sprechen und Handeln des Mystikers ebenfalls zu einem vereint werden. Nachdem er sich seines Ichs entledigt hat, ist auch er frei, mit jedem Atemholen neue Welten zu erschaffen und sie beim Ausatmen wieder zu zerstören.

Die Weisen in Rabbi Akibas Kreis an der jüdischen Gelehrtenakademie in Jabne im 1. Jahrhundert setzten visualisierte »Reisen« durch die Sphären ein, um ekstatische Zustände herbeizuführen. Diese kontemplativen Übungen sollten den Mystiker in seinem leidenschaftlichen Wunsch, Gott zu »erkennen«, unterstützen und betonten deshalb die mentalen Ausflüge durch himmlische Paläste und ausgestaltete Visualisierungen von Gottes Wagen und Thron. In Texten wie Ezechiel, den Kleinen und den Großen Hechaloth, Merkaba Rabba, Schiur Koma und dem Buch Henoch ist dieses Potpourri aus jüdischen, persischen und gnostischen Meditationen so angelegt, daß nur der glühendste, untadelig vorbereitete Initiierte sie praktizieren konnte. Wenn Rabbi Akiba seine jüngeren Kollegen ermahnt, sich von den Illusionen, die während dieser höheren Bewußtseinszustände unvermeidlich auftauchen würden, nicht täuschen zu lassen, dann sagt er ihnen damit, sie sollten ihre eigenen Projektionen nur ansehen, sich aber nicht in sie verlieben.

Mit den Psalmen als Anleitung für die Visualisierungen von Gottes Umgebung gestalteten diese frühen Mystiker die zunehmenden Bewußtseinsgrade zu konkreten Bildern, die schließlich ihre Form verloren und zu reinem Licht verschmolzen. Hatten sie vorher über Gottes Werk, wie es in der Natur und in ihrem Selbst zum Ausdruck kommt, meditiert, so kontemplierten sie nun die Welt, die jenseits der Sinne, jenseits der Vorstellungskraft liegt, bis sie zum Bereich des ABSOLUTEN gelangten. So konnte der reine Marmor in Gottes Palast den reinen, formlosen Zustand, das letzte Ziel repräsentieren; während Wasser, das Symbol für die Elemente in ihrem Urzustand, ihrer Falschheit oder in der vom Ich ausgehenden Illusion, die physischen und mentalen Fallen auf dem Weg versinnbildlichte.

Warnungen an den Reisenden

Der Autor (oder die Autoren) der Kleinen Hechaloth (»Hallen in Gottes Palast«) warnt wie Rabbi Akiba den Reisenden vor den trügerischen Spiegelungen, die der Geist erzeugt: »Die Tür der sechsten Halle [oder Kontemplationsebene] sieht aus wie Marmor, der von Hunderttausenden von Myriaden (eine Milliarde) Wasserwellen bedeckt ist; aber sie enthalten nicht einen einzigen Tropfen Wasser, sondern spiegeln nur das Leuchten der reinen Marmorsteine, die deutlich in der Halle zu sehen sind und deren Strahlen dem des Wassers ähnlich ist.«

Raschi, der große Kommentator des Talmud im 12. Jahrhundert, spricht ausführlich über diesen Text aus dem 1. Jahrhundert und sagt: »Reiner Marmor ist so durchsichtig wie reines Wasser, aber er ist nicht wie Wasser körperlich oder lebenspendend.« Nach Raschi warnt Akiba damit vor der falschen Vorstellung, das Denken könne einen über den ungeheuren Abgrund, der die Materie vom Geist trennt, hinüberführen. Denn auch das Denken besteht aus den Elementen, und kein physisches Geschöpf kann Gott sehen und leben. Der Mensch muß deshalb die *Idee* oder das Bild Gottes anfertigen und Ihn durch die Transformation von sich selbst *erfahren.*

Weise wie Rabbi Hananel ben Chuschiel (990–1055) beteten, fasteten und vollzogen rituelle Waschungen, bevor sie über die Hallen in Gottes Palast meditierten. Waren sie dorthin gelangt, dann »sahen« sie Wächterengel, die Struktur von Ezechiels Welten innerhalb von Welten und auch die *Araboth*, einen heiligen Ort, der von den großen toten Seelen bewohnt wurde. Rabbi Hananel behauptete, er verstünde Akibas Warnung vor diesen besonderen Kontemplationsübungen aufgrund persönlicher Erfahrung: »Wenn du diesen Zustand erreicht hast, wo du in den ›Stein des Herzens‹ [das Herz ist der Meditationspunkt bei denen, die Gott ›lieben‹] neben den Steinen aus reinem Marmor [der formlose Zustand, der folgt] hineinsehen kannst, dann sage nicht ›Wasser! Wasser!‹, denn dort ist überhaupt kein Wasser, sondern es ist nur eine Form zu sehen. Und wer ›Wasser‹ sagt, der lästert Gott.« Doch Rabbi Hananels Meditation brachte nur ein unvollkommenes Ergebnis hervor, denn er beschreibt, daß seine Vision des ABSOLUTEN durch »einen Spiegel, der nicht glänzt«, reflektiert war.

Ein anderer Weiser aus dem 11. Jahrhundert, Rabbi Nathan ben Jechiel, soll gesagt haben, die ganze Reise fände nur im Denken des Meditierenden statt. Wenn der Mystiker seine Aufmerksamkeit auf die *Krone* des kosmischen Baumes und den Scheitel des eigenen Kopfes richtet, dann vermag er die Hallen in Gottes Palast, die Heerscharen der Engel und andere höhere Wesen, die diesen Bereich des menschlichen Bewußtseins bewohnen, zu sehen. Das ist aber nicht bloß die Reflektion eines »wolkigen Spiegels«. Rabbi Nathan lehrt, und wahrscheinlich richtet sich seine Überlegung gegen Rabbi Hananels trübe Vision, daß Akibas Meditation über die »Kammer des Herzens« (d. h. seine tiefe, leidenschaftliche Liebe zu Gott) ein vollkommen klares Bild Seines Reiches hervorgebracht hätte – nicht anders als das Bild der Welt, das Akibas körperliche Augen wahrgenommen hätten.

Rabbi Hai Gaon (939–1038) war stärker an der Natur des Menschen interessiert, der eine solche Reise zu erhoffen wagte. Er untersuchte die Akiba-Legende gründlich und fragte, warum nur Rabbi Akiba unversehrt zurückkam, während die anderen, die ebenfalls Gerechte waren, scheiterten. Antworten auf solche Fragen, folgerte Hai Gaon, ließen sich nicht in der reinen Ethik oder dem Gesetz finden. Er untersuchte den

Talmud auf Präzedenzfälle hin, fand aber nur, daß die alten Weisen übereinstimmend die Notwendigkeit einer sowohl physisch wie mental perfekten Vorbereitung betonten. Einer, der das Ritual vollziehen wollte, mußte »eine bestimmte Anzahl von Tagen fasten und flüstert dann mit dem Kopf zwischen den Knien der Erde viele Lieder zu und spricht laut Lob und Dank aus«. Fehlende Sinneseindrücke und Trance führten dann zur Vision der »sieben Kammern, [in die] er nacheinander eintreten und ihren Inhalt feststellen kann«. So stieg zum Beispiel Elia »auf die Spitze des [Berges] Karmel, beugte sich zur Erde und legte sein Gesicht zwischen die Knie«, eine Geste, die bei den Propheten weit verbreitet und wohl ein Mittel war, die Kontrolle über die Sinne rasch zu verlieren. Talmudische Weise wie Rabbi Chanina ben Dosa beteten gewöhnlich in dieser Position. Und Eleasar ben Durdia, ein schrecklicher Sünder, der den Ruf hatte, bei jeder Prostituierten der Welt gewesen zu sein, bereute, legte seinen Kopf zwischen die Knie und weinte, bis er starb!

Rabbi Hai Gaon gibt seinen Lesern den Rat, sich solcher Formen der Kontemplation zu enthalten, bis sie, wie Akiba, tatsächlich die göttliche Weisheit erlebt hätten: »Und Gott gab Akiba Leben und alles, worauf er blickte, er hatte richtige Gedanken mit richtiger Erkenntnis.« Rabbi Hai Gaon zieht daraus den Schluß, daß die mystischen Visionen alle historisch wahr sind, Nachfolger einer langen Tradition visionärer Transformationen, die von den biblischen Heiligen und Propheten in einem höheren Bewußtseinszustand erlebt wurden.

Zweihundert Jahre vor Hai Gaon hatte sich eine rebellische Stimme dagegen ausgesprochen, die Details der visionären Reise vor dem einfachen Mann geheimzuhalten. Rabbi Schmuel Gaon lehrte, daß solche »wunderbaren Transformationen« keineswegs auf die prophetische Erfahrung begrenzt wären, sondern daß die talmudischen Rechtsgelehrten diese Idee verbreitet hätten, um die gewöhnlichen Leute davon abzuhalten, diese Techniken selbst anzuwenden!

Eine Vision des Absoluten

Diese »Abstiege«/»Aufstiege«, in deren Mitte hauptsächlich zwei Symbole stehen, Gottes Palast und der Himmelswagen oder Thron, wurden nie zum Allgemeingut. Die Mystiker, die zwischen dem 2. vor- und dem

2. nachchristlichen Jahrhundert diese Techniken praktizierten, waren in der Regel Gelehrte, denen schon, bevor sie praktizierten, die gesamte jüdische intellektuelle und mystische Tradition geläufig war. Außerdem waren sie im täglichen Leben getreue Anhänger der Thoravorschriften, sie hatten eine gewisse Stufe der Heiligkeit erreicht und damit das Recht erworben, eine solche Reise zu unternehmen. Aus den Beschreibungen ihrer Erlebnisse erfahren wir von einer Welt voller »feuriger, lebender Kreaturen, die preisende Worte sprechen« und Lieder singen, die nur der vollkommen Initiierte ohne Gefahr für sein Leben hören kann.

Wenn der Mystiker durch die sieben Bewußtseinszustände hindurchgegangen war, die vor seiner ersten Vision der *Hechaloth* (»Hallen in Gottes Palast«) liegen, durchquerte er sieben weitere »Himmel«, bevor er zum Thron Gottes kam. Die Vision erreichte gewöhnlich hier mit der projizierten Form eines kosmischen Menschen, der auf einem glänzenden Ehrenthron sitzt, ihren Höhepunkt.

Der Weg war aber nicht ohne Hindernisse. Um die Wächter friedlich zu stimmen, die seinen Weg versperren mochten, trug der Weise Siegel mit den Namen Gottes, die Seinen Attributen entsprechen: *Verstehen, Gericht, Liebende Freundlichkeit* usw. Wenn sich der Weise von einem Wächter abgelenkt fühlte (Projektionen der Seele, die sich entweder in verführerischer oder schreckenerregender Form manifestieren konnten), dann visualisierte er das Siegel und sprach gleichzeitig den entsprechenden Namen aus. »Adonai« zum Beispiel ist der mit dem Attribut *Gericht* verbundene Name. Wollte der Meditierende ein erschreckendes Bild auslöschen, dann malte er nur die Sphäre des *Gerichts* in hellem Rot auf den kosmischen Baum und wiederholte »Adonai« so lange, bis das schreckenerregende Bild verschwand.

In seiner Eigenschaft als Meister der *Merkaba* (Thronmystik) schrieb Rabbi Akiba einige Anleitungen zur Herbeiführung einer Ekstase. Sie waren esoterische Interpretationen des Schöpfungsabschnittes in der Genesis, des Hoheliedes und des *Schiur Koma* (»Das Maß des Körpers«). Nach Rabbi Akibas alternativer Lesart wurde dadurch der Mystiker auf die Vision des *Haluk* (das Gewand aus Licht, das Gottes Herrlichkeit umgibt) und dann der Herrlichkeit selbst vorbereitet.

Ein typischer *Merkaba*-Hymnus (von Dr. Judah Goldin übersetzt) bringt die unaussprechliche Erfahrung des »Gott Schauens« zum Ausdruck:

O eingehüllt in Glanz, bekrönt mit Kronen,
O der du singst von Ihm dort oben
Preise den Herrn auf Seinem Flammenthron
Denn in der Gegenwart der Gegenwart,
In der innersten Herrlichkeit
Der innersten Kammern
Stellst du deine Posten auf.
Deine Namen hat Er von dem Seiner Diener unterschieden,
Die Flamme umgibt ihn, ein loderndes Feuer,
Brennt rings um ihn mit glühenden Kohlen.*

Das »Anlegen der Namen« genannte Ritual bestand darin, daß man sich tatsächlich in ein Gewand kleidete, auf das die NAMEN GOTTES buchstäblich geschrieben waren. Der *Merkaba*-Mystiker benutzte dieses äußere Zeichen der Erinnerung dazu, in sich die absolute, durch nichts abgelenkte Meditation über die Namen einzuleiten, die ihn zur visionären Erfahrung führen sollte. Indem er sich in dieses heilige Gewand hüllte – dessen Merkmale detailliert in einem anderen Handbuch aus dem 1. Jahrhundert, im *Sefer ha-Malbusch* (»Das Buch der Kleidung«), beschrieben wurden –, agierte der Mystiker die physische Hälfte einer kontemplativen Erfahrung aus, die vom Geist allein nicht vollzogen werden konnte. Durch das »Tragen« und damit das »Verkörpern« der Namen wurde die Rezitation um vieles kraftvoller.

Man stelle sich Rabbi Akiba vor, der nach Fasten und Beten sein rituelles Tauchbad genommen hat, in sein Namensgewand gehüllt ist, und jetzt über die einzelnen Bewußtseinsebenen in die *Hechaloth* (»Hallen«) aufsteigt: »Als ich zum ersten Palast hinaufstieg, war ich *chassid* [fromm], im zweiten Palast war ich *tahor* [rein], im dritten *jaschar* [aufrichtig], im vierten war ich ganz *tamim* [bei Gott], im fünften zeigte ich Heiligkeit vor Gott, im sechsten sprach ich die *Kedduscha* (Heiligung) vor Ihm, der gesprochen und geschaffen hat, damit die Wächterengel mir kein Leid antun; im siebten Palast hielt ich mich mit aller Kraft aufrecht, ich zitterte an allen Gliedern und sprach das folgende Gebet: ›Lob sei Dir, der Du in der Höhe bist, Lob sei dem Erhabenen in den Kammern der Pracht.‹«

* Zitiert in Gershom Scholem, *Jewish Gnosticism, Merkabah Mysticism, and Talmudic Tradition*, S. 21–22.

Akiba kam aus dieser Vision des THRONES DER HERRLICHKEIT als ein verwandelter Mensch zurück. Er mußte jetzt nur jemanden anschauen und wußte, ob dieser ein Ehebrecher oder ein Mörder war. Er hatte jetzt Gewalt über die Natur. Er war ein Heiliger und unterschied sich von allen anderen Menschen durch seine Güte und sein starkes Urteil über deren Taten.

Rabbi Ischmael, ein Zeitgenosse Akibas und selbst ein Meister der *Merkaba*-Tradition, gab seinen Gefährten eine Liste mit Gesängen, die den visionären Bewußtseinszustand, währenddessen der THRON DER HERRLICHKEIT erschien, herbeiführen sollten. Rabbi Ischmael arbeitete seine eigenen Erfahrungen aus und zeichnete für seine Schüler ein sorgfältig ausgemaltes Bild dessen, dem sie begegnen würden, und wie sie dann reagieren sollten: »Ich stand sofort auf und ließ den Großen Sanhedrin [rabbinische Versammlung] und den Kleinen Sanhedrin im großen dritten Foyer im Haus Gottes zusammenkommen. Ich saß auf einem Sitz aus reinem Marmor, der mir von meinem Vater Elischa gegeben worden war. Und dann kam Rabbi Schimon ben Gamliel, Rabbi Eleasar der Große, Rabbi Eleasar ben Dama [...], Jonathan ben Uziel, Rabbi Akiba, Rabbi Jehuda ben Baba. Wir kamen und saßen vor Ihm, und die Gefährten standen alle, denn sie sahen Ströme von Feuer und Flammen von Licht, das uns von ihnen trennte. Und Rabbi Nechunja ben Hakana saß und ordnete vor ihnen allen die Worte der *Merkaba*, ihre Abstiege und Aufstiege, wie einer, der absteigt, verfahren soll und wie man aufsteigt. Wer absteigen wollte, der sollte Suria anrufen, ›den Fürsten des Antlitzes‹, ihn einhundertzwanzigmal mit einem Eid binden und dabei die Namen Totrosiai, Totrosiaj, Zurtek, Tutrecial,

Fingerhaltung der Hohepriester

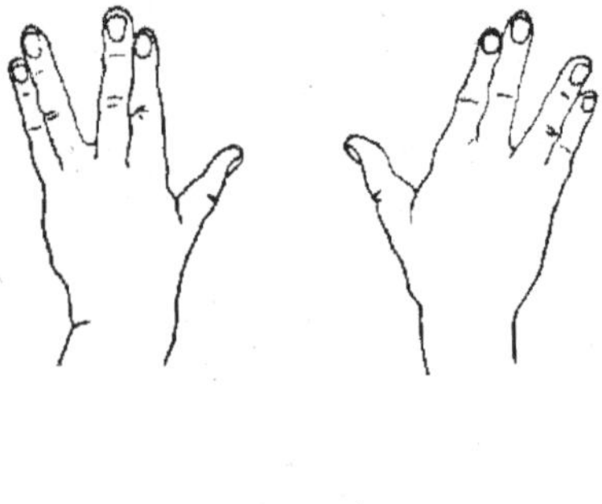

Tofgor, Aschruiliaj, Zvudial, Vzlterrijal, Tendal, Schuked, Hosia, Jemrijon, Badyriron verwenden. Man muß dies unbedingt *genau* einhundertzwanzigmal tun, sonst stirbt man. Wenn dies richtig ausgeführt ist, steigt man sofort ab und gewinnt große Macht über die *Merkaba.* Während man die Finger seiner Hand in der Weise spreizt, wie es die Hohepriester [des Tempels] tun, spricht man die Namen aus.«

Rabbi Nechunja ben Hakana: Annäherung an den Thron Gottes

Rabbi Nechunja ben Hakana war bei seinen Zeitgenossen als der größte Experte in der *Merkaba*-Technik anerkannt. Er gab seinen Gefährten direkt aus seinem Trancezustand heraus Anweisungen. Die Weisen umgaben ihn in ehrfurchtsvollem Schweigen und schrieben jedes komplizierte, metaphorische Detail in diesem Angriff auf seine Sinne auf, während er sich dem THRON GOTTES näherte.

Nach Rabbi Nechunja war »Totrosjai« der symbolische Hüter der Schwelle auf der ersten Stufe des höheren Bewußtseins. Nachdem der Mystiker den Wächter durch das Rezitieren der richtigen Namen Gottes »gebunden« hatte, konnte er ohne Ablenkung zur nächsten Phase weitergehen. Aber auch hier traf er auf einen Wächter. Acht »Türhüter«, auf jeder Seite saßen vier, versuchten ihn zu stören, bis er sie durch das richtige Singen und durch Visualisierung auflöste.

Rabbi Nechunja fährt fort: »Das Zeichen und Maß der Türhüter der siebten Kammer sind schreckenerregend, mächtig, furchteinflößend [...] in der Hand haben sie scharfe Schwerter, und grelle Blitze gehen von ihren Augen aus und Ströme von Feuer von ihren Nüstern und brennende Kohlen von ihren Mündern [...]« Wer »unberechtigt« die *Merkaba* besteigt [das heißt, ohne die richtige Unterweisung durch den richtigen Meister], wurde ergriffen und so lange von rechts nach links gestoßen, bis er geistig verstört oder tot war. Dagegen wurde der gerechte Reisende durch dieselbe desorientierende Erfahrung im Reich Pachdiels, des Hüters der vierten Kammer, »vervollkommnet und erleuchtet«. Man beachte, daß das Wort *Pachad,* von dem dieser Name abgeleitet zu sein scheint, das hebräische Wort für »Furcht« ist. Die mental und physisch verwirrende Erfahrung der *Merkaba*-Meditation ist so schreckenerregend, daß man bei dem Versuch, sie durchzuführen, umkommen kann. Deshalb ermahnt Rabbi Nechunja seine Gefährten, zu »schauen und zu sehen und zu hören, und alles, [...] was ich von dort, vor dem Thron Gottes sage [...] aufzuschreiben; achtet sorgfältig darauf, nur solche Personen auszuwählen, die geprüft sind«.

Aus tiefer Trance erzählt er dann, daß er von einem »Sturmwind«, einer ungeheuren Luftmasse, die ihn ersticken wollte, umgestoßen worden sei. Auf den Wind folgt das Erlebnis einer Levitation, bei dem der Meister in einen »Wagen aus Licht« gehoben wird, begleitet von Trompeten, deren Klang dem von »achtzig Millionen Hörnern und dreißig Millionen *Schofare* und vierzig Millionen Jagdhörnern« ähnlich ist (was wahrscheinlich auf die veränderte Atmung, das Fehlen externer Reize und hohe Konzentration zurückgeht). Dann fühlt sich Rabbi Nechunja von dem Hüter Katzpiel ergriffen und geschüttelt, aber weil er die ganze Thora und den Kanon des jüdischen Gesetzes beherrscht, wird er auf Gabriels Eingreifen hin losgelassen. Gabriel beruhigt auch die anderen Hüter und bringt Nechunja näher an den THRON. Die grausamen Hüter stecken ihre Waffen ein, der Angriff ist anscheinend beendet. Aber um ganz sicher zu gehen, beschreibt Rabbi Nechunja, wie er die Visualisierungen von Gottes Namen und die mystischen Zeichen vor ihnen noch einmal aufleuchten läßt. Die schrecklichen Hüter sind schließlich unterworfen und weichen von ihm; so gelangt Rabbi Nechunja in eine Halle, wo er von der beruhigenden Musik der himmlischen Sphären umgeben ist. Spirituell erfrischt, setzt er seinen Weg in die siebte Kammer fort, wo er die flammenden Augen der *Chajoth* sieht, vibrierende Lebewesen, die aus reiner Energie bestehen, und die radförmigen *Ofanim*, geflügelte Augen, aus denen der Glanz der Gegenwart Gottes, der *Schechina*, strahlt.

Dieser Anblick ist so überwältigend, daß Rabbi Nechunja »zittert und schaudert und bebt und ihm plötzlich die Sinne schwinden und er umfällt«. Er spürt, daß er nicht mehr weitergehen kann, deshalb rafft er sich auf und singt, so laut er kann:

Melek abir, melek adir, melek adon,
Melek baruch, melek bachur, melek baruk,
Melek gadol, melek gibor, melek gaaba [...]

eine alphabetische Reihe preisender Titel für den »König der Luft«, »des Segens«, »der Größe«, »der Macht« usw. Der Klang seines Singens ruft eine Vision freundlicher Engel herbei, die ihn weiterdrängen und sagen: »Fürchte Dich nicht, komm herein und sieh den König in Seiner Schönheit. Du wirst nicht vernichtet, Du wirst nicht verbrennen.« Und plötzlich, ehe er es bemerkt, steht Rabbi Nechunja vor dem ersehnten THRON DER HERRLICHKEIT.

Doch selbst auf diesem himmlischen Gipfel der Kontemplation wird der Mystiker von illusorischen Personifikationen des Fleisches gequält: eiserne Äxte hacken nach ihm, er wird nacheinander von Wellen heißen und kalten Wassers übergossen, die Wächter poltern herum und versuchen ihn zu betäuben, doch er muß weiter Herz und Sinn fest auf das Bild des THRONES richten und alles andere ignorieren, selbst wenn er auf der Stelle stürbe.

Nach der Rückkehr von seiner wonnevollen »Reise« setzte Rabbi Nechunja seine Gespräche fort und schilderte die feineren Aspekte bei normalem Bewußtsein.

Rabbi Nechunja ben Hakanas Legenden und Lehren blühten noch lange nach seinem Tod, jedoch im geheimen, denn am Ende der talmudischen Zeit wurde sein unmittelbarer Zirkel immer kleiner, bis er nur noch aus einigen wenigen Initiierten bestand, die aus zweiter Hand die Techniken, die er so lebendig geschildert hatte, weitergeben konnten.

Das Buch des Lichts

Dann erschien elfhundert Jahre später in der Provence plötzlich ein Buch, das behauptete, diese Lehren wieder zu enthüllen. Nach Angaben seines anonymen Herausgebers besteht der Text des *Bahir* (»Das Buch des Lichts«) aus den Erläuterungen, die Rabbi Nechunja ben Hakana in Trance gegeben hat. Die meisten Forscher halten die angeblichen »Darlegungen« für eine interessante, im 12. Jahrhundert erstellte Fälschung eines angeblich aus dem 1. Jahrhundert stammenden Manuskripts. Wenn das stimmt, dann muß der Autor des *Bahir* ein großer *Merkaba*-Meister gewesen sein! Der »Rabbi Nechunja« des *Bahir* verwendete einfache, epigrammatische Anweisungen, um seine

Schüler von spiritueller Neugier über EHRFURCHT, LIEBE und SEHNEN NACH DEM THRON selbst zu führen:

»Die Menschen wollen den König sehen, aber sie wissen nicht einmal, wo Sein Haus ist. Deshalb müssen sie zuerst fragen: ›Wo ist die Wohnung des Königs?‹ Erst danach können sie anfangen, nach dem König Selbst zu suchen.« In dieser schlichten Weise leitete der Meister des *Bahir* den Schüler an, in seinem Innern zu suchen, »denn genau im Herzen des Schülers wohnt der ›König‹«.

Diese Metapher baut der Meister weiter aus und schildert die NATUR als den Gesandten des KÖNIGS, als Sein Medium, durch das Er eine Projektion Seiner Selbst (in einer niedrigen Gestalt) in diese Welt wirft. Das menschliche Denken als Teil der NATUR ist der Gesandte des Menschen. Da es kein Ende hat, kann der Mensch sich durch das Denken über alles hinweg bis zum Ende der Welt ausdehnen, um vor Gott zu stehen. Da das Sinnesvermögen des Menschen nichts anderes ist als die Ausdehnungen seines Denkens, ist die Einbildungskraft Quelle und Herrscher aller geschaffenen Dinge. Und der Blick auf den THRON DER HERRLICHKEIT bedeutete nur den Abstieg in sich selbst, um zum UNENDLICHEN *aufzusteigen*: »Denn man kann an die Grenze des Wissens einer Person kommen, nicht aber an die Grenze seines Denkens.«

Die Offenbarung des kosmischen Körpers

Eine andere Form der ekstatischen Kontemplation, die den Weisen des 1. Jahrhunderts zugeschrieben wurde, sollte dem vollkommen Initiierten die geheimen Nebenwege des kosmischen Körpers enthüllen. Diejenigen, die die Ebene des THRONES erreicht hatten, berichteten, sie hätten die Umrisse eines *Menschen* gesehen, denn der Mensch war buchstäblich im Bild Gottes erschaffen worden. Da man »Gesicht« und »Bart« des *Adam Kadmon* kannte, der großen kosmischen Reflexion des Körpers Gottes, wurde der Mystiker angeleitet, sich vorzustellen, er mache eine Reise auf den neun Pfaden im Bart der ungeheuren, leuchtenden Gestalt, der anthropomorphen Vision des formlosen ABSOLUTEN. Wenn der Mystiker sich in den symmetrischen Barthaaren verlor, dann sollte er »mächtig und stark« in der Kunst der Kontemplation geworden sein.

Hatte der Andächtige sich mit dem GÖTTLICHEN BILD vereinigt, erhielt er, wie Gott, Herrschaft über die sinnliche Welt. Wie Moses konnte er das Meer trocken legen, und wie Josua, Moses' Schützling, konnte er die Sonne anhalten. Die Macht über das Schicksal des Menschen, von der man glaubte, sie läge im »Öl« des Bartes, fiel ihm ebenfalls zu. »Wer die schwierige Technik des mystischen Gebets und die andächtige *Kawwana* beherrscht, kann [...] manchmal den Fluß des [guten] Schicksals an die Orte und zu den Personen lenken, die dessen bedürfen«, sagt der Autor von *Der Körper Gottes*, eines anderen anonymen, mittelalterlichen Textes, der angeblich aus der Antike stammte. Die Manipulation des »heiligen Schicksals«, das seinen Ort im Öl von Gottes »Bart« hat, ist eine komplizierte Metapher für die Macht der Heiligen, deren selbstlose Hingabe sie von den Grenzen von Raum und Zeit befreit hat. Moses, dessen Kontemplation sich bis zur neunten Ebene des kosmischen »Bartes« erhoben hatte, war spirituell so weit fortgeschritten, daß »er Licht für alle bringen konnte, und das Gericht verschwinden würde«. Praktisch bedeutete dies, daß er den Lauf der zeitlichen Angelegenheiten zum Nutzen des Volkes, das er so sehr liebte, aufheben konnte.

Um solche erhabenen Großtaten zu vollbringen, war es geboten, daß der Mystiker den in seiner eigenen Seele weilenden göttlichen Funken ausdehnte. Die unzerstörbare, glänzende, von irdischen Sorgen unberührte *Neschama* war seine direkte Verbindung mit Gott. Obgleich »der Alte Eine verborgen und unbekannt ist, [...] kann man mit dem Kommen des Vaters von einem ›Anfang‹ sprechen, und von diesem Punkt an kann der Mensch etwas über Ihn erfahren«, schließt der Autor von *Der Körper Gottes*. Nur die *Neschama*, der in den Menschen eingepflanzte Teil Gottes, konnte den Mystiker zum Verstehen der göttlichen Paradoxe führen: daß wir von Gott getrennt und doch Teil von Ihm sind, daß Er innen und außen ist, geformt und doch nicht geformt. Bei der Meditation über die neun »Lichter«, »Sphären« oder »Kanäle« des Bartes würde die reine Seele unausweichlich feststellen, daß die neun scheinbar getrennten Eigenschaften bloße Reflexionen des EINEN gewesen waren: »So ist auch der Heilige Alte Eine. Er ist die Himmlische Leuchte, das Verborgenste. Er ist nicht zu entdecken, außer von den Strahlen des vorscheinenden Lichts, das offenbar und verborgen ist [...], *daher sind alle Dinge eins.*« [Hervorhebung der Autorin]

Der zugängliche »Vater« oder das kleine Gesicht des kosmischen Menschen war das »Du«, an das der Liebende seine unmittelbare persönliche Mitteilung richtete. »Er«, der ALTE EINE, der nicht offenbart wurde, wurde »der Vater aller anderen Väter« genannt. Zu dem jüdischen Mystiker, der die Gestalt Gottes in der Form des kosmischen Menschen meditierend betrachtete, kam Gottes Thora als prächtiger weiblicher, aus siebzig Gesichtern bestehender Aspekt, hinter denen eine Seele atmete, die in wunderschöne Gewänder gehüllt war und eine Krone trug. »Vater« und »Mutter« des Alls, Gott und Seine *Schechina*, inszenieren das kosmische Drama auf der Bühne der andächtigen *Neschama*, des göttlichen Teils der menschlichen Seele. »Vater« und »Mutter« wurden deshalb in der kabbalistischen Meditation immer als Liebende geschildert, die in der Sphäre des Unendlichen einander zugewandt vereinigt sind.

Der weibliche Aspekt Gottes

Bei den mittelalterlichen spanischen Kabbalisten war die *Matrona* oder der weibliche Aspekt des Angesichts Gottes ein beliebter Gegenstand der Meditation. Sie widerlegt den Vorwurf, die jüdische Mystik hätte keinen Raum für das Weibliche. Da schon die Gegenwart des lebendigen Gottes in der Welt weiblich ist, ist die *Schechina/Matrona*, die in der Sphäre der *Herrschaft* auf dem kosmischen Baum beheimatet ist, der am leichtesten erreichbare Teil des göttlichen Körpers.

Rabbi Josef, ein Mystiker aus dem 13. Jahrhundert, schreibt in seinem *Sefer Taschak*: »Sie durchdringt diese untere Welt so sehr, daß du, wenn du suchst, die *Schechina* in Taten, Worten, Denken und Spekulation findest, denn für sie gibt es keinen Anfang und kein Ende.«* Ihr freundlicher Aspekt ist das Attribut *Verstehen* auf dem kosmischen Baum des Lebens, die weise Mutter. Verschmäht von ihren Kindern und getrennt von ihrem Herrn, ist sie *Gericht*, rot vor Zorn. In der Visualisierung des Kabbalisten ist ihr Haar, wie das des Vaters, schwarz, ölig und lockig: »In jeder Locke hängen viele Strähnen, und jede

* Ich danke Professor Jeremy Zwelling von der Wesleyan University, daß er mir das Originalmaterial überlassen hat.

Strähne erleuchtet viele Welten.« Ihr Haar wird von der Macht der Zerstörung belebt; ihre Wangen sind wie leuchtend rote Äpfel. Wenn sie gereizt wird, ist die schöne Mutter wütend.

Rabbi Josefs erotisches Motiv stellt den Kosmos als eine große sexuelle Umarmung dar. In seinen Meditationen vereinen sich der König und die Königin des Alls: »Die Finger ihrer Hände sind ineinander verschlungen und bilden einen Kreis, in dem die Seelen der Gerechten und die heiligen Engel wohnen.«* Rabbi Josef begriff jede Sphäre auf dem Baum als ein »Glied« des kosmischen Körpers und die Thora als Schlüssel für das gesamte anatomische Gebilde. Deshalb konnte er die Formen der Buchstaben, die in den Thorarollen geschrieben sind, als eine sexuelle Umarmung von Gott und *Schechina* visualisieren. In seinem einzigartigen, genialen System wurde der hebräische Buchstabe *Jod* (י), das Zeichen der Beschneidung, zum Phallus des Königs; der Buchstabe *Zajin* (ז), ein erweitertes *Jod*, der Phallus, der gerade von dem Buchstaben *Chet* (ח) aufgenommen wird. Rabbi Josefs Schüler sollten sich diesen Buchstaben als »die *Matrona*, deren Beine gespreizt sind, um das *Zajin* zu empfangen« (!) vorstellen. Da jede Tätigkeit des Menschen eine himmlische Entsprechung hat, konnten die Bemühungen des Kabbalisten um die selbstlose »Vereinigung« die Ganzheit des Universums wiederherstellen.

Leidenschaftliche Gottsucher

Ein anderes Extrem waren die mittelalterlichen deutschen Chassidim. Diese Asketen rebellierten gegen die unvermeidlichen Versuchungen des Körpers und brachten ihre LIEBE zu Gott dadurch zum Ausdruck, daß sie sich nackt im Schnee wälzten und Löcher in das Eis hackten, um in das eiskalte Wasser zu tauchen. Im Sommer (sofern sie die Kasteiungen des Winters überlebt hatten) rieben sie ihre nackten Körper mit Honig ein und setzten sich Bienenschwärmen aus. Ein nicht gerade freundlich gesonnener Zeitgenosse beschreibt ihre Possen folgendermaßen: »Sie machen sich selbst zu Propheten, indem sie sich

* Man vergleiche mit diesem erotischen Bildmotiv, wie in der indischen Kunst Siva und Sakti in geschlechtlicher Vereinigung dargestellt werden.

darin üben, heilige Namen auszusprechen oder manchmal auch nur ihre Intention auf sie zu richten, ohne sie über die Lippen zu bringen. Dann ergreift den Menschen ein Schrecken, und sein Körper fällt kraftlos hin. Keine Scheidewand steht nun mehr vor der Seele, er selbst tritt ins Zentrum und schaut in die Ferne, und erst nach einer Weile, wenn die Kraft jenes Namens von ihm weicht, kehrt er mit verworrenem Bewußtsein in seinen früheren Zustand zurück.«*

Wie bei allen anderen Liebenden gibt es auch bei den leidenschaftlichen Gottsuchern erhebliche Unterschiede. Am eindrucksvollsten ist wohl die apokalyptische Legende von Henoch, dessen makellose Rechtschaffenheit ihm die höchste Vision des THRONES und der himmlischen Heerscharen gewährte, was mit der Verwandlung eines Mystikers aus Fleisch und Blut in einen engelhaften Übermenschen endet. In Henoch haben wir den jüdischen Mystiker im Idealzustand, der sich von den untersten *Madregot* (Ebenen) der Gesetzestreue und der Selbstprüfung zu Heiligkeit und endgültiger Vollkommenheit entwickelt hat. Das Buch Henoch soll von einer Gruppe Chassidim im 1. Jahrhundert verfaßt worden sein, die unter dem Deckmantel einer Wunderfabel ihre Übungen für die Nachwelt aufschrieben. Henoch, der Urgroßvater Noahs, der zunächst als Beobachter der Natur in ihren kleinsten Details dargestellt wird, ist persönlich so mit dem Jahreszyklus verwachsen, daß er keinerlei Angst vor dem Tod empfindet. Nachdem er sich in die Schöpfung versenkt hat, lebt er in so vollkommener Übereinstimmung mit den Geboten, daß er zu Einsichten gelangt, die über die eines normalen Menschen hinausgehen.

Henoch befolgt das Modell der jüdischen Mystik bis zur Vollkommenheit und schreitet von der gemeinschaftlichen zur eremitischen Lebensweise voran, in der dann Einsamkeit und Gebet sein inneres Auge für die Welt der Engelswesen öffnen. Bald ist Henoch in der Lage, mühelos zwischen der Welt der Menschen und dem himmlischen Reich der Engel hin und her zu wechseln. Er wirkt als göttlicher Bote und ermahnt die Menschheit, sich von ihren weltlichen Beschäftigungen ab- und spirituellen zuzuwenden. Dank seiner hochentwickelten psychischen Fähigkeiten kann er die göttlichen Mysterien direkt von den Lippen der Engel ablesen.

* Zitiert in Gershom Scholem, *Major Trends in Jewish Mysticism*, S. 102; deutsch: *Hauptströmungen der jüdischen Mystik*, S. 111.

Wie Rabbi Nechunja ben Hakana unternimmt auch Henoch verschiedene kontemplative Reisen mit Aufstieg und Abstieg und beschreibt einem Protokollierenden die physischen Details seiner Visionen. Indem er die fünf Sinne anhand einer Reihe feinsinniger Metaphern der Reihe nach anführt, ersteigt er hohe Berge, überquert Kristallströme und durchwandert auf seiner Reise »nach Osten« himmlische Hallen. In einem namenlosen Land des Geistes findet er nur duftende Pflanzen und Kräuter, ein Land der Wohlgerüche. Im »Norden« wird Henoch wie Nechunja von einem überweltlichen Unwetter und Sturm gebeutelt, aber nicht überwältigt. (Wahrscheinlich eine Folge seiner Meditation über die *Krone* des Hauptes.) Am Ende seiner »Wanderung« betritt er die Kammern des himmlischen Palastes, dessen Bewohner, der erste Rang der Engel, ihn die astronomischen Geheimnisse lehren und ihn in das göttliche Attribut *Verstehen* einführen, das durch ein weibliches Wesen auf einem königlichen Thron personifiziert wird. Als er weiterforscht, begegnet er dem »kurzen Gesicht« Gottes.

> Und hier sah ich Einen, der hatte ein Haupt aus Tagen,
> Und Sein Haupt war weiß wie Wolle,
> Und bei Ihm war ein anderes Wesen, dessen Gestalt
> das Aussehen eines Menschen hatte [Messias],
> Und Sein Gesicht war voller Anmut, wie das
> der heiligen Engel.

Aber Henoch ist für noch höhere Bewußtseinszustände bestimmt. Nachdem er sieben Berge aus sieben verschiedenen Metallen überquert hat, kommt er in ein Tal, das von Racheengeln bewohnt wird. Doch auch diese Rächer werden von seiner Heiligkeit schnell gezähmt, und sie lehren ihn die Geheimnisse von Licht und Donner, bevor sie ihn weitergeleiten. Im fünfhundertsten Jahr, im siebten Monat, am vierzehnten Tag seines Lebens steht Henoch schließlich von Angesicht zu Angesicht vor dem ALTEN DER TAGE auf SEINEM THRON, der höchsten Vision, zu der ein sterblicher Mensch gelangen kann. Sofort wird Henoch lebendig in den Himmel getragen und in den Engel Metatron verwandelt.

> Und von diesem Tag an wurde ich nicht mehr unter die [Menschen] gezählt; und [ein Engel] setzte mich zwischen die zwei Winde, zwischen den Norden und den Westen, wo die Engel die Schnüre nahmen, um für mich den Ort für die Erwählten und Gerechten auszumessen.

Henoch ist nun umgeben von den gesegneten Söhnen Gottes, deren Gesichter und Kleider so weiß und strahlend sind, daß sie ihn beinahe blenden, weswegen er auf sein Gesicht fällt. Dann ergreift ihn der Engel Michael und trägt ihn noch höher, während er ihm alle Geheimnisse der sieben Himmel offenbart.

In der letzten Vision des HEILIGEN DER TAGE ist Henoch von zehnmal Zehntausenden *Seraphim, Cherubim* und *Ofanim* umgeben und wird von den Kristallzungen des lebendigen Feuers gereinigt und fällt auf sein Angesicht.

Und mein ganzer Körper entspannte sich,
Und mein Geist wurde verklärt;
Und ich schrie laut [...]

Mit der Verwandlung Henochs im Angesicht des Allmächtigen erreicht die jüdische Mystik den unermeßlichen Gipfel der spirituellen Liebe, die die Reise an einem Ort enden läßt, wohin die menschliche Sprache nicht folgen kann.

II. Kabbalistische Praktiken

3 Der Weg der Sphären

Seit dem Mittelalter war der kosmische Baum des Lebens mit seinen zehn Sphären oder göttlichen Attributen das zentrale Bild der kabbalistischen Meditation. Auch wenn manche Meister die sieben Himmel der *Merkaba*-Mystiker des 1. Jahrhunderts übernahmen und sie mit den sieben unteren Zweigen des Baumes gleichsetzten, richteten doch die meisten Kabbalisten ihre ganze Aufmerksamkeit auf den symbolischen Baum. Mit seinen inneren Lichtern, den entsprechenden Farben, Metallen und göttlichen Namen war der Baum schon kompliziert genug. Wenn der Mystiker zur Meditation über die Sphären ansetzte, näherte er sich seinem letzten Ziel mit Gewißheit und Verehrung. Moses de Leon, ein spanischer Kabbalist des 13. Jahrhunderts, sagt: »Als Gott Israel die Thora gab, öffnete Er ihnen die sieben Himmel, und sie sahen, daß dort in Wirklichkeit nichts war als Seine Herrlichkeit; Er öffnete ihnen die sieben Erden, und sie sahen, daß dort nichts war als Seine Glorie; Er öffnete ihnen die sieben Abgründe, und sie sahen, daß dort nichts war als Seine Herrlichkeit. Meditiere über diesen Sachverhalt, und du wirst verstehen, daß Gottes wahres Dasein mit allen Welten verbunden und verkettet ist und daß alle Formen der Existenz miteinander verbunden und verflochten sind, aber aus Seinem wahren Dasein ausgehen.«*

In diesem Geist bereitete sich der Mystiker darauf vor, auf dem Baum emporzusteigen, sich den Welten zu stellen, die Verbindungen in seiner eigenen Person anzuerkennen und zur direkten Erfahrung des göttlichen Grundes zu kommen, auf dem das ganze Schema ruht.

Die Sphäre der *Herrschaft* repräsentiert unsere materielle Welt. *Begründung, Beständige Dauer* und *Majestät* sind die prämanifeste Welt des Geistes. *Schönheit, Liebende Freundlichkeit* und *Gericht* bilden die Welt der Schöpfung. Die Welt von *Weisheit, Verstehen* und *Krone* ist

* Zitiert in Gershom Scholem, *Major Trends in Jewish Mysticism*, S. 223; deutsch: *Hauptströmungen der jüdischen Mystik*, S. 243.

der Bereich der göttlichen Immanenz. Wenn der Mystiker also im Geist zu dieser Quelle hin »hinaufsteigt«, durchquert er die Myriaden von Universen, die in diesen zehn Sphären enthalten sind, ebenso wie die vier archetypischen Welten, die siebzig göttlichen Namen und die zahllosen »Gesichter« auf dem Baum. Der Glanzpunkt aller andächtigen, kontemplativen und visionären Werke, die sich auf diesen Aufstieg beziehen, der Leitfaden schlechthin, ist der *Sohar*, das »Buch des Glanzes«. Dieses umfangreiche Kompendium von Geschichten und Bibelexegese dechiffrierte die esoterische Thora und lieferte dem Andächtigen eine detaillierte Landkarte der visionären Landschaft, die er auf dem Baum erforschen würde. »Wenn ich das Buch *Sohar* öffne, dann sehe ich das ganze Universum«, sagte der Baal-schem Tow, und er meinte es wörtlich.

Rabbi Simeon bar Jochai und der Sohar

Die Wissenschaftler wiederum nennen den *Sohar* eine brillante Fälschung aus der Feder von Moses de Leon, der das Werk dem großen tannaitischen Weisen zugeschrieben hat, um es so zu legitimieren. Ob der *Sohar* eine Fälschung ist oder nicht, er ist jedenfalls unverzichtbar, will man das jüdische mystische Leben vom Mittelalter bis in unsere Zeit verstehen. Der Hintergrund ist bekannt: Rabbi Simeon bar Jochai, der Held des Buches, war ein Weiser des 2. Jahrhunderts, der in Begleitung seines Sohnes Eleasar dreizehn Jahre lang in einer Höhle lebte, um den Römern, die seinen Meister Rabbi Akiba getötet hatten, zu entkommen. Vater und Sohn wurden auf wunderbare Weise von einem Karobbaum und einer Quelle ernährt, die beide direkt am Höhleneingang aus dem Boden schossen, und saßen den ganzen Tag unter Sand begraben, um sich vor der sengenden Sonne dieses Landstriches zu schützen, in dem heute der Ben-Gurion-Flughafen von Lod (Lydda) in Israel liegt. Hier studierten sie die Thora unter Anleitung des Propheten Elia. Im dreizehnten Jahr ihres Exils starb der römische Kaiser Trajan, der ihre Verfolgung veranlaßt hatte, und die beiden Weisen konnten aus ihrem Versteck auftauchen. Rabbi Simeon war entsetzt über den Mangel an Spiritualität, den er bei seiner Rückkehr unter den Juden vorfand, und kehrte zu seiner Höhle zurück, um ein weiteres Jahr zu meditieren. Am Ende dieser Zeit erklang eine Stimme durch die Höhle und drängte ihn, die gewöhnlichen Menschen ihrem Treiben zu überlassen und seine Lehre nur jenen zu erteilen, die bereit waren, auf ihn zu hören. Diese von Rabbi Simeon auf Drängen des göttlichen Befehls gegebenen Lektionen, die von der loyalen Gruppe der »Gefährten«, die sich nach seiner zweiten Rückkehr in die Welt um ihn gesammelt hatten, aufgezeichnet wurden, bilden den *Sohar*.

Rabbi Simeon bar Jochai gehörte anscheinend zu der kleinen Schar begnadeter Lehrer, deren bloße Gegenwart schon Mann, Frau, Kind oder Tier spirituell verwandeln konnte. Er lehrte, alle hier sichtbaren Dinge hätten ihre Reflexion in einer höheren Welt, und kein Ding und keine Person, gleichgültig auf welcher Existenzebene, könne selbständig bestehen. Jeder, der sich dazu entschlossen hatte, seine eigene Seele zu erheben, widmete sich deshalb auch automatisch der Erhebung der fühlenden, ja sogar auch der nicht fühlenden Wesen in Gottes Schöpfung. »Alle Seelen bilden nur eine Einheit mit der Göttlichen Seele«, war die Grundlage seiner Lehre. Der Aufenthalt eines Menschen auf der Erde hatte nur den Zweck, diese Erkenntnis in der Erfahrung der Einheit zu verwirklichen: »Alle Dinge, aus denen diese Welt besteht, wie die Seele und der Körper, kehren zu dem Prinzip und zu der Quelle zurück, aus der sie entstanden. Denn Gott ist der Anfang, und Er ist das Ende aller Stufen der Schöpfung. Und alle Stufen sind durch Sein Siegel gebunden. Er ist das einzigartige Wesen trotz der zahllosen Formen, in die Er sich kleidet.«

Rabbi Simeons Botschaft ist deshalb ein Aufruf zur Vereinigung mit dem GÖTTLICHEN. Aus seiner Sicht sind sogar die geschriebene und die gesprochene Thora EINE, denn sie entstanden direkt aus der Offenbarung am Sinai, wo jedes Wort Gottes in siebzig Klänge geteilt wurde, die in der Form von siebzig Lichtern auftraten, damit die Israeliten die Worte, während sie sie *hörten*, auch *sehen* konnten. In ähnlicher Weise boten die Sphären, ebenfalls Emanationen des EINEN, dem Kabbalisten die Gelegenheit, das Sinai-Mysterium in seinen Meditationen zu durchleben. Die sieben Attribute sind keineswegs bloß Sprossen auf einer Leiter, sondern sie stellen die ansonsten physisch nicht verstehbare Vorstellung von Gott dar. Diese Attribute sind mit den Worten der Thora so eng verflochten, daß sie für kontemplative Zwecke gleichsam austauschbar sind. So gesehen klingen in den Göttlichen Attributen (die austauschbar sind) die geheimen Namen, die Gott sich selbst zugewiesen hat, wider.

Der kosmische Baum mit Göttlichen Namen

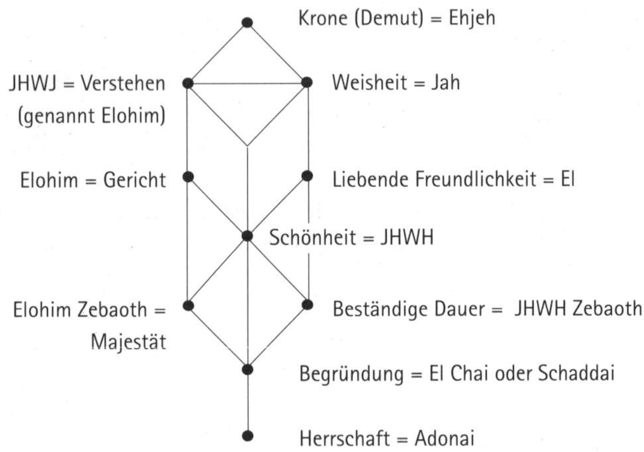

Das ichlose Herz des Mystikers strahlt diese erleuchteten Namen aus und wird zugleich von ihnen absorbiert. Rabbi Simeon lehrte viele Formen der Meditation über die Sphären. Eine der vielfältigen Möglichkeiten, die er entwickelte, war, sich die Attribute als eine Reihe tanzender Lichter vor den Zweigen des Baumes vorzustellen. Wenn der Kabbalist die Augen schloß, visualisierte er sie, wie sie vor Farbe vibrierten, wie die Buchstaben der Göttlichen Namen leuchteten und jedes das ihm entsprechende Metall, den Planeten, Engel und menschlichen Körperteil reflektierte. Er schaute, bis die Lichter ihre Positionen zu verschieben begannen; das eine steigt auf der linken Seite nach oben; eines sinkt rechts herab; dann tritt eines zwischen die beiden. Zwei Sphären bekrönen sich mit einem dritten; drei verschmelzen zu einem; aus einem kommen plötzlich viele Farben. Dann steigen sechs Sphären gleichzeitig ab und verdoppeln sich zu zwölf. Zwölf werden zweiundzwanzig, dann wieder sechs und dann zehn. Schließlich werden die Sphären von einer aufgesogen.

Zwar besteht zwischen diesen mentalen Übungen und manchen durch Drogen verursachten Licht-, Farb- und Bewegungserlebnissen eine gewisse Ähnlichkeit, doch ist nicht anzunehmen, daß Rabbi Simeon und seine Gefährten ihre Entrückungen mit Halluzinogenen herbeiführten. Alles weist auf ein strenges Modell der mentalen Konzentration in einem erregten Zustand hin, der wahrscheinlich durch nichts anderes als Fasten und Isolation verstärkt wurde.

Auch die Körperteile des Kabbalisten haben lebendiges Wissen. Die sieben unteren Sphären auf dem Baum entsprechen den sieben Zentren der himmlischen Macht, die entlang der Wirbelsäule angelegt sind. Beim Meditieren über die Wirbelsäule wird offenbar, daß ein Mensch aus männlicher (aktiver, feuriger) Energie auf der rechten und weiblicher (aufnehmender, wäßriger) Energie auf der linken Seite besteht. Wenn der Schüler diese beiden Eigenschaften bedenkt und kombiniert, dann kann er das vereinigende Prinzip der Schöpfung direkt erleben, sagt Rabbi Simeon: »In der Form Gottes schuf Er ihn, und Er schuf sie, Mann und Frau« [Genesis 1, 27]. Außerdem haben die sieben unteren Sphären, durch die das transzendente ABSOLUTE für den Menschen verständlich wird, ihre Entsprechungen in den Nerven, die – wie die Sphären auf dem Baum – im höchsten Zentrum, das seinen Ort im Gehirn hat, zusammenlaufen. Rabbi Simeon spricht metaphorisch von der Krone des Hauptes als den »Bächen Gottes« und fragt seine Gefährten in einer Anspielung auf das Hohelied: »Was ist dieser ›Brunnen der Garten‹, eine Quelle des lebendigen Wassers, das vom Libanon herabfließt? Er ist nichts anderes als die Sphäre, die *Weisheit* repräsentiert.« Und da das Wort »Libanon« dieselbe Wurzel hat wie *laban*, »weiß«, versteht Salomo das Wort so, daß es »den weißen Stoff im Gehirn« repräsentiert. In Rabbi Simeons Lesart wird der ganze Vers zu einer esoterischen Kontemplationsanweisung:

Komm mit mir vom Libanon, Braut, mit mir
Vom Libanon! Schaue vom Gipfel des Amana
Vom Gipfel des Senir und Hermon, vom
Gehege des Löwen, von den Bergen der Leoparden.

Atem und Klang gehen aus dem weißen Stoff im Gehirn des Menschen, der hier »Libanon« genannt wird, hervor. »Amana« ist der Hals, der den Atem aus dem höchsten Nervenzentrum des Körpers nach unten zu den niederen Nervenzentren entlang der Wirbelsäule weiterleitet. Der

Gipfel des »Senir« und »Hermon« repräsentiert die Zunge; das »Gehege des Löwen« die Zähne, der »Berg der Leoparden« die Lippen und die Sprache.

König Salomos Atemübung

König Salomo, begabter Redner und Sänger, ersann seine kontemplative Übung nach seinen ekstatischen Erlebnissen, sagt Rabbi Simeon. Nachdem er zur siebten Sphäre auf dem Baum gelangt war, faßte er für die, die folgen würden, den mystischen Aufstieg in drei Büchern zusammen. Das Hohelied repräsentiert also die Eigenart der als *Schönheit* bekannten Sphäre; Ekklesiastes schildert die Sphäre des *Gerichts*; und Proverbien charakterisiert die *Liebende Freundlichkeit.* Salomos Vater David, ebenfalls ein Dichter, vermittelte ihm die Technik, mit der man den »heiligen Atem« oder die Inspiration herbeiführt, aus der die visionäre Erfahrung und schließlich die drei großen Bücher hervorgingen. Rabbi Simeon sagt: »Der menschliche Atem ist eine Mischung aus den feinen Elementen Luft, Feuer und Wasser. Ohne Atem sterben wir. Als Salomo die im Atem liegenden Geheimnisse lernte und praktizierte, konnte er den Schleier der Natur von den geschaffenen Dingen lüften und den Geist in ihnen sehen.« Was in Ekklesiastes gewöhnlich mit »Eitelkeit« (*hebli*) wiedergegeben wird, kann deshalb esoterisch mit »Ich habe alle Dinge in den Tagen meines *Atems, hebel*, gesehen« übersetzt werden. Rabbi Simeon lehrte Salomos Technik, bei verändertem Atemrhythmus die Aufmerksamkeit auf den weißen Stoff im Gehirn zu lenken. Wie dies im einzelnen vor sich ging, ist nicht bekannt. Er betonte, daß die Vereinigung zwischen dem Menschen und Gott »auf der Erde am besten bewirkt wird« durch das Vehikel des Atems, und verglich das Geheimnis der Atmung mit dem geheiligten *Sch'ma*, der täglichen Verkündigung von Gottes Einheit mit Seinem Namen. Rabbi Simeon wies darauf hin, daß die drei in dem Segen enthaltenen Namen – JHWH, *Elohejnu*, JHWH – das Feuer, die Luft und das Wasser des menschlichen Atems bezeichnen. Wenn der Kabbalist beim Rezitieren dieser Erklärung die drei höchsten Attribute auf dem Baum (*Krone, Weisheit* und *Verstehen*) visualisiert, dann macht er seinen eigenen Atem zu einem Kanal, durch den das

Göttliche einfließen kann. »Mund und Lippen eines Menschen bewegen sein Herz, und der Wille muß sich zu den höchsten Höhen emporschwingen, und so erkennt er die Einheit des Ganzen.«

Meditation über das »Sch'ma«

Das erste Wort *»Sch'ma«* (Höre) enthält auch das Wort *Schem* (Name). Der Satz besteht aus sechs Wörtern und steht für die sechs geschaffenen Richtungen und ihre Vereinigung in dem EINEN NAMEN.* Das zweite Wort, »Israel«, ist ein Euphemismus für das Attribut *Schönheit* und den Patriarchen Jakob. Beim Singen von »Höre Israel« bewirkt der Kabbalist eine Vereinigung von *Schönheit* und *Herrschaft*, des spirituellen Israel mit dem irdischen. Die nun folgenden vier Wörter, »JHWH« (Herr), *»Elohejnu«* (unser Gott), »JHWH« (Herr) und *»Echad«* (Einer), sagen, daß Gott sowohl viele als auch der EINE ist. Dieses »Geheimnis des Glaubens« bestätigt die Vollständigkeit des Namens und seiner Attribute. JHWH und Seine Schöpfung sind eins; die mündliche und geschriebene Thora sind eins. Seine Embleme sind austauschbar gegen Seine Namen; die »höhere« Welt und die »untere« Welt vereinigen sich symbolisch, wenn das *»Sch'ma«* gesungen wird, und der Geist bekennt die Einheit der Sphären.

Der Kabbalist verdichtet die ganze Idee der Vereinigung in das Wort *Echad*, indem er doppelt so lange auf diesem Wort verharrt und seinen letzten Buchstaben betont, das *d*, den vierten Buchstaben des hebräischen Alphabets und Synonym für die Sphäre des *Gerichts*. Mit dem Verweilen bei dieser Sphäre, sagt Rabbi Simeon, lernt der Mensch zu sehen, wie klein er im Vergleich mit dem GÖTTLICHEN EINEN in Wirklichkeit ist.

Der Schlußvers, der auf das *Sch'ma* folgt (»Gesegnet sei der Name der Herrlichkeit Seines Reiches für immer und ewig«), der im Hebräischen ebenfalls sechs Wörter hat, harmonisiert die sechs geschaffenen Richtungen in der unteren Welt der *Herrschaft*. »Denn unser Meister hat uns gelehrt, daß das ›Höre Israel‹ und das ›Gesegnet sei der Name‹ eine Zusammenfassung der ganzen Thora sind.« Da sie auch die männliche und die weibliche Energie repräsentieren, vereinen die beiden

* »Höre Israel, der Herr ist unser Gott, der Herr ist Einer.« [Anmerk. d. Übers.]

Sätze, wenn sie in vollkommener Harmonie von Denken, Atem und Körper gesprochen werden, Geist und Natur.

Eine andere Art, über die wichtigen Körperzentren zu meditieren, war, sich die Wirbelsäule als *Lulav* (Palmzweig) und das Herz als *Etrog* (Zitrone) vorzustellen – rituelle Gegenstände, die beim Laubhüttenfest in der Erntesaison verwendet werden. Der Kabbalist betrachtete seinen Körper als das Tabernakel, das den GÖTTLICHEN GEIST enthält, meditierte über die wohlduftende Zitrone und visualisierte sie in seinem innersten Herzen. Die Säule, die sich vom Himmel zur Erde erstreckte und die Israeliten durch die Wüste führte, wurde in seinem Denken zum Synonym für den *Lulav*, den er als seine Wirbelsäule visualisierte.

Rabbi Simeon bar Jochai kleidete seine ganze Botschaft in Allegorien, Varianten und komplizierte esoterische Analysen der biblischen Geschichte und der rituellen Bräuche. Man könnte den *Sohar* wegen seiner Vielfalt und Fülle die »Enzyklopädie« der jüdischen Mystik nennen. Der erste Diskurs beginnt zum Beispiel mit einer geometrischen Analogie, die die vier archetypischen Welten auf dem kosmischen Baum als vier ineinandergreifende Dreiecke skizziert, und endet in einem ganz anderen Ton. Weil in der höchsten Welt die am wenigsten zugänglichen Attribute *Krone, Weisheit* und *Verstehen* wohnen, kann sie nur durch einen herausragenden Punkt im Raum repräsentiert werden. Dieser Punkt, der oberste Teil des hebräischen Buchstaben *Jod*, ist der Anfang des geheiligten Namens. *Weisheit* wird durch einen Kreis, *Verstehen* durch ein Quadrat dargestellt. Wenn der Kabbalist auf diese geometrischen Muster schaut und sie als Göttliche »Attribute« betrachtet, heiligt er Gott im Raum, sagt Rabbi Simeon. In diesem Kontext widmet der *Sohar* mit einer eigenen Logik einen ganzen Abschnitt der Geschichte Abrahams, der die gegenseitige Abhängigkeit von menschlichem Bemühen und göttlichem Impuls besser als alle anderen biblischen Gestalten anschaulich macht.

Abrahams spirituelle Reise

Als Abraham »aus Haran in das Heilige Land zog«, strebte er in Wirklichkeit nach dem spirituellen Leben. Außerdem nahm er viele Seelen mit sich und verdoppelte damit die Wirkung seiner Bemühungen, »da einer, der einen anderen auf den Weg der Rechtschaffenheit bringt, auch aus diesem Verdienst Gewinn erzielt«. Wegen ihrer früheren Inkarnationen war es den »in Haran geschaffenen« guten Seelen erlaubt, ihn zu begleiten. Der Prototyp all derer, die nach der göttlichen Weisheit streben, Abraham, mußte zuerst nach Ägypten (der materiellen Welt des Begehrens, des Ego und des Ehrgeizes) »hinabsteigen« und dort die Tiefen der weltlichen Erfahrung kosten, ehe er den Baum besteigen konnte. Aber anders als Adam, der die *Weisheit* verfrüht nahm, oder Noah, der von ihr trunken ward, war Abraham der erste Bewohner der Grube der Weltlichkeit, der sie verdiente, als er aufstieg. Er hielt Herz und Verstand fest auf die Sphäre der *Weisheit* gerichtet, und er ließ sich auch dann nicht ablenken, als Ägypten, »das Land der Zauberer«, ihn mit dem Versprechen auf Luxus und übernatürliche Macht locken wollte. »Er schützte sich gegen die Verführung durch diese hellen Essenzen und kehrte, nachdem er sich selbst geprüft hatte, an seinen Ort zurück: er ›stieg hinauf‹ von Ägypten, im wörtlichen Sinn, gefestigt und gestärkt im Glauben und erreichte den höchsten Grad des Glaubens.«

Abrahams mühsame spirituelle Reise, detailliert geschildert in den für die Öffentlichkeit bestimmten Geschichten über seine Wanderung und seine Prüfung durch Gott, endete, als er die höchste Ebene der Erleuchtung, genannt *Weisheit*, erreichte. Um seine Leistung zu kennzeichnen, wurde in seinen Namen ein Buchstabe aus dem Namen Gottes eingefügt, aus Abram wurde Abraham. Sein Einzug in das Heilige Land entsprach dem »Errichten eines Altars« in jeder Sphäre auf seinem Weg, das heißt, er ließ in jeder Sphäre einen Teil von sich zurück, bis er so weit geleert war, daß er mit *Weisheit* gefüllt werden konnte.

In Nachahmung Abrahams muß sich der Kabbalist darauf vorbereiten, sagt Rabbi Simeon, die Sphären zu durchqueren, indem er die physischen Elemente in sich stabilisiert. Nur ein vollkommen gemäßigter Mensch konnte die symbolischen Glaubensprüfungen überleben, die Abraham auszuhalten hatte. Stand in diesem Beispiel der erste Patriarch für *Weisheit*, so verkörperte sein Sohn Isaak, der der äußersten Opferungsprüfung standgehalten hatte, das *Gericht*. Jakob, der »kluge« Patriarch, war das Symbol der *Schönheit*. So konnte jede Patriarchensphäre als ein besonderes Glied des kosmischen Körpers, ein Buchstabe oder Klang des HEILIGEN NAMENS, eine Farbe, ein Licht, eine geometrische Form und so fort, betrachtet werden. Auch die priesterlichen Opfer im Tempel konnten als Sinnbilder für die Kontemplation stehen.

Der Geruch des Weihrauchs um den Opferaltar wurde durch die Nase eingezogen, drang bis in das Gehirn, beruhigte die Gedanken und löste eine »angenehme Empfindung« aus. Im Gegensatz zur üblichen Lesart von Deuteronomium bezieht Rabbi Simeons Interpretation den »schmeichelnden Geruch« nicht auf die Brandopfer, die einen zürnenden und immer grollenden Gott beschwichtigen, sondern sieht den »Weihrauch« eher als eine Hilfe, den eigenen »Ärger« zu mildern und in dem erregten menschlichen Gemüt wieder Ruhe herzustellen, damit Wonne und Erleuchtung einziehen können. Der vom symbolischen Altar des Tempels des Körpers aufsteigende Rauch verbrennt deshalb »die Feuer des Ärgers, bis eine Vereinigung entsteht, eine Besänftigung des Geistes, eine universale Freude, strahlendes Leuchten, eine Aufheiterung der Gesichter«.

Das tägliche Opfer von Wein auf dem Tempelaltar war in Wirklichkeit der freudige Geist des Mystikers, wenn er sich zu seinem meditativen Gebet anschickte. Der Prozeß des »Anzündens der Lampen« bedeutete das Erleuchten des Funkens der *Neschama* in einem selbst, um das himmlische Licht herabzubringen. Das Wort »Israel« bedeutete das menschliche Herz; »Heiliges Land« war der Zustand der Erleuchtung oder *Debekuth*; und »Ägypten« das ablenkende Gift der Sinnenwelt. Auch der Bau des Tempels war der Ausdehnung des Geistes im Körper analog. In diesem Sinn legte Rabbi Simeon den beständigen »Geist des Lebens« aus, der von Gott »ausgeatmet« und vom Menschen im Hals aufgenommen wird. In einem Zustand der vollkommenen Konzentration kann der Mensch den »Geist des Lebens« bewußt anhäufen und ihn in heilige Energie, *Elohim Chajim*, »den lebendigen Gott«, umwandeln. Dann läßt die göttliche Energie Erde, Luft, Feuer und Wasser des Körpers in ihren einfachsten Zustand zurückkehren und reduziert dabei das Denken auf reinen Klang. In diesem Schwebezustand sind Körper und Geist so ruhig, daß der Kabbalist zu einem hohlen Kanal wird, der vor göttlicher Energie vibriert. Dieser Zustand heißt »Das Haus ist gebaut« und zeigt an, daß der Kabbalist über die dem Menschen durch das Denken auferlegte begrenzte Wahrnehmung hinausgegangen ist. Die sorgfältig ausgedachten Pläne und Materialien für den großen Tempel Salomos wurden so von Rabbi Simeon in eine inspirierende mentale Übung umgeformt, durch die einer sich seine eigene Vervollkommnung vorstellen kann.

Moses, »ein Meister des Hauses«, hatte seine Gedanken so beruhigt und seinen Körper so gereinigt, daß er Gott (*Krone*) sofort auffaßte und ihm anhing. Jakob dagegen konnte sich nicht ganz von seinen Ängsten um seine irdische Familie lösen und erreichte deshalb nur einen niederen Grad der Erleuchtung (*Schönheit*). Und diejenigen, die unter den Auswirkungen eines unklaren und unreinen Verstandes litten, errichteten sich nur einen »Turm von Babel«.

Für den *Sohar* ist dies mehr als ein intellektuelles Spiel oder ein religiöses Akrostichon, vielmehr wird immer wieder die Einheit von Wort, Gedanke und Energie betont. Sich in einem höheren Bewußtseinszustand mit dem *Klang* der Heiligkeit zu verbinden (wie zum Beispiel beim Rezitieren das *Sch'ma*), bedeutete, sich mit seiner Essenz zu verbinden. Die emblematischen Geschichten der Patriarchen konnten wie die Sphären, die sie repräsentierten, bis auf die Buchstaben von Gottes Namen reduziert werden. Rabbi Simeons Landkarte des Bewußtseins reicht sogar noch über die Sphäre der *Weisheit* hinaus und umfaßt die ganze Schöpfung: »Alles, was Gott in der Welt tut, ist ein Sinnbild der göttlichen Weisheit [...] Und alle Werke Gottes sind die Wege der Thora [...] und in ihr ist kein einziges Wort enthalten, das nicht ein Hinweis auf ebenso viele Wege und Pfade und Mysterien der göttlichen Weisheit wäre. Jedes in der Thora aufgezeichnete Ereignis enthält eine Vielfalt von tiefen Bedeutungen, und jedes einzelne Wort ist ein Ausdruck der Weisheit und die Lehre der Wahrheit.«

Da das ganze geschaffene All – wie es durch die Göttlichen Attribute auf dem Baum dargestellt ist – an jedem Punkt dem Kabbalisten einen meditativen Schlüssel geben konnte, waren seine Mittel so komplex und zahllos wie die Myriaden geschaffener Dinge um ihn und in ihm. Was erwartete er bei seinem Aufstieg von der Vielfalt zur Einheit, die im ersten mystischen Punkt des Buchstaben *Jod* in der Sphäre der *Krone* eingeschlossen ist, zu sehen? Rabbi Simeon hatte ihm mitgeteilt, daß in tiefer Kontemplation die Sphären von sich selbst offenbaren, daß sie ineinander gelegt sind wie die Häute der Zwiebel, »Gehirn in Gehirn und Geist in Geist, so daß eine die Hülle für die andere ist«. Was die früheren Meister der *Merkaba* die *Hechaloth* oder »Hallen in Gottes Palast« genannt hatten, waren in Wirklichkeit Ausdehnungen des Urpunktes in der *Krone*, die vom menschlichen Verstand nicht erfaßt werden kann. Der sogenannte »Palast« fungiert als Schutzmantel für das Urlicht und verringert dessen Strahlen so weit, daß Menschen es erfassen können. Die erste »Halle« umfaßt eine andere, die zweite eine weitere und so weiter, jede nachkommende »Halle« schafft eine Art Filter für die vorhergehende. Um sich auf das letzte Licht vorzubereiten, »studiert« der Kabbalist die Thora, das heißt, in einem Zustand der Ekstase versenkt er sich in Kontemplation über ihre Buchstaben.

»Wenn ich bete«, sagt Rabbi Simeon, »erhebe ich meine Hände, denn wenn sich mein Geist auf das Höchste konzentriert, ist doch etwas noch höher, das, was nie erkannt oder erfaßt werden kann, der Ausgangspunkt, der absolut verborgen ist, der hervorbrachte, was er hervorbrachte, und doch unerkannt blieb, und erleuchtete, was er erleuchtete, und doch verhüllt blieb.«

Danach versuche er die erste Emanation dieses Lichtpunktes zu visualisieren. Dieses losgelöste »Fragment des Absoluten« würde zur ersten der verstehbaren »Hallen« werden, der Sphäre der *Weisheit*. Die Anstrengung jedoch, sich auf diese hohe Ebene zu konzentrieren, wäre zu groß, würde das Licht sich nicht etwas dämpfen. Dies ist die Funktion des zweiten Filters oder »Halle«, die Sphäre mit Namen *Verstehen*. Von hier gehen noch kleinere Fragmente des ursprünglichen Lichtes aus, die man, so Rabbi Simeon, als Leiter für den weiteren kontemplativen Aufstieg zur *Krone* hin nutzen kann. Soviel zur Visualisierung bei dieser Übung.

Rabbi Simeon saß also mit seinem Kopf auf den Knien in der traditionellen Meditationshaltung, und wir könnten fragen, was er sonst noch tat, und versuchen, aus dem absichtlich zerhackten Text eine organisierte Technik zusammenzusetzen. Eine Lektion von Rabbi Eleasar, seinem Sohn, über das Atmen könnte einen weiteren Hinweis geben. In dem Wunsch, es Ezechiel gleichzutun, gebietet Rabbi Eleasar seinen »Gefährten«, den kontemplativen Impuls auf Erden hervorzubringen, um damit eine Reaktion von oben zu stimulieren. Zuerst »ermahnt er die Winde aus allen vier Himmelsrichtungen zu kommen und seinen Atem zu füllen«. Dies bedeutet, sagt Rabbi Eleasar, daß die aus »allen vier Richtungen gleichermaßen« inhalierte Luft zirkuliert, »wobei besonders die westliche Richtung Geister, die menschliche Gestalt annehmen, hervorkommen läßt. [Eine Warnung vor Halluzinationen, die durch Hyperventilation entstehen können?] Atme in derselben Weise, wie das Meer nimmt und gibt und deshalb nicht voll ist.«

Die dichte metaphorische Sprache des *Sohar* verhindert weitere Versuche, das genaue Verfahren der kabbalistischen Meditation auf dem Baum der Sphären zu rekonstruieren. In den Gesprächen mit zeitgenössischen Kabbalisten ist nie eine klare und praktikable Reihe von Anweisungen vorgekommen. An die Stelle der kontemplativen Techniken des *Sohar* aus dem 13. Jahrhundert traten Isaak Lurias, des Ari, *Jichudim* (das Binden der Sphären), und mit dem Niedergang der chassidischen Bewegung im 19. Jahrhundert verschwanden sie schließlich im Dunkel.

Das Binden der Sphären

Aris *Jichudim* zielten auf nichts Geringeres als die Vereinigung des Namens Gottes mit seinem Ursprung in der Sphäre der *Krone*. Nur der Erwählte konnte die *Jichud* praktizieren, denn sie erforderte während der Selbstbefreiung eine entschlossene Hingabe an die Erlösung der Welt. Die Farben der Sphären, sagte der Ari, sind nicht »Farben« in einem materiellen Sinn, sondern Symbole für die Eigenschaften, die jede Sphäre repräsentiert. Zum Beispiel steht Rot für *Gericht*, denn die Menschen ordnen die Farbe des Blutes dem Zorn zu. Alles Rote in der Natur geht also auf die Energie zurück, die in dem *Gericht* genannten Attribut schlummert. Weiß steht für *Liebende Freundlichkeit*, denn das Mitgefühl läßt einem gewöhnlich diese Farbe in den Sinn kommen. Die spirituelle Welt wird durch Farben dargestellt, um die Vorstellungskraft des Meditierenden zu unterstützen. Wollte der Ari auf irgend jemanden Gnade übergehen lassen, visualisierte er *Liebende Freundlichkeit* in Weiß, wie es die Tempelpriester am Versöhnungstag zur Anrufung dieses speziellen Attributes getan hatten. Der visualisierten Sphäre fügte er noch den entsprechenden Engelnamen bei, sprach mit angehaltenem Atem und bewegte nur den Kehlkopf und die Zunge, eine Technik, die »Schlucken« genannt wurde.

Kritisch wurde es für den Kabbalisten, der die *Jichud* durchführte, auf der Stufe der »Umkehrung«. Wenn er auf dem Baum so weit wie möglich »hinaufgestiegen« war und das Licht aus der höchsten erreichbaren Sphäre geholt hatte, stieg er mit ihm wieder in die physische Welt hinab. Diese Umkehrung des göttlichen Stromes, dank dessen es auch dem niedersten Geschöpf in der niedersten Welt möglich war, das Licht des Unendlichen zu absorbieren, erforderte mehr als das Normalmaß an Reinheit, geistiger Stärke und Demut. Der Ari hatte das Gefühl, daß nicht einmal die guten Menschen von Safed der Aufgabe gewachsen waren, die schrecklichen Wächter der Sphären, denen ihre Vorgänger, die tannaitischen Weisen, begegnet waren, zu besänftigen. Deshalb ermunterte er seine Schüler, sich statt dessen auf die Sphären am Baum zu konzentrieren, aus denen ihre Seelen gekommen waren. War der Kabbalist wirklich heiligmäßig, würde ihm ein »guter Engel« oder die Seele eines abgeschiedenen Heiligen, der dieselbe Seelenwurzel wie er hatte, beistehen. Hatte der Kabbalist seine Seele nacheinander an jedes Attribut *gebunden* und den höchsten Punkt auf dem Baum erreicht, dann erlebte er, wie eine ungeheure Lichtmenge in ihn einströmte. Manche berichteten, sie hätten das Licht in Gestalt eines Engels wahrgenommen. Samuel beschreibt dieses Erlebnis zum Beispiel so: »Der Geist Gottes sprach in mir, und Sein Wort war auf meiner Zunge« [2. Samuel 23, 2]. Mancher war vom Schock des Lichtes, das durch seinen Körper floß, so überwältigt, daß er zitternd umfiel oder sogar bewußtlos wurde. Sein höchstes Ziel war es, bis zum Seelengrund an der höchsten Stelle des Baumes zu »gelangen« und bei der Begegnung mit dem Ursprung seiner selbst – sozusagen mit seinem vergangenen, gegenwärtigen und zukünftigen Leben zugleich – *maskil* (erleuchtet) zu werden.

Der Ari verdichtete den gesamten meditativen Vorgang in dem Bild eines Menschen, der nach dem Ende eines gebeugten Astes greift, ihn kräftig schüttelt und dadurch den ganzen Baum schüttelt. Ein Schwacher wäre nicht in der Lage, den höchsten Zweig auf dem Baum zu ergreifen und zu schütteln: »Wenn er nicht genug Kraft hat [...] dann beachten ihn die Geister in den Attributen überhaupt nicht, und sie wollen nicht zu ihm kommen und ihm helfen [...] denn es ist vergeblich und hat keinen Sinn.«

Deutlicher als Rabbi Simeon definiert der Ari die »Filter«, die jede Sphäre einhüllen. Der äußerste Filter, sagt er, besteht aus dem Licht der »Grube der Seelen«, jenseits davon ist das Licht der »Grube der Engel« und jenseits davon das »Verdunkelnde Licht« oder die »Grube der Hüllen« (Materie). Weitere »Filter« oder »Hallen« enthalten das All, das Firmament, die archetypische Welt und die Elemente. Weil jede Sphäre aus zehn Lichtern besteht, die ihrerseits wieder zehn weitere und diese ebenfalls zehn weitere umfassen, enthält das All unendlich viele Schichten. Nur der Aufrechte, der die richtige *Jichud* im Zustand der vollkommenen Konzentration herstellt, kann sie alle durchdringen. Ezechiels Vision heißt nach Ari das »Werk des Wagens«, weil jede Sphäre auf dem Baum, über die er meditierte, als »Wagen« für die nächste dient. Wer den Vorhang aus Materie und menschlichem Denken wegreißt, steht vor dem »Thron«, der in Wirklichkeit nur eine andere Art ist, von der höchsten spirituellen Erfahrung zu sprechen, die in der GRUBE DER SEELEN stattfindet, der Wurzel der Patriarchen, aus deren Seelen Gottes Herrlichkeit gemacht ist. Nur wenn er Geist, Körper und Seele auf den NAMEN ausrichtete (wie es die Patriarchen getan hatten), konnte der Kabbalist hoffen, es Ezechiel gleichzutun und das göttliche Licht zu sich und der Welt zu transportieren.

Wenn man einmal angefangen, den Baum und seine Sphären visualisiert und die *Jichud*-Formeln ausgesprochen hatte, dann konnte man nicht wieder aufhören, denn es stand nicht nur die eigene Seele auf dem Spiel, sondern ebenso das »Binden« ganzer Welten an Gott. Führte der Kabbalist diese Übung in einer vornüber geneigten Haltung auf dem Grab eines beliebten Heiligen aus, mußte er daran denken, daß sich auch die große Seele im Grab während der gesamten Dauer der Prozedur vorbeugte. Er konnte aber auch in seinem Zimmer sitzen und einen großen, weißen Vorhang visualisieren, auf den eine weiße, aus den Buchstaben des GOTTESNAMENS bestehende Form gemalt war, jeder Buchstabe »so hoch wie ein Berg«. Dann verflocht er im Geist die Buchstaben miteinander, tauschte sie aus, bis sie ihre offenkundige Bedeutung verloren und sich plötzlich zu Wörtern aufreihten, die »Antworten« auf seine tiefsten spirituellen Fragen gaben. »Aber«, warnte Ari, »du mußt sorgfältig darauf achten, wie du sie vertauschst, damit du nicht Chaos und Unordnung in deinen Verstand bringst.« Ein wahrhaft guter Rat für jemanden, der den Irrgarten aus Lichtern, Sphären, Hallen, Wächtern und heiligen Namen, den die Kabbalisten »Kontemplation« nennen, erstürmen wollte.

Ich hatte es schon fast aufgegeben, die Metapher von der Methode trennen zu wollen, als ich in einem chinesischen taoistischen Text über Meditation auf eine detaillierte Beschreibung stieß, die, bis auf die Terminologie, aus dem *Sohar* hätte stammen können. »Der Taoist geht zuerst über die weltlichen Angelegenheiten, dann die materiellen Dinge und schließlich sogar über seine eigene Existenz hinaus. Indem er sich Schritt für Schritt loslöst, erlangt er Erleuchtung und vermag alle Dinge als Eins zu sehen.«*

Zu diesem Zweck empfiehlt der chinesische Mystiker, wie Rabbi Eleasar, die Übung bestimmter Atemtechniken. Was bei Eleasar die »vier Richtungen« des Atems heißt, nennt Tao-an, ein buddhistischer Meister des 4. Jahrhunderts, »Anapana«, das auch er in vier Techniken einteilt, »die die Funktionen des Körpers nutzen«. Auch die taoistische Meditationspraxis vergleicht den menschlichen Körper mit dem Makrokosmos und sieht speziell in der Wirbelsäule die Quelle der göttlichen Energie, die durch eine Kombination aus Visualisierung und Atmung hervorgerufen werden kann. Wie der Kabbalist, der »die Welt oben erregt«, wenn er sich hier unten zu seiner Meditation niederläßt, reflektiert der Taoist die äußere Welt, wenn er Geist, Atem und Körper in Einklang bringt.

Der kosmische Mensch und der Baum der Sphären mit den entsprechenden »Elementen« in der Kabbala haben ihre Gegenstücke in den taoistischen »vier Jahreszeiten, fünf Elementen, neun Abteilungen, dreihundertundsechzig Tagen. Ähnlich hat der Mensch vier Glieder, fünf innere Organe, neun Öffnungen und dreihundertundsechzig Gelenke. Der Himmel hat Wind, Regen, Kälte, Hitze; entsprechend hat der Mensch Freude, Ärger, Nehmen, Geben [...] Der Mensch bildet mit Himmel und Erde eine Dreiheit, und sein Geist ist der Meister [...]«

Ähnlich ist auch jedes Organ im Körper des Taoisten einem Element, einer Richtung im Raum, einer Jahreszeit analog. Und wie in der Welt des *Sohar* hängen alle miteinander zusammen. Doch die vielfältigen Symbole im Taoismus beziehen sich ganz spezifisch auf meditative

* Chang Chung-yuan, *Creativity and Taoism*, S. 131, 157, 159; deutsch: *Tao Zen und schöpferische Kraft*. Düsseldorf/Köln 1976.

Atemtechniken. Ein großer himmlischer Kreislauf – man vergleiche damit den vollständigen »Aufstieg« und die »Umkehrung« beim lurianischen *Jichud* – bewegt den Atem die Wirbelsäule entlang aufwärts bis zum Scheitel des Kopfes und abwärts über das Gesicht und hat, wenn er wieder an seinen Ausgangspunkt an der Basis der Wirbelsäule zurückgekehrt ist, den ganzen Körper umflossen. Auch die taoistische Übung beginnt mit einer Visualisierung und endet mit einer wirklich körperlichen Empfindung vom »Kreislauf des ›Atems‹ als einem Hitzestrom«. Man vergleiche dies einmal mit dem »Licht« des Kabbalisten.

Verschiedene Zentren des Körpers belegt der Taoist mit metaphorischen Namen wie »Purpurhof« und »mystische Kammer«, was sich beinahe mit den kabbalistischen »Hallen des Palastes« deckt. Nach Empfehlung von esoterischen taoistischen Texten soll man den Atem sich bewegen »sehen« und ihn dabei bewußt kontrollieren und zu den verschiedenen Körperzentren lenken. Wie Rabbi Simeon wählt auch der meditierende Taoist als Anfang die Kontemplation über den höchsten, nicht offenbarten Punkt aus. Auch er wird von dem nun folgenden ekstatischen Lichtschwall erschüttert: »Manchmal erlebt man plötzlich das Aufblitzen eines Lichts, das den ganzen Körper unkontrollierbar erleuchtet.«

Die »Vereinigung« der beiden Zentren im Herzen und in den Nieren heißt »den Blauen Drachen aus dem Feuerhof herabsteigen und den Weißen Tiger aus dem Abgrund des Wassers treffen lassen« – gerade so wie der Kabbalist die Sphären *Schönheit* (Blau wird gleichgesetzt mit der Sonne und dem Feuer) und *Begründung* (wäßrig, Mond) vereint. Nimmt man dem kabbalistischen Baum der Sphären seine mysteriöse Verhüllung und entkleidet ihn seiner religiösen Obertöne, dann ist er wie die taoistischen himmlischen und irdischen »Körper« eindeutig ein Atem- und Konzentrationsplan.

Professor Chang charakterisiert die Konzentration auf einen bestimmten Punkt des Körpers als Stimulus für »das Nervensystem in dieser Region«. Die Wirbelsäule, ein veritabler Baum aus Nervenfasern und elektrischen Ladungen, unterliegt dem psychischen Anreiz ebenso wie physischen Schocks. Er schreibt: »Wenn der Übende ständig die genuine Idee an das Nervensystem sendet, bleibt es unaufhörlich in Aktion; dadurch wird eine ungeheure Veränderung bei den elektrischen Ladungen bewirkt, und der Stromfluß wird erheblich gesteigert. Wenn dieser Vorgang beim ernsthaft Übenden Monat für Monat und Jahr für Jahr fortgesetzt wird, werden ›Blitz und Donner‹ in seinem Nervensystem die natürliche Folge sein [...]. Hier wird die symbolische Sprache dazu verwandt, ein physikalisches Phänomen zu beschreiben.«

Dasselbe Erlebnis, buchstäblich »erleuchtet« oder in Licht gebadet zu sein, wird von dem Taoisten des 14. Jahrhunderts *und* dem Kabbalisten aus dem 13. Jahrhundert beschrieben. Moderne Neurologen charakterisieren die Erfahrung nüchterner als »Depolarisierung der elektrischen Ladungen im Geflecht des Nervensystems«. Spirituell oder physisch, das Phänomen gehört zu einem gezielten Versuch des Meditierenden, sich durch starke Konzentration auf verschiedene empfindliche Körperteile in Verbindung mit einem systematischen Atemmuster zu verändern.

Noch bemerkenswerter ist die Ähnlichkeit zwischen dem kosmischen Baum des Kabbalisten und dem »Diagramm des Endlosen« des Taoisten. Beide werden als eine Reihe von aufsteigenden Kreisen geschildert, die zu *Hsu* (chinesisch: nicht seiend) oder *En* (hebräisch: nichts) führen. Der erste Kreis oder das erste Tor ist das »Tor der Dunklen Weiblichkeit« für den Taoisten und die weibliche *Herrschaft*, unsere Welt, für den Kabbalisten. Beide stehen für Energie im untersten Körperzentrum, das durch den Atem nach oben kommen und mit seinem »Meister« im Zentrum des Gehirns in spiritueller Vereinigung verschmelzen muß.

Der zweite Kreis, der sich im Hebräischen auf *Begründung* bezieht, ist *Ching* (Wesen) im Chinesischen, der Ort, wo »der Atem zusammengesetzt wird«. Die folgenden fünf Sphären, vier Verzweigungen nach rechts, vier nach links und eine zur Mitte hin, repräsentieren die fünf Elemente, die »fünf Beweger« oder den »kleinen Kreislauf«, der, beginnend im Herzzentrum, schließlich mit dem »großen Kreislauf« des Atems verschmilzt. Wie der Baum des Kabbalisten sind auch sie in männlich (rechts) und weiblich (links) geteilt und vereinen sich zuletzt in der allerhöchsten Welt des Nichtseins – den Sphären *Weisheit, Verstehen* und *Krone* im Hebräischen und in den verschlungenen weißen und schwarzen Kreisen *K'an* und *Li* im Chinesischen; über ihnen steht der leere weiße Kreis *Hsu* (chinesisch: nicht seiend) oder *En* (hebräisch: nichts).

Wie dem Taoisten das »Diagramm des Unbedingten«, so ist auch dem Kabbalisten der Baum so nahe wie seine Wirbelsäule; die »Sphären« oder Nervenzentren werden durch seine Vorstellungskraft aktiviert; das »göttliche Licht« wird durch den Motor seines Atems herabgezogen.

4 Der Weg der Buchstaben

Für jüdische Mystiker entsprach die hebräische Sprache immer auch physisch den Dingen, die sie bezeichnete. Das bloße Schreiben eines hebräischen Buchstabens konnte die Vereinigung von Geist und Körper bewirken und den Kontakt mit der »höheren« Welt herstellen. Der Kabbalist »erschuf« sich in der Nachahmung Gottes sozusagen neu und rief sein tiefstes spirituelles Potential ins Dasein, indem er Buchstaben manipulierte, die Grund, Form und Klang des natürlichen Universums und die Instrumente, mit denen Gott die Welt erschaffen hat, sind. Drei Urbuchstaben, das *Aleph* (א), *Mem* (מ) und *Schin* (ש), enthielten alle potentiellen Elemente; zwölf »einfache« Buchstaben folgten, die der göttlichen Energie, die das All erhält, als Kanal dienen. Da der Mensch ein Mikrokosmos ist und selbst aus den Elementen besteht, sind alle diese Buchstaben seiner Person »aufgeprägt«. Meditierte ein reiner Mensch über irgendeinen Buchstaben, der aus der entsprechenden Sphäre oder dem göttlichen Attribut hervorging, so war das gleichbedeutend mit der Meditation über die gesamte Schöpfung. Da der Mensch aus derselben Grundsubstanz wie die Sterne bestand, konnte er eins werden mit dem entferntesten Stern; da in ihm dieselbe Energie vibrierte wie in den Vögeln, konnte ein Mensch die Sprache der Vögel lernen. Die praktische jüdische Mystik glaubte buchstäblich, daß ein Teil für das Ganze stehen kann.

Wenn der kabbalistische Meister seinen erwartungsvollen Schüler vom rationalen Diskurs in das Reich der reinen, nichtverbalen Wahrnehmung führte, dann stülpte er das Wort um, schüttelte seine konkrete Bedeutung ab und schmolz es ein (wie der Zen-Meister, der seine *Kōan*-Paradoxe darbot) und leitete den Novizen dann aus dem beschränkten Kreis des Denkens. Zwar gebrauchte er auf den einzelnen Stufen Denken und Klang, doch dann bewegte er sich über Denken und Klang hinaus: »Öffne deinen Mund beim Aussprechen des *Aleph* [hebräisch a], und du dehnst deinen Geist von einem bestimmten Ort ins Grenzenlose«, sagte Rabbi Nechunja ben Hakana. »Denn das menschliche Denken hat kein Ende, durch es kann der Mensch zum Ende der Welt absteigen.«

Das Wort tritt zwischen den nicht mit Sprache erfaßbaren und den erkennbaren Gott. Als Instrumente der menschlichen Sprache verbinden sich die Buchstaben und bringen das Denken hervor; als Werkzeug der Natur bringen sie die Elemente, Planeten, Geschlechter und alle physikalischen Wesen hervor. Die hebräischen Buchstaben sind in der Sphäre *Weisheit* auf den kosmischen Baum geschrieben und sind die Energie hinter allen entstehenden Manifestationen von Form, Klang und Gestalt. Für den Kabbalisten, der die Buchstaben mit ihrem Ursprung in der *Krone* verbinden möchte, stellen sie einen zusammengesetzten Namen und die Erfahrung des Absoluten dar, das sie ins Dasein gerufen hat. Die Buchstaben können nicht ohne die ihnen von den Sphären, die sie enthalten, gegebene Form existieren. Aber die Sphären sind in einer Hinsicht illusorisch, bloße Bilder, die von dem begrenzten menschlichen Geist bei seinem mühsamen Aufstieg zu dem Einen geschaffen wurden.

Was Moses Cordovero formulierte, klingt einem Vertreter des hinduistischen Vedanta sehr ähnlich: »Der Schöpfer ist Er selbst, zugleich das Wissen, der Wissende und das Gewußte [...] Es gibt nichts, das nicht mit Ihm vereint wäre und das Er nicht in Seinem eigenen Wesen fände. Er ist das Urmodell alles Seins, und alle Dinge existieren in Ihm in ihrer reinsten und vollkommensten Form.«

Cordovero glaubte, der Mensch könne Gott imitieren, wenn er die »göttliche Sprache« mit der Absicht, ihre »eigentliche Natur« zu beschwören, vorträgt. Der Klang dessen, was der Kabbalist ausspricht, steigt zu der Quelle auf, aus der alles Denken kommt, verbindet sich mit dem dort herrschenden Geist und wird in ein »körperloses spirituelles Wesen« verwandelt, das den Menschen emporhebt.

Die kabbalistische Sicht der Sprache wird in einer tunesischen Version einer Geschichte aus *Tausendundeine Nacht* zauberhaft interpretiert. Ein Brahmane namens Padmanaba, der auch in Kabbala ausgebildet war, erklärt seinem Schüler, wie die hebräischen Buchstaben, wenn sie mit der richtigen geistlichen Absicht ausgesprochen werden, die ihnen entsprechenden Engel herbeirufen: »Jeder Buchstabe wird von einem Engel beherrscht, [der] ein Strahl aus den ausströmenden Tugenden der Allmächtigkeit und der Eigenschaften Gottes ist. Die

Engel, die in der irdischen und in der himmlischen Welt wohnen, beherrschen diejenigen, die nur in unserer Welt sind. Die Buchstaben bilden die Worte, die Worte die Gebete, und es sind die durch die Buchstaben bestimmten und in den geschriebenen und gesprochenen Worten versammelten Engel, die die Wunder bewirken, über die die gewöhnlichen Menschen staunen.«*

Für den Kabbalisten stellten die Buchstaben eine Kombination aus Name und Form dar, die unser natürliches Universum umfaßt. Wie die Physiker, die jetzt versuchen, den einfachsten Partikel, die Essenz oder die fundamentale Eigenschaft der Materie mit Hilfe von »Quarks« festzumachen, dringt der Kabbalist, wenn er aus »Name« und »Form« (die in den bildhaften Buchstaben des hebräischen Alphabets, zu dem auch »Zahlen« und »Dimensionen« gehören, zweckdienlich verpackt sind) eine Art göttliches Atom macht, durch den Buchstaben zu seinem Wesen vor und stellt dabei jede in der Natur vorkommende mögliche Kombination und Permutation her, um so über die Natur hinauszuspringen. Hierzu manipuliert er den ersten Namen Gottes, die Quintessenz und Kraft, die der Materie ihre Form gibt. Mit einer gewaltigen Anstrengung vereint er seine menschliche Energie mit der Energie alles dessen, was ist, war und sein wird, die von der *Krone* durchstrahlt wird. Durch die Kraft, die dem Wort innewohnt, stellt er das Beständige dem Unbeständigen gegenüber, das EINE den vielen. Ein so verstandener Buchstabe ist das, was er repräsentiert: er ist physisch, weil er durch physische Organe zum Ausdruck kommt; er ist spirituell, weil er mit der Welt der Engel in Verbindung steht, er vervielfältigt sich und bildet die Welt der Namen und Objekte, aber wenn er auf seinen ursprünglichen Klang reduziert wird, wird er zu nichts anderem als dem Summen des Universums, das an einem Ort vibriert, wo Licht und Klang in strahlendem Schweigen verschmelzen.

Die als *Zeruf*, Buchstabenpermutation, bekannte Meditationstechnik verwendet die Sprache, um ihre eigene Struktur zu durchschneiden, und sie versetzt den Mystiker in die Lage, das himmlische Reich sehr rasch zu erreichen. Der Kabbalist, der diese ungewöhnliche Form der Kontemplation praktizierte, studierte einen biblischen Satz so

* Zitiert in: Siegmund Hurwitz, »Psychological Aspects in Early Hasidic Literature«, *Timeless Documents of the Soul*, S. 194.

lange, bis er jede rationale Bedeutung verlor, und aus der Verwirrung, die auf die wiederholte Verkündung des nun bedeutungslosen Satzes folgte, brach plötzlich eine »Bedeutung jenseits der Bedeutung« hervor. Wurde die Meditation über die Buchstaben mit speziellen Atemtechniken und der Kontemplation über die Körperzentren kombiniert, produzierte sie fast augenblicklich eine Ekstase.

Bei den Kabbalisten des 13. Jahrhunderts, die *Zeruf* praktizierten, ging die antirationale Neigung so weit, daß sie ihre vorsichtigeren Zeitgenossen zusammen mit Talmudisten und dem jüdischen Establishment überhaupt attackierten. Abraham Abulafia, der Leiter der spanischen Schule, die neben dem *Sohar* bestand, kündigte unter anderem an, er sei gekommen, die schlafenden Materialisten aus der »Eitelkeit des Lernens« zu retten.* Auf seinem radikalen Weg folgten ihm nur wenige direkt, aber viele Kabbalisten wurden von den ausgesprochen technischen Anweisungshandbüchern über die Permutationen des geheiligten GOTTESNAMENS, die Abulafia hinterließ, beeinflußt. Seine Mystik beruhte auf der direkten Erfahrung des GÖTTLICHEN und schließt alles andere aus. Abulafia erlebte seine Berufung als eine himmlische Stimme, die rief: »Abraham, Abraham!« Er antwortete: »Hier bin ich«, und die Stimme begann sofort mit einer detaillierten Erläuterung zur Buchstabenpermutation mit geheimen Instruktionen, die Abulafia später öffentlich vor Juden, Moslems und Christen lehrte. Abulafia meinte, wenn er sich den weltlichen Erlebnissen verschloß, würde seine Seele automatisch keinem anderen Einfluß als nur dem Gottes offenstehen. Bei seinem Versuch, das Gemüt von seinen weltlichen Neigungen zu lösen, jonglierte er mit dem hebräischen Alphabet, meditierte über den Namen Gottes und kombinierte in einer intellektuell bedeutungslosen, aber mystisch logischen Weise die abstrakte und konkrete Sprache zu einem, wie er es nannte, »prophetischen Bewußtsein«.

Abraham Abulafia ist der jüdische Mystiker, der die größte Ähnlichkeit mit dem allen Konventionen spottenden Zen-Meister hat. Er ließ unbekümmert die gesamte halachische Tradition hinter sich, enthüllte

* Das Material über Abulafia wurde aus hebräischen Originalhandschriften in den folgenden Bibliotheken zusammengestellt: Jewish Theological Seminar Library, New York; Bibliothèque Nationale, Paris; Bodleian Library, Oxford; Hebräische Universitätsbibliotheken, Jerusalem.

der Welt bereitwillig uralte »geheime Lehren«, versuchte im reinen, nicht kognitiven Denken die Sphärenmusik einzufangen. Bei diesem Vorhaben wurden ihm alle Sprachen zu einer Sprache. Seine Technik trennte und vereinte Buchstaben, entkleidete Wörter ihrer gewöhnlichen Bedeutung, dehnte sie bis zur Unkenntlichkeit, bis ihr formgebender Geist Körper und Seele elektrisierte. Seine Methode führte den Schüler schrittweise von *Miwta* (Aussprechen der Buchstaben) zu *Miktaw* (Schreiben der Buchstaben) und schließlich zu *Maschaw* (Kontemplation der Buchstaben). Der Mystiker der Schule Abulafias ging von groben materiellen Visualisierungen zu feineren spirituellen über und erreichte schließlich einen Zustand der Ekstase, in der er dann dem prämanifesten »Geist« hinter jedem geformten Buchstaben gegenüberstand. *Dillug* oder Auslassen bestand darin, den Geist zu beobachten, wie er entsprechend einer Reihe von flexiblen Kodewörtern in freier Assoziation von einer Idee zur anderen wanderte. Der Kabbalist vertrieb ablenkende Gedanken und Bilder nicht, sondern folgte ihnen, indem er daraus Sätze konstruierte und diese Sätze in Wörter, die Wörter in Buchstaben und die Buchstaben in Licht zerlegte.

Wenn Abulafias Schüler des Nachts in ihrer Abgeschiedenheit die Buchstaben kombinierten und umstellten, dann erlebten sie dieselben feurigen Empfindungen, die zwölfhundert Jahre früher von den *Merkaba*-Mystikern beschrieben wurden. Sein »irrationales« System war keineswegs chaotischer Wahnsinn, sondern sorgfältig konstruiert. Abulafia ordnete jedem Buchstaben einen entsprechenden Körperteil zu und ermahnte seine Schüler, keinen »Konsonanten oder Vokal von seiner richtigen Position zu entfernen«, damit sie sich nicht selbst verstümmelten. Auch das Atmen und die Körperhaltung standen mit den entsprechenden Klängen von Vokalen und Konsonanten in Verbindung. Personifikationen der Buchstaben, Engel wie Metatron oder Schaddai erschienen den Mystikern der Schule Abulafias häufig. Doch dort, wo überhaupt keine Visionen erschienen, wurde der »erhobene Mensch« eins mit seinem Schöpfer. Meister des Namens, wie sie genannt wurden, waren von Gott »nicht verschieden«, wenn sie in diesen Zustand kamen – ein Sakrileg in den Ohren des jüdischen Establishments, das tief durchtränkt von Logik, Ordnung und Dualismus war und das dann auch bald gegen die »wilden und gefährlichen« Behauptungen dieses Pseudo-Messias losschlug.

Für Abulafia war die direkte Begegnung mit *En Sof*, dem Unendlichen, wichtiger als jede visionäre Erfahrung. Wahrscheinlich hat er deshalb die Bedeutung der Sphären als göttliche Attribute heruntergespielt. Für ihn lag die überragende Bedeutung ihrer kosmischen Macht nur in der direkten mystischen Erfahrung dieser Macht. Wenn ein Schüler Abulafias das Licht der Sphären gespürt und absorbiert hatte, dann mußte er lernen, den abstrakteren Geist zu permutieren, der den zweiundzwanzig hebräischen Buchstaben innewohnte.

Abulafia pflegte zwar freundschaftlichen Umgang mit den zeitgenössischen Moslemmystikern, den Sufis, aber er lehnte deren ichvergessene Trancen ab und propagierte die Kontemplation der in den Buchstaben repräsentierten natürlichen Welt. Wie alle jüdischen Mystiker begann auch er von außen und bewegte sich schrittweise nach innen. Deshalb wies er seine Schüler an, über tiefe theologische Fragen, die in der Schrift aufgeworfen werden, nachzudenken, bis ihr Verstand über nichts anderes mehr sinnen konnte als über die Buchstaben, die das Problem in sich fassen. Auch wenn der Schüler am Anfang die aus seiner Konzentration entstandenen Lösungen den rationalen intellektuellen Prozessen zuschrieb, bewies ihm Abulafia, daß es in Wirklichkeit die Kraft der Buchstaben war, »die ihn durch ihre Bewegung beeinflußten und sein Denken auf schwierige Themen konzentrierten, obgleich er sich dessen nicht bewußt [war]«.

Seine Schüler beschreiben Abulafia als einen wohlwollenden, hilfreichen Lehrer, der sie vorsichtig zur höchsten Stufe der Permutation der göttlichen Namen führte. Abulafia ließ den Schüler zwei Wochen lang die Buchstaben und ihre Entsprechungen aus dem *Sefer Jezira* (einem Handbuch über Buchstabenkontemplation aus dem 1. Jahrhundert) lernen. Später wies er ihn an, alles Gelernte laut auszusprechen, denn selbst die höchsten spirituellen Formen mußten für das formlose ABSOLUTE transzendiert werden. Je weniger intelligibel der göttliche Name, desto höher war sein Rang. Je weniger Vernunft und intellektuelle Kontrolle im Spiel waren, desto größer die spirituelle Kraft. Das wörtliche Studium der Thora diente nach Abulafia nur dazu, den Intellekt zu schärfen; die wirkliche »Arbeit« fand nur in der mystischen Trance statt.

»Wenn wir heute einen Propheten hätten, der uns ein Verfahren zeigen könnte, wie man den natürlichen Verstand schärfen und die subtilen Formen entdecken könnte, mit denen wir uns selbst unserer Körperlichkeit entledigen könnten«, sagte er, »bräuchten wir alle diese Naturwissenschaften zusätzlich zu unserer Kabbala nicht.« Abulafias idealer Prophet würde natürlich die Kombination von Konsonanten und Vokalen offenbaren, die eine unmittelbare Ekstase herbeiführen würden – eben das, was er selbst tat.

Trotz seiner rebellischen Erklärungen blieb er dem alten jüdischen Konzept der *Madregot* oder Ebenen treu. Nicht einmal Abulafias Schüler konnten sich wie die Sufis in das unmittelbare Einssein mit Gott stürzen, zumindest nicht bevor sie sich dem üblichen Prozeß der mentalen, körperlichen und spirituellen Reinigung, die von allen jüdischen mystischen Schulen gefordert wurde, unterzogen hatten. Abulafia unterschied sich darin von den anderen, daß er intellektuelle Tätigkeit vor der Versenkung in Kontemplation verbot, denn selbst die höchste Form des intellektuellen Thorastudiums war in seinen Augen eine grobe Behinderung des klaren Lichts des Geistes. Außer der üblichen Vorschrift der Einsamkeit fügte er dem Verfahren etwas Angenehmes hinzu, wenn er empfahl, den Meditationsraum mit süß duftenden Gräsern zu schmücken. Aber er unterschied sich nicht von den strengen deutschen Chassidim, wenn er seinen Schülern gebot, im rituellen Bad einzutauchen, zu fasten und sich vor dem Meditieren des Geschlechtsverkehrs zu enthalten.

Die wirkliche Diskrepanz zwischen Abulafia und den anderen jüdischen Mystikern, wie etwa seinen Zeitgenossen, den deutschen Chassidim, lag in seiner Bereitschaft, die Praktiken, die sie so sorgfältig vor den Nichteingeweihten geheimhielten, zu offenbaren. Abulafia brach alle Regeln der jüdischen mystischen Bruderschaft, wenn er der Welt die geheiligten Techniken der Kontemplation über GOTTES NAMEN enthüllte.

Abraham Abulafia: Meister des »Zeruf« (Buchstabenpermutation)

Abraham ben Samuel Abulafia wurde 1240 in Saragossa, Spanien, geboren. Sein Vater, der ihn beim Studium der Bibel und der Kommentare anleitete, starb, als er achtzehn Jahre alt war. Die Familie zog dann nach Toledo. Zwei Jahre nach dem Tod seines Vaters reiste Abraham in das Heilige Land auf der Suche nach den Überresten der zehn verlorenen Stämme, die jenseits des Sambation leben sollten. Er kam nie weiter als nach Akko an der Küste Palästinas, denn die muslimisch-christlichen Kriege verhinderten seine Expedition. Von Akko reiste er nach Griechenland, fand eine Frau und ließ sich mit ihr für die nächsten zehn Jahre nieder. Doch Abulafia machte sich, getrieben von einem unerfüllten Verlangen nach Einweihung in die Kabbala, erneut auf, dieses Mal nach Capua, Italien, wo er unter der Anleitung von Hillel ben Samuel von Verona, einem Arzt und Gelehrten, Maimonides' *Führer der Verirrten* sorgfältig studierte.

Bald nach seiner Rückkehr nach Spanien sammelte Abulafia eigene Schüler um sich; aber die erste Gruppe »ging in die Irre«, wie er später in seiner Autobiographie mitteilte. Feinde beschuldigten ihn, er lehre trinitarische Dogmen, die junge jüdische Gelehrte sich dem Christentum zuwenden lassen würden. Abulafia wies den Angriff zurück und erwiderte, diese Schüler hätten sich von Anfang an mit Magie befaßt.

In Barcelona erhielt er im Alter von einunddreißig Jahren die berühmte prophetische »Berufung«. Obgleich ihm das exakte Wesen seines Auftrages nicht klar war und er immer noch auf der Suche nach einem idealen Lehrer umherwanderte, zögerte er nicht, Bücher über seine prophetische Inspiration zu schreiben. Er untersuchte einen Kommentar zum *Sefer Jezira*, dem geheimen und außerordentlich einflußreichen Handbuch für Mystiker, sehr gründlich. Autor des Kommentars war ein Baruch Togarmi, der Mann, der bald Abulafias langgesuchter Lehrer werden sollte.

Im Jahr 1273 stand Abulafia im Mittelpunkt eines ziemlich großen kabbalistischen Zirkels, lehrte, schrieb und entwickelte sein besonderes System des *Zeruf*. Er schrieb unter einem Pseudonym, das denselben Zahlenwert wie sein eigentlicher Name hatte, veröffentlichte seine Meditationshandbücher unter Titeln wie *Das Teilen der Namen* und legte einen eigenen mystischen Kommentar zu Maimonides' *Führer* vor. Unter dem Einfluß des verschlungenen kabbalistischen Stils seines Mentors Togarmi verstreute Abulafia in seinem Text Kodes, Akrosticha und Zahlen-Buchstaben-Spiele, was gleichzeitig seine Verfolger erregte, ihn aber auch mit anerkannten spanischen Mystikern wie Josef Gikatilla, einem angesehenen Mitglied seines Kreises, Kontakt pflegen ließ. Da Abulafia ständig gezwungen war, seinen Weg in den Augen der jüdischen (und nichtjüdischen) Autoritäten zu rechtfertigen, führte er wertvolle Aufzeichnungen über seine Aktivitäten und die seiner Anhänger. Seine spirituelle Autobiographie, *Ozar Eden Ganus* (»Der Geheime Schatzgarten«), schildert einen Mann mit missionarischem Ziel, der häufig zwischen Griechenland, Italien und Spanien hin und her reiste. In verschiedenen Manuskripten in dem für Abulafia charakteristischen blumigen, persönlichen und überschwenglichen Stil schildert er sich als einen Selfmadevisionär und schmäht einige Schüler, weil sie von dem einen wahren (nämlich Abulafias) Weg abgewichen seien.

Der mystische Aufrührer

Nach einer plötzlichen Vision, die ihn drängte, persönlich den notorisch antisemitischen Papst Nikolaus III. zu verdammen, machte sich Abulafia auf nach Rom. Hier sah nun endlich das religiöse jüdische Establishment die Gelegenheit gekommen, sich des mystischen Aufrührers zu entledigen. Die römischen Rabbiner klagten ihn gemeinsam mit den christlichen Behörden an und legten sein Schicksal dem Papst vor, der sofort anordnete, daß er auf dem Scheiterhaufen zu verbrennen sei. Noch bevor Abulafia Rom betreten hatte, war er zu Gefängnis und Tod verurteilt, und das Holz für den Scheiterhaufen war schon für seine Ankunft am nächsten Morgen vorbereitet. Es war der Vorabend von Rosch Haschana, der Beginn des jüdischen Neujahrsfestes und der Hohen Festtage. Abulafia war schon kurz vor der Stadt und meditierte die ganze Nacht. Als er am nächsten Tag in Rom erschien, erzählte man ihm, daß der Papst in der letzten Nacht gestorben sei. Mit der Überzeugung, daß das ein von ihm bewirktes Wunder sei, ging Abulafia in das für ihn vorbereitete Franziskanergefängnis und wurde nur achtundzwanzig Tage später wieder freigelassen!

Der Papst hatte den Kampf verloren, aber die römischen Rabbis waren entschlossen weiterzumachen. Ihre anhaltende Verfolgung auch nach seiner Freilassung aus dem Gefängnis trieb ihn nach Messina, Sizilien, wo er bei treuen Schülern blieb und größere kabbalistische

Abhandlungen schrieb wie *Or ha-Sechel* (»Das Licht des Intellekts«), *Sefer ha-Zeruf* (»Das Buch der Permutationen«), *Mafteach ha-Chochmoth* (»Der Schlüssel zur Weisheit«), *Sefer ha-Cheschek* (»Das Buch des Enthusiasmus«) und *Chaje olam ha-Ba* (»Das Leben der zukünftigen Welt«). Aber Abulafia hatte eine angeborene Neigung zu provokativen, öffentlichen Äußerungen; zehn Jahre nach seiner Freilassung aus dem Gefängnis in Rom verkündete er der Welt das jüdische messianische Jahr. Viele Juden nahmen das Datum (1290) ernst, packten ihre Habe zusammen und emigrierten in das Heilige Land. Doch auch Abulafias rabbinische Gegner fühlten sich zum Handeln gedrängt. Rabbi Salomo ben Adreth von Barcelona verfaßte eine Dokument, in dem Abulafia als gefährlicher Scharlatan bezeichnet wurde. Dieses Mal entkam der glücklose Prophet nach Malta, wo er eine Reihe von Abhandlungen zur Verteidigung seiner Person und seines Systems verfaßte. Eine besondere Stellung nimmt darunter *We-zot Le-Jehuda* (»Und dies für Juda«), eine *apologia pro vita sua*, ein, die vorgeblich an einen Schüler namens Juda gerichtet war, in Wirklichkeit aber als offene Antwort an Rabbi Salomo ben Adreth gedacht war. In diesem langen philosophischen Gedicht über Prophetie behauptet Abulafia, er sei einer der wenigen mutigen Männer aus allen Völkern, der »die Stufen der Leiter«, die zu Gott führt, gefunden habe, und als ein besonders mutiger Prophet war er in »den Palast des Tempels hineingegangen«.

Abulafia warf den normalen jüdischen spirituellen Führern vor, sie beförderten die Unwissenheit über spirituelles Leben und Praxis, und stellte ihnen würdige »Türken« und »Äthiopier« gegenüber, die Buchstaben als Einleitung zu einer ekstatischen Vision kombinierten. Außerdem tadelte er die Rabbis, daß sie die Geheimnisse der Inkarnation nicht erkannt und ihren Schülern nichts über die göttlichen Kräfte, die im menschlichen Körper wohnen, gelehrt hätten. Nach Abulafia hatten die Rabbis das Wissen jenseits der fünf Sinne absichtlich ignoriert und sich auf die Sicherheit der »Tradition« und des »Hörensagens« beschränkt, statt sich auf den Weg des experimentellen »Verstehens« zu begeben. Tradition, sagte er, sei nichts ohne das Vehikel des menschlichen Körpers. Die Kabbala, die eine ebenso alte und würdige jüdische Tradition war wie alle anderen, machte mutig Gebrauch von dem menschlichen Körper. Nur Wandel, neues Leben und neue Interpretationen der abgenutzten Systeme könnten sie wiederbeleben. Die Menschen, die in Folge ihrer spirituellen Erfahrung die Vehikel dieses Wandels sein konnten, vermochten den alten Traditionen wieder Leben einzuhauchen, damit sie an neue Generationen weitergegeben werden konnten.

Abulafia klagte die Rabbis weiter an, sie würden sich in philosophischen Thoraspekulationen und talmudischen Legalismen vergraben. Er verglich diese unreifen mentalen Produkte mit denen ihrer edlen Zeitgenossen, den Kabbalisten, die einerseits den HEILIGEN NAMEN durch das Medium des Baumes der Sphären (*Sohar*-Schule) kontemplierten und andererseits (wie er) die zweiundzwanzig hebräischen Buchstaben permutierten, um prophetische Weisheit zu erlangen. Er kam zu dem Schluß, daß beide Praktiken in der jüdischen Welt nicht sehr verbreitet waren; ja, diese Formen der Kontemplation waren sogar den meisten antiken Weisen unbekannt. Dies entwerte aber seine Behauptung nicht, nur die direkte Erfahrung der *Debekuth* (Anhangen an Gott), und nicht der blinde Glaube an esoterische Schriften, sei der einzige wahrhaft »rationale« Weg der Annäherung an Gott.

Abulafia führte sein Eindringen in das *Sefer Jezira* als Rechtfertigung für seinen prophetischen Anspruch an und behauptete zuversichtlich: »Ich habe die Kabbala aus [Baruch Togarmis] zwölf Kommentaren [zum *Sefer Jezira*] abgeleitet.« Trotz seiner Überzeugung, die Meditation über den kosmischen Baum sei älteren Usprungs, sprach sich Abulafia gegen sie aus: »Ich habe festgestellt, daß die zweite [*Zeruf*-Methode] für diejenigen, die auf dem Weg zur Erleuchtung sind, wirkungsvoller einzusetzen ist.« Er argumentierte, die Propheten hätten die göttliche Information aus ihrem eigenen Geist erhalten und seien deshalb passiv darauf beschränkt gewesen, die verschiedenen Grade des höheren Lichtes zu empfangen. Waren die biblischen Propheten von der Gnade abhängig, so erhob sich der Kabbalist *bewußt* durch Meditation von Licht zu Licht und trieb durch das Urmedium des Wortes sein Denken klar und absichtlich voran. Wenn er auf dieser mentalen Leiter aufstieg, erreichte er schließlich einen Punkt, wo die menschliche Sprache ein »Haus« für GOTTES WORT bildet. Ein solcher Mensch, sagte Abulafia, hat es wahrhaft verdient, »erleuchtet« genannt zu werden.

Mit einem Seitenhieb gegen seine Konkurrenten aus der *Sohar*-Schule bemerkte Abulafia, die Sphärenmeditation sei nur ein »Vorspiel« zur Meditation über die NAMEN. Er schloß den ersten Teil seines Buches mit einer Selbstbeglückwünschung: »Kein Mensch hat vor mir ausführlichere Schriften über die Kabbala in ihren beiden Aspekten, die sich auf die Lehre von den Sphären und die heiligen NAMEN beziehen, verfaßt als ich. Alle meine Beweise und Demonstrationen sind auf den Mysterien der geschriebenen wie der mündlichen Thora aufgebaut.« Er ermahnte im weiteren dann seinen Schüler Juda – und meinte damit keinen geringeren als sein Gegner Rabbi Salomo ben Adreth: »Blicke in dich hinein, und du wirst den Anfang des Denkens finden und sehen, daß es durch deinen Körper und deine Glieder fährt.«

Aber das rabbinische Establishment blieb taub für Abulafias Gesuch um Legitimität, und er starb, bald nachdem das »Messianische Jahr« ohne besonderes Ereignis gekommen und gegangen war, mißachtet in den Augen aller außer einiger weniger loyaler Anhänger. Zweifellos ist Abulafia neben Ari und Baal-schem Tow einer der ganz großen Meister der Kabbala. Außerhalb der jüdischen Welt beeinflußten seine Lehren die muslimischen Sufis und christliche Mystiker wie seinen Zeitgenossen Pico della Mirandola. Seit dem 13. Jahrhundert macht jeder praktizierende Kabbalist, ob er es eingesteht oder nicht, Gebrauch von Abulafias explizit festgesetzten Buchstabenpermutationen. Doch auch heute noch wird das nur von sephardischen Mystikern offen zugegeben. In Gesprächen unter jüdischen Mystikern wird Abulafia immer noch totgeschwiegen. Er bot der jahrhundertealten Kette des Schweigens, die immer wieder fortgeführt wurde, um die »Tradition« vor der Welt zu verbergen, offen Trotz. Außerdem behauptete er in seinem »Licht des Intellekts« nicht nur, diese Kette durchbrochen, sondern auch das esoterische Wissen zum ersten Mal den normalen Menschen zugänglich gemacht zu haben. Sein Universalismus machte ihn bei Moslems und Christen populär, denn er lehrte, was er für das Recht eines jeden Menschen hielt, sei er nun Jude oder nicht: eine narrensichere Übung zur Beherrschung der Konzentration und Vermeidung von Ablenkung. Weil er persönlich in der jüdischen Tradition verwurzelt war, richtete er seine Aufmerksamkeit auf die hebräischen Buchstaben, sicher in dem Glauben, daß die menschliche Seele buchstäblich an den von Gott sich selbst zugewiesenen NAMEN gebunden wäre. Da er überzeugt war, das Hebräische sei eine heilige Sprache, sah er in jedem Buchstaben einen Schlüssel zur Befreiung des Menschen.

In diesem Licht wurde für ihn der Priestersegen, mit dem das letzte Gebet des Tages schließt, zu einem Kode der göttlichen Namen, die der Kabbalist in derselben Weise nutzen konnte wie die Leviten der Antike dies in *ihren* Gottesdiensten getan hatten. Seine eigene sehr entschlossene Suche nach einem Lehrer, die zur Entdeckung Togarmis führte, überzeugte Abulafia, daß ein Lehrer für die Praxis unverzichtbar sei. Und er wagte es, die Aussprache von geheimen göttlichen NAMEN zu enthüllen, die nirgendwo in der Thora explizit erwähnt werden, Kombinationen aus Buchstaben, vokalischen und konsonantischen Klängen, die den Meditierenden bei seinem Sprung zu undifferenziertem Bewußtsein unterstützten – jeder sein eigener Hohepriester. »Der Name des Pfades ist auch das Mysterium der siebzig Sprachen, das in [...] der Permutation der Buchstaben liegt; die Buchstaben werden zu ihrer ersten Substanz oder Materialisierung zurückgebracht, indem man sie entsprechend dem Pfad der zehn Sphären ausspricht und denkt. Es gibt nichts Heiliges, das weniger als zehn wäre.«

Es gab nach Abulafia im wesentlichen drei Wege, auf denen der jüdische Mystiker in der Vergangenheit Erleuchtung erlangen konnte: Heiligkeit durch Verzicht wie ein *Zaddik*; Hingabe oder *Chassiduth*; und Prophetie. Der Weg der Kabbala, wie er im *Sefer Jezira* gezeigt wird – und natürlich in seiner Interpretation –, enthüllte die Geheimnisse der Kontemplation sehr viel schneller. Noch einzigartiger war seine *Zeruf*-Methode, um Buchstaben auf ihre eigentliche Bedeutung zurückzuführen.

Der Meister der Buchstaben durfte sich jedoch nicht einfach seiner Phantasie überlassen, er könnte sonst zu leicht den morbiden Vorstellungen und dem Wahnsinn erliegen, wenn er einmal das rationale Bewußtsein verlassen hätte. Abulafia forderte deshalb nur die auf, sich ihm anzuschließen, die einen scharfen Verstand besaßen und die ohne Ehrgeiz und frei von dem Wunsch nach »Wundern« waren. Er schilderte deutlich die Stufen der Desorientierung, die den »Buchstaben-Kabbalisten« überkamen, und bereitete diesen auf Zustände vor, bei denen dieser die Empfindung hatte, eine sphärische, wirbelnde Leiter »emporzuklettern«, während dessen Gedanken, Bilder, Phantasien und Visionen unaufhörlich in seinem Kopf umherkreisten. Diese Phase, genannt »den Metatron mit seinem wirbelnden Schwert fixieren«, bezeichnete den vom Mystiker kontrollierten Übergang vom bewußten Wachzustand zum unbewußten. Hier, in dem läuternden Feuer der Einbildungskraft, wurde er geprüft und verwandelte sich von einem emotionalen, subjektiven Individuum zu einem losgelösten und objektiven Beobachter seiner innersten Gedanken und Phantasien. Je »höher« er kam, desto größer waren die Hindernisse. Wie die antiken Mystiker der *Merkaba*, sprang auch er in die Wolkenhülle aus Dunkelheit, die das Licht verbirgt. Aber der psychisch komplexere Schüler Abulafias sah diese Dunkelheit als Projektion seiner eigenen »Finsternis« an, als Schutzschild des Ich gegen das icherschütternde Licht der Erleuchtung. Und er war wie der heiligmäßige Rabbi Simeon ben Asai bereit, beim Schauen auf das Licht zu sterben.

Abulafias *Zeruf*, das kabbalistische System der Buchstabenpermutation, ist in zwei große »Tore« gegliedert, die jeweils in Wege und später noch in Teile unterteilt werden. Das erste heißt »Tor des Himmels«, das zweite »Tor der Heiligen« oder »Inneres Tor«. Beim Betreten dieser meditativen Zustände sollte Abulafias Schüler sich selbst nacheinander in der Gestalt der Engel Uriel, Raphael, Gabriel und so weiter visualisieren. Diese vordem so erschreckenden »Türhüter«, die die *Merkaba*-Mystiker gesehen hatten, waren nach Abulafia nur Namen für die menschlichen Neigungen, die der Meditierende, indem er sie als Personifikationen von Engeln und Buchstaben ansah, unterdrücken und beherrschen konnte. Da allen Menschen die göttlichen Buchstaben, mit denen Gott sie erschaffen hat, aufgeprägt sind, konnte der Kabbalist seine angestammte Göttlichkeit wiederherstellen, indem er sich sozusagen wiederversammelte, das heißt, indem er seinen »Buchstaben« (Neigungen) eine göttliche Richtung gab. Indem er durch anhaltende Konzentration diese ruhenden Buchstaben anregt, kann er die göttliche Energie in seinem Körper steigern: »Nach viel Bewegung und Konzentration auf die Buchstaben richten sich die Haare auf deinem Kopf auf [...] dein Blut beginnt zu vibrieren [...] und dein ganzer Körper beginnt zu zittern, und ein Schaudern befällt alle deine Glieder, und [...] und dann fühlst du in dir einen weiteren Geist [...] der dich stärkt und durch deinen ganzen Körper geht [...] [wie] duftendes Öl, das dich von Kopf bis Fuß salbt.«

Doch Abulafia hörte hier nicht auf. Physische und emotionale Wonne können Anzeichen für höhere Bewußtseinszustände sein, aber für den Mystiker, der mehr als Visionen will, stellen sie nur die ersten der »50 Tore des Verstehens« dar, die ihren Ort im menschlichen Körper haben. Als symbolisches Zeichen für den langen Weg, der zu gehen ist, wurde der erste »Türhüter« *Az* (Also) genannt.

Wenn der Kabbalist durch die Tore vorwärtsschritt, wurden die Permutationen der hebräischen Buchstaben immer »heiliger« und schwieriger. In der ersten Phase übte er an einfachen Substantiven und Pronomen, am Alphabet, an der Struktur der Wörter, an Wortteilen, und schuf, indem er ein Wort auf das andere pfropfte, »neue« Wörter. Wenn er darin geschickt war, lernte er, die Zahlenwerte des Alphabets zu berechnen, zuerst an einzelnen Buchstaben, dann an permutierten Buchstaben, an den Buchstabennamen und den Namen der Zahlen. Schließlich wandte er die Technik zu einer Umkehrung des Alphabets, der Struktur der Buchstaben und der Klangfamilien an.

Sobald er die natürliche Welt der Namen beherrschte, ging Abulafias Schüler weiter zum zweiten Tor, wo er die Zahlenwerte der NAMEN GOTTES berechnete und umkehrte, und näherte sich schließlich durch Meditation über die diesen Namen inhärenten Eigenschaften der reinen Wahrnehmung und Erkenntnis Gottes. Abulafia versicherte seinen Schülern dennoch, daß es ebenso viele Wege zu den Buchstaben gäbe wie Menschenwesen; »du mußt es auf deine eigene Weise tun«, sagte er ihnen. Er machte aber den Vorschlag, sie sollten sich auf die fünf hebräischen Vokalzeichen beschränken, die nicht nur den fünf phonetischen Familien entsprächen, sondern auch den fünf Fingern an jeder Hand, den fünf Zehen an jedem Fuß, und erklärte, daß sie alle voneinander abhingen. Er dehnte die Analogie noch weiter aus und sagte, seine Schüler sollten daran denken, daß Vokale und Konsonanten in derselben gegenseitigen Abhängigkeit stünden wie Körper und Seele eines Menschen.

Kein Schüler wurde angenommen, der nicht zuvor einige Prüfungen bezüglich der »Wege Gottes« bestanden hatte. Jeder mußte bestimmte kabbalistische *Midoth* (Eigenschaften) haben wie Hingabe ohne Ehrgeiz, Geduld, Großzügigkeit, Demut und Selbstbeherrschung, Liebe zum Lernen, die mentale Fähigkeit, die Techniken zu übernehmen und auswendig zu lernen, und die Fähigkeit zur objektiven Selbsteinschätzung. Wenn er bei einer der Prüfungen scheiterte, bekam er eine zweite Chance. Dann gestaltete Abulafia den Test subtiler, so daß der Novize nicht merkte, daß er unter Beobachtung stand. Wenn er bereitwillig zurückkehrte und den Fehler wiedergutmachte, wurde er wieder aufgenommen. Wenn er auch im zweiten Test scheiterte, bekam er noch drei weitere Chancen. Wenn er zurückgekommen und auf Probe aufgenommen war, lernte er aber die eigentlichen Meditationstechniken immer noch nicht, solange sein Meister ihn nicht für gefestigt und hierfür innerlich bereit hielt. War er starrsinnig und verweigerte den Test, dann wurde der Novize abgewiesen. Aber die »vollkommenen, aufrichtigen Schüler«, die bestanden, wurden in einer Zeremonie eingeführt, zu der das Schutzversprechen des Meisters und die Präsentation von zehn Permutationen über die sekundären NAMEN GOTTES gehörten – die alle erläutert wurden. Bei diesen Gelegenheiten machte Abulafia seine neuen Jünger darauf aufmerksam, daß sogar das Medium der Buchstaben sie noch auf physische Bilder beschränkte. Wenn sie sich selbst davon befreiten und alle ihre Vorstellungen über Körper, Geist und Gott verlören, würden sie die Maske herunterreißen, die die spirituelle Wahrheit bedeckte. Bilder von Engeln, die einem empfänglichen Menschen erschienen, waren in Wirklichkeit körperliche Projektionen der diesem Menschen innewohnenden prophetischen Kraft. Alle Seelen besaßen das Potential für die Einheit mit dem ABSOLUTEN; wenn das von der ganzen Welt anerkannt wäre, würde das Messianische Zeitalter beginnen.

Bei diesen Sitzungen lehrte Abulafia seine Schüler, daß alle Grade der Spiritualität mit Hindernissen verbunden wären, die er *Mastin* (Hinderer) nannte und die von den antiken Mystikern als Engel und sogar als Satan personifiziert gedacht worden waren. Sein eigenes Ziel war es, jeden Schüler so zu trainieren, daß er seinen persönlichen Hinderer davon abhalten könne, seinen Geist zu beherrschen. Der Blick in den »Wagen«, sagte er, sei der Blick auf die Buchstaben von GOTTES NAMEN, die im Denken in Form eines Wagens konstruiert werden. Was die Alten während ihrer sinnlichen Verwirrung beschrieben, war das vibrierende, farbige Licht der Sphären, die sich nach intensiver Konzentration selbst manifestierten. Bei noch intensiveren Zuständen verschmolzen Buchstaben und Sphären, was zu dem berühmten »erleuchtenden Blitz« führte, den die *Merkaba*-Mystiker *Chajoth* genannt hatten (»Und die *Chajoth* liefen hin und her wie die Vision eines Blitzes«, nach Ezechiel). Schon der bloße Blick auf die geschriebene Thora konnte, nach Abulafia, diesen Zustand hervorrufen, wenn der Kabbalist die Buchstaben als »weiße Flamme auf Schwarz« sah und die Schrift las, ohne die Sätze nach einem logischen Sinnzusammenhang voneinander zu trennen. Wenn der Kabbalist einmal den Sinn und die Interpunktion der Sätze aufgegeben hatte, konnte er erkennen, daß die gesamte Thora buchstäblich zu einer Kombination der GÖTTLICHEN NAMEN verschmolz. Für diese Übungen empfahl er die Lektüre des antiken Handbuchs von Rabbi Akiba; aber auch Werke von Abulafias Zeitgenossen wurden in dieses Programm aufgenommen, wie Eleasar von Worms' *Das Buch der Herrlichkeit*, das anonyme *Das Buch der Thora* und das anonyme *Das Buch der Merkaba*. Er warnte seine Schüler aber auch vor den vielen falschen Meditationsbüchern, die sich während des gesamten Mittelalters ausbreiteten. Diese sollten sie unter keinen Umständen lesen, denn ihr Ziel war weltliche Macht, und ihre Methode war Magie. Er lehrte seine Schüler solche Werke zu erkennen, wenn sie darauf stießen, und spottete über magische Anweisungen, die »die übriggebliebene Rippe eines Affen, der eines natürlichen Todes gestorben war«, verlangten, und stellte diesen seine eigene Empfehlung entgegen, Weihrauch zu verbrennen und den Meditationsraum mit Grün zu schmücken.

Wer Mystik mit Untätigkeit gleichsetzt, möge in das *Sefer Jezira* schauen, in dem mit Bildern wie »Einritzen«, »Einschreiben«, »Hacken«, »Wiegen« und »Austauschen« – die alle von den Alltagsbeschäftigungen der Mystiker selbst abgeleitet sind – von der außerordentlich schwierigen, anhaltenden geistigen Arbeit gesprochen wird, die einen wachen Geist und einen gesunden Körper erfordert. Abulafia interpretierte die alten Bilder im Kontext seiner Methode neu. »Einritzen« bedeutete das Visualisieren von Buchstaben, »Einschreiben« bedeutete, sie zu schreiben, »Hacken« bedeutete, sie bis auf ihren eigentlichen Inhalt hin zu spalten, »Wiegen« bedeutete, sie zu permutieren und den Zahlenwert der Buchstaben zu berechnen, und »Austauschen« bedeutete, einen Buchstaben durch einen anderen zu ersetzen. Menschen, sagte er, seien nicht die natürlichen Beherrscher der Sprache, sondern eher ihre passiven Vehikel, die Zunge des Menschen ihr körperlicher Übermittler. Wer *Zeruf* praktizierte, sah deshalb die Sprache als die äußere Übermittlung von Botschaften zwischen den Seelen an. Als rein physische Konvention war die Sprache der »Name« und die »Form«

der Dinge, das Medium des Kabbalisten, um die Natur umzuwandeln. Eine solche Verantwortung erforderte aber eine hohe moralische Entwicklung, denn man ging über Natur und Verstand hinaus und verband sich unmittelbar mit der göttlichen Energie, wenn man mit dem formierenden Geist hinter den Wörtern in Kontakt trat. Ein vollkommener Mensch würde die Gebote auch dann halten, wenn er noch nie von ihnen gehört hätte, unabhängig von seiner angestammten Sprache, denn er wäre wie sie, die physische Verkörperung der spirituellen Vollkommenheit. Die 613 göttlichen Vorschriften aus der Thora entsprechen dem Zahlenwert der Buchstaben im Titel des vollkommenen Menschen: *Mosche Rabenu,* Moses unser Meister; ebenso auch den Gliedern und Funktionen des menschlichen Körpers (248) zusammen mit den Tagen des Jahres (365). Jedes Glied wird täglich als Gebot aufgegeben und funktioniert als solches. Wenn der Kabbalist seinen Körper reinigte und seinen Verstand schärfte, indem er die Gebote wörtlich, körperlich und spirituell befolgte, öffnete er sich den höheren, in ihnen liegenden Erkenntnissen. Er koordinierte schließlich Körper, Verstand, Fleisch und Geist so perfekt mit den Buchstaben der Thora, daß er die Thora *wurde.*

Abulafias »kurzer Weg« zur Erleuchtung mit der ungeheuren Menge von zu lernenden Schriften, komplizierten numerischen und alphabetischen Regeln und den rigiden ethischen Anforderungen scheint keineswegs kürzer als der anderer kabbalistischer Schulen. Und es gab keine feste, gesicherte Erfolgsgarantie, wenn der Schüler sich einmal auf diesen Weg begeben hatte. Aber auch dafür hatte der Meister eine Erklärung: Der Umfang der »Erleuchtung«, der jeder Generation zukam, richtete sich nur nach dem, was die Zeit bedurfte.

Begeisterung

Wer sein Herz der Erleuchtung zugewandt hatte, dem wurde entsprechend seiner Fähigkeiten durch den Geist oder das als »JHWH *Elohim Zebaoth*« (ein Zeichen in Seinen Heerscharen) bestimmte göttliche Attribut geholfen. Der Schüler war angewiesen, in seiner Begeisterung (oder bei deren Fehlen) das Zeichen zu erkennen, wenn er sich zur Meditation niederließ. Als eine andere Manifestation des helfenden Geistes galt der leichte Übergang eines Schülers zur *Debekuth* (dem Anhangen). Abulafias Kabbalist begann mit der typisch jüdischen einleitenden Meditation über Gottes Größe, Ewigkeit und Vorhandensein für den Menschen und entwickelte dann *Cheschek* (Begeisterung). Wiederholte Meditationen dieser Art bewirkten *Cheschek* in einem so hohen Maß, daß der Mensch für alle Gedanken außer dem Wunsch, Gott zu sehen, unzugänglich wurde. Permutationen des Wortes *Cheschek* ergaben immer Wörter für »Begehren«. Eines, *Kisupha* (Sehnen), stand für das letzte »Begehren«, das den Kabbalisten zur Vereinigung trieb. Reduzierte er die Wörter für »Begehren« auf die Essenz oder Eigenart des »Begehrens«, dann hatte sein gottgerichteter Wille ihn von allem weltlichen Sehnen gereinigt und zudem noch einen negativen Zug in einen positiven verwandelt.

Abulafia schilderte diesen Prozeß der »Universalisierung« des begrenzten individuellen Denkens als das Zusammentreffen der Sphäre der *Weisheit* (maskulin) mit der des *Verstehens* (feminin), um das Kind, genannt *Erkenntnis*, eine verborgene Sphäre auf dem kosmischen Baum, zu produzieren. Wenn Abulafias Kabbalist die Buchstaben der Thora (Vehikel für jeden Namen und Form, Dimension und Ausdehnung in Raum und Zeit) permutiert hatte, dann transformierte er die weltliche Seite des menschlichen Denkens in ein ähnliches Vehikel für die spirituelle Begeisterung. Dieser »Wagen« würde ihn dann näher an den THRON DER HERRLICHKEIT bringen. »Begeisterung« hatte ihm Material für das Vorstellungsvermögen und Substanz für den Intellekt gegeben. Durch das Medium der Buchstaben projizierte er mental sein angestrebtes Ziel. Wenn seine Motivation zu schwach war, reichte die Projektion seines Willens nicht weit genug. Wie jemand, der ein Stück Brot essen will, mußte er die Essenz oder Eigenart des Brotes in seiner Vorstellung abbilden, und das mit Hilfe des Wortes (und der Buchstaben), die wiederum seinen Wunsch nach Brot in einen Gedanken faßten. Danach stellte er sich den Markt vor, wo er ein Brot kaufen konnte, den Typ Brot, den er haben wollte, dann ging er dorthin, und so weiter, bis er die vorgestellte Erfahrung des Brotessens in seinem Gang zum Einkauf auf dem Markt verwirklicht hatte.

Der Kabbalist wandte sich nun von der äußeren Welt, wo das Auge die Buchstaben sah, ab und konzentrierte sich auf die intimere Welt des Mundes, der sie aussprach. Ihr Klang vibrierte in seinem Ohr und blieb später in seinem sehnenden Herzen bewahrt. Blieb sein Herz kalt, ging er zu seinem Meister und erhielt eine Übung, die das Sehnen stimulieren sollte. Wenn er eine Pyramide aus *Alephs* visualisierte, deren Struktur aus 55 Buchstaben auf der Seite und zehn im Zentrum gebildet wurde, dann wurde er angewiesen, sich auf die Buchstaben zu konzentrieren, die die Zahl 120, den Punkt der »Vollständigkeit«, in sich hatten. Dadurch würden alle anderen Wünsche in den einen Wunsch nach *Debekuth* verdichtet. Kombinierte der Mystiker eine solche Übung mit der genauen Kenntnis aller seiner Gedanken bis in den einzelnen Buchstaben hinein, konnte er die Gedanken ohne Furcht oder Feindseligkeit als etwas von ihm Getrenntes betrachten. Auf diese losgelöste Art erlebte er sie, als »sprächen sie aus dem Mund eines anderen«. Die Visualisierung der Buchstaben half ihm zu verstehen, was zu ihm »gesagt« wurde. Wenn er nicht alles verstand, dann mangelte es ihm noch an Selbsterkenntnis. Der vollkommene Andächtige lebte in dem einen NAMEN GOTTES, losgelöst von allem anderen, innerlich wie äußerlich gereinigt, bevor er auch nur mit der Kontemplation seiner 72 heiligen Buchstaben begonnen hatte.

Meditation über den Namen

Hatte Abulafia erklärt, der Schüler sei bereit für die Meditation über den NAMEN, dann isolierte er ihn von allem und jedem, das mit der Alltagswelt assoziiert war. Der Schüler schloß alle Farben, Objekte und Bilder aus seinem Denken aus und hielt jeden Muskel und selbst die geringste mentale Bewegung zugunsten seiner Aufgabe, dem GROSSEN NAMEN, in der Schwebe. Wenn er vollkommen ruhig war, machte er mit seinen Fingern das Zeichen des Hohepriesters und sang, während er seine Augen zum Himmel erhob, aus den Psalmen: »Nimm mein Gebet als Weihrauch und das Heben meiner Hände als Abendopfer.«

Dann visualisierte er seinen Kopf und Körper als eine vollkommen ausbalancierte Waagschale mit der Zunge im Zentrum, holte tief Atem und verkündete: *»Anfang des Anfangs«*. Mit veränderter Stimme antwortete er dann sich selbst mit der Aussprache eines Buchstabens aus dem Tetragramm (JHWH), wobei der Vokal wie *Aah* klang. Nach einer kurzen Pause sprach er wieder mit seiner eigenen Stimme *»Ende der Mitte«* und antwortete darauf mit der Stimme des »zweiten Mannes« mit einem weiteren Buchstaben des Namens, was ebenfalls von dem Vokal *Aah* begleitet wurde. Zum Schluß verkündete er *»Anfang des Endes«* und antwortete wiederum mit einem weiteren Buchstaben. Dieses Liedsegment ergab mit dem ersten der fünf Vokalklänge einen vollständigen Namensabschnitt; zu hören war etwa *»Jaah Haah Waah«*.

Der Schüler senkte seine Hände (deren gespreizte Finger ein Symbol für den kosmischen Baum mit seinen fünf Zweigen auf jeder Seite waren), legte die linke auf sein Herz und die rechte unmittelbar darüber, eine Geste, die sowohl die Einheit der Gegensätze als auch die körperliche und geistige Vollkommenheit des antiken Hohepriesters vergegenwärtigte, der den Namen vor ihm angerufen hatte. Der erste Gesang beschwor das Bild genannt »Thron der Herrlichkeit«, das seinen Ort im Herzen hatte, von wo plötzlich ein himmlischer Wächter erschien. Der Kabbalist warf sich vor diese Gestalt, während er den zweiten Abschnitt des Tetragramms in umgekehrter Reihenfolge permutierte und dabei immer noch den Vokal *Aah* verwendete. Schließlich erhob er sich und rezitierte den dritten Abschnitt des Tetragramms in der richtigen Reihenfolge. Dieser dreigeteilte Vortrag war ein Tribut an »Vorstellungsvermögen«, »Intellekt« und eine Kombination aus den beiden.

Auch den nächsten Teil der Übung begann er mit dem Ruf *»Anfang des Endes«* und antwortete mit einem weiteren Buchstaben des JHWH, diesmal in Verbindung mit dem zweiten Vokallaut *o*. Wieder ging er vom Anfangs- zum Endabschnitt des Namens und dem entsprechenden Körperteil und hielt am Herzen an, wo er die himmlische Projektion »sah« und sich vor ihr verbeugte, während er in umgekehrter Reihenfolge sang und dann mit dem dritten Vortrag in der richtigen Reihenfolge schloß. Er benutzte bei der dritten Formel dasselbe Verfahren und vergaß dabei nie die richtigen Hand- und Kopfbewegungen, die entsprechenden Vokale und Atemweisen. »Um die ›Gedanken‹ des Herzens zu beschwören, die das höhere Verstehen zuwege bringen [...], muß man die Buchstaben im Mund nur schnell vor und zurück permutieren [...] Dann wirst du die Idee der ›oberen‹ und ›unteren‹ Essenzen in dir selbst erkennen, und du brauchst nicht nach Büchern oder Freunden oder Rabbis zu suchen, die dich das, was dir an Weisheit fehlt, lehren könnten; denn dein Meister ist dein Herz, und dein Gott ist in deinem Innern. Frage Ihn alles, und Er wird dir alles richtig beantworten.«

Manchmal gab Abulafia seinen Schülern eine traditionelle Formel zur Meditation über drei Verse aus Exodus, die jeweils 72 Buchstaben enthielten und zur Bildung des Namens permutiert werden konnten. Die Verse beschreiben, wie Gott die Kinder Israels auf ihrer vierzigjährigen Wüstenwanderung leitet, und beginnen jeweils mit einem Verweis auf Bewegung: »Und er ging [...]«, »Er kam [...]«, »Er streckte [...]« Sie alle bringen die Bewegung des Kosmos vom Zentrum weg, zum Zentrum hin und um das Zentrum herum zum Ausdruck [Exodus 14, 19/20/21]. Wenn Abulafias Schüler die ersten Buchstaben eines jeden Verses permutierte und die so entstandene Aussprache von GOTTES NAMEN mit Hand- und Kopfbewegungen begleitete, wollte er damit dieselben Bewegungen ausführen, mit denen Gott das Universum ins Dasein gerufen hat und es noch erhält. Mit der Konzentration auf den »Wagen«, seinen Körper, beschwor er die Lebenskraft, die, durch die Wirbelsäule zirkulierend, ihn mit Gott in Verbindung brachte. Wenn er die anscheinend zufälligen Buchstaben ausprobierte, die die ganze Natur umfassen, lenkte er den »Wagen« in vollkommener Meisterschaft und war dabei uneingeschränkter Herr aller seiner Sinne. Das Wort *Merkaba*, bemerkte Abulafia, bedeutet nicht nur »Wagen«, göttliches Vehikel, sondern auch das »Kombinieren« und »Aufpfropfen« von Buchstaben. Und er war gekommen, um gerade dieses Geheimnis, das noch lange nach dem Verschwinden der *Merkaba*-Mystik gewahrt wurde, zu lehren.

Der Schüler mußte nur daran denken, daß die Buchstaben bloße Sinnbilder eines prämanifesten Zustandes waren, zu dem der Mensch in reinem Bewußtsein gelangen konnte. Abulafia gab den Rat, die Praxis des *Zeruf* mit der alles akzeptierenden Unschuld eines Kindes zu beginnen, das die Formen und Klänge des Alphabets aufnimmt und sie auswendig lernt, lange bevor es lesen kann: »Betrachte sie als die Saiten einer Violine, die vibrieren, wenn der Bogen über sie streicht, und lasse sie die göttliche Musik in deiner Seele auf dieselbe Weise beleben.«

Die fortgeschrittenste Form der Buchstabenkontemplation – die Permutation des *Schem Hameforesch*, des SPEZIFISCHEN NAMENS –

durften nur die Schüler lernen, die alle früheren Prüfungen und Formen der Meditation durchlaufen hatten, sich des Weins enthielten, älter als vierzig Jahre und völlig frei von Zorn waren. Wenn ein solcher Schüler kam, dann war der Lehrer laut Abulafia verpflichtet, ihm, sei es mündlich oder schriftlich, das Wissen weiterzugeben. Zu dieser letzten Phase gehörte auch die Enthüllung der tiefsten Mysterien von Sexualität und Schöpfung, deren Kenntnis erforderte, daß man die Abschnitte aus der Schrift und ihre Permutationen ohne die geringste Abweichung oder Fehler *vollkommen* beherrschte. Ansonsten drohte Verletzung oder Tod. War der Schüler bereit, dann sollte er sich in den abgeschlossenen Meditationsraum setzen und niemandem etwas von seinem Unternehmen mitteilen. »Nimm jeden Buchstaben des Namens und vokalisiere ihn mit einem langen Atemzug. Atme nicht zwischen zwei Buchstaben, sondern halte den Atem solange du kannst, dann ruhe für einen Atemzug. Verfahre so mit jedem einzelnen Buchstaben. Auf jeden Buchstaben kommen zwei Atemzüge, einer, der ihn während des Aussprechens, das den Buchstaben *bewegt*, im Innern hält, und einer für die Ruhe in der Pause zwischen den Buchstaben [...] Jeder einzelne Atemzug besteht aus Einatmen und Ausatmen. Sprich das Wort nicht zwischen Einatmen und Ausatmen mit den Lippen aus, sondern lasse den Atem und die Vokalisierung während des Ausatmens kommen. Visualisiere die Nasenlöcher und den Mund in der Form des *Segol* [Vokalisierungszeichen für den Klang *äh*: ∴]. Um diese Übung auszuführen, muß man die Buchstaben auswendig kennen.«

Zur festgesetzten Stunde begann Abulafias Kabbalist, die Buchstaben des Tetragramm (JHWH) mit allen fünf Vokalklängen zu permutieren, bis er jede Kombination der zwölf Möglichkeiten, die ihm sein Meister aufgegeben hatte, ausgeführt hatte. Im Geist »bewegte« er sie rhythmisch durch die Zentren seines Körpers, während er seinen Atem kontrollierte, und kombinierte sie mit anderen Buchstaben des hebräischen Alphabets, angefangen bei *Jud*, dem Buchstaben, der der Anfangspunkt in der prämanifesten Welt und das Feste in der Welt der Materie repräsentiert. Das *Heh*, der zweite und vierte Buchstabe, stand für den Atem des Geistes und eine Ebene in der Welt der Geometrie, während das *Waw* eine Linie repräsentierte. Sein Kopf war Feuer, sein Bauch Wasser und sein Herz Luft – die Elemente, die mit den Buchstaben des Tetragramms in Beziehung stehen.

»Schefa«: Der göttliche Zustrom

Die beste Stunde für die *Zeruf*-Meditation war Mitternacht. Dann begann der Kabbalist, eingehüllt in Gebetsschal und Phylakterien und umgeben von vielen strahlend leuchtenden Kerzen, die geheiligten Buchstaben mit schwarzer Tinte auf weißes Papier zu schreiben. Er wurde schneller, während er sie permutierte, und fühlte eine warme, glühende Empfindung im Herzen, das Zeichen für die herabsteigende *Schefa*, den göttlichen Zustrom. Er sang zu vorgeschriebenen Melodien bestimmte Namen und erreichte die Ekstase mit den Empfindungen von Luft, Hitze, fließendem Wasser oder Öl, die von den *Merkaba*-Mystikern beschrieben wurden. »Schon deine Väter haben dich ermahnt«, sagt Abulafia, »auf das Feuer zu achten, damit du nicht verbrennst, auf das Wasser, damit du nicht ertrinkst, und auf den Wind, daß er dich nicht verletze.« Denn in diesem Moment verlangte die Seele so sehr, dem Körper zu entfliehen, daß sie unabsichtlich den Tod des Schülers herbeiführen konnte. Abulafia wies ihn deshalb an, das Zittern, die Tränen oder sogar angenehme Empfindungen, die sich einstellen könnten, zu ignorieren, damit er nicht unvorbereitet die *Schefa* erlebte, die als ein Strom von Worten und unverständlichen Sätzen von seinen Lippen stürzte.

In diesem Zustand sah sich der Schüler im Zentrum eines Kreises von Engeln sitzen, die ihm halfen, die himmlische Botschaft zu enträtseln: »Die Buchstaben ordnen sich selbst so schnell zu Antworten, daß dir Tafel und Stift aus der Hand fallen.« Das sich ausdehnende Strahlen des göttlichen Zustroms drohte ihn zu vernichten, aber der Andächtige machte weiter in dem sicheren Wissen, daß sein Geist den Tod des Körpers überleben würde. Je schwächer die Verbindung mit dem Körper war, desto stärker und lebendiger wurde die Seele. »Dies läßt erkennen, daß du die höhere Bewußtseinsebene erreicht hast«, sagte der Meister.

Nach der Rückkehr zum Normalzustand bedeckte der Kabbalist sein Gesicht und tauchte langsam aus der Trance auf. Um den »Abstieg« von diesem hohen Ort zu erleichtern, atmete er den Duft von Gewürzen ein. Dann nahm er ein leichtes Mahl zu sich, bevor er zum gewohnten Ablauf seines Lebens zurückkehrte. Abulafia nannte die ganze Prozedur »das Leben wählen«. Wenn trotz aller Bemühungen die

Schefa nicht in ihn einströmte, dann sollte der Schüler das Tetragramm nach einer Formel, die »König« bedeutete, permutieren und dabei die ganze Zeit seinen Kopf zum Klang der Vokale *O* und *I* auf und ab, zum *U* vor und zurück, und zum *A* und *E* nach rechts und links bewegen, im Gedenken an die Gegenwart des Königs in den sechs Richtungen des Raumes. Wenn die wiederholte Permutation dieser Art das Licht immer noch nicht herabbrachte, dann sollte er »weinen und bereuen«, denn das Mißlingen galt als Zeichen seiner Unwürdigkeit. Aber Abulafia war ein ermutigender Meister; selbst an diesem scheinbar hoffnungslosen Punkt lehrte er seinen Schüler weitere kontemplative Techniken. Die letzte Zuordnung, Permutation des im Wort *Aboa* (Ich werde kommen) liegenden Namens, bedeutete, daß der Schüler wieder auf festem Grund stand. »Hüte dich davor, es auf Gott zu schieben«, warnte der Meister, »denn die Leere ist in dir.«

Manchmal wurden die Buchstaben auch von selbst lebendig und »sprachen« mit derselben Intensität und Dauer wie die Trance zu dem Mystiker. Für diejenigen, die sie in der Gestalt der *Ofanim*, der geflügelten Engel, permutierten, »flogen« sie aus dem Manuskript heraus und übermittelten das Sinai-Mysterium. Es gab endlos viele Möglichkeiten. Mit kombinierten Namen der Kräfte, die die Natur antreiben, konnte man die Natur verändern. Wollte man den Strom des Meeres austrocknen, visualisierte man das Wort *Jam* (Meer) im Herzen, dem symbolischen Zentrum der Welt, und setzte die Wörter *Ja ba scha* (trockenes Land) hinzu. Die Kombination der Wörter wurde mit *mejabesch* (austrocknen) abgeschlossen und bewirkte damit entsprechend die Umwandlung in der Natur! So, stellte Abulafia fest, hat Moses das Rote Meer trocken werden lassen.

Abulafias Kabbalist begann seine Kontemplation, ganz gleich welchen Zweck sie hatte, immer mit der Konzentration auf die Krone des Kopfes oder den *Anfang des Anfangs*, ging dann zur Mitte des Gesichtes, der *Mitte des Anfangs*, hinab und beschloß diesen Abschnitt mit der Konzentration auf den Hinterkopf, das *Ende des Anfangs*. Ähnlich verfuhr er mit dem höchsten Punkt des Herzens, dem Zentrum des Herzens und dann weiter über den Unterleib zum unteren Ende der Wirbelsäule.

Ein faszinierendes Zeugnis, das einer der Schüler Abulafias, Rabbi Schem Tow der Sefardi, hinterlassen hat, verweist auf den Erfolg der *Zeruf*-Methode. Schem Tow der Sefardi begann als philosophischer Skeptiker, der zuerst andere Systeme geprüft hatte. Bei den Sufis, »die sich durch unablässige Wiederholung des Namens Allah aller sinnlichen Wahrnehmungen entledigen [...] bis sie in Ekstase geraten«, war er in das mystische Leben initiiert worden. Er aber suchte nach einem intellektuelleren Zugang, verließ sie deshalb und schloß sich der Schule Ben Siras an, einem Philosophen des 13. Jahrhunderts, der seine Schüler sich auf ein bestimmtes Problem konzentrieren ließ, nachdem sie ihren Geist mit ein oder zwei Bechern Wein gelockert hatten. Schon nach einer kurzen Zeitspanne der Konzentration tauchte die »Antwort« auf das Problem in einer Reihe von Bildern oder Wörtern auf, die sich selbst in die Form von Buchstaben zusammenfügten.

Schem Tows des Sefarden Interesse an Ben Siras Technik brachte ihn zu Abulafia, dessen Interpretation des *Sefer Jezira* er für die wirkungsvollste hielt. Als er aufgefordert wurde, die Buchstaben des Alphabets so lange zu permutieren, bis sie keinen Sinn mehr ergeben, erwachte seine alte Skepsis wieder. Aber da er nichts zu verlieren hatte, reinigte Schem Tow seinen Geist von allen unwichtigen Gedanken, setzte sich mit Stift, Papier und Tinte hin und begann, die Buchstaben zu permutieren. Auf der ersten Stufe der tiefen Konzentration überraschte ihn ein Licht, das von seinem Körper ausging. Aber da Abulafia ihn davor gewarnt hatte, seine Aufmerksamkeit von der Übung abzuwenden, machte er weiter.

Innerhalb von zwei Wochen war seine Konzentration so tief geworden, daß er, während er permutierte, kein Gefühl mehr für seinen Körper hatte. Wenn er nach dem Abschnitt in Exodus den NAMEN mit den 72 Buchstaben permutierte, erlebte Schem Tow der Sefardi, daß vor seinen Augen die Buchstaben »so groß wie Berge« wurden. Zuerst fürchtete er, den Verstand zu verlieren; sein Körper zitterte, er schwitzte übermäßig. Aber er gewann seine Fassung wieder, richtete sich auf und fuhr fort, die Buchstaben zu permutieren. Wieder dehnten sie sich gewaltig aus. Vier- oder fünfmal überprüfte er das Verfahren, um zu sehen, ob es nicht doch eine Halluzination wäre.

Schließlich war er überzeugt, daß er sich das Ganze nicht eingebildet hatte, ging zu Abulafia und bat ihn um eine Übung, mit der er die ungeheure Kraft, die beim Permutieren der Buchstaben von seinem Herzen auszugehen schien, ertragen und aushalten könne. Abulafia erwiderte, die Kraft sei von Gott gekommen, er solle sich davor nicht fürchten.

Zwei schlaflose Nächte lang meditierte Schem Tow der Sefardi über den NAMEN. Er konzentrierte sich mit jeder Faser seines Wesens auf die Bewegung der Buchstaben, verlor wieder jedes Gefühl für Körper und Zeit. Während dieser zweiten Stufe lag ein ungeheurer Druck auf seiner Stirn; dennoch machte er weiter, auch wenn er einen Moment lang überzeugt war, sein Kopf würde bei dieser übermenschlichen Anstrengung, die ungeteilte Aufmerksamkeit beizubehalten, zerspringen. Mutiger geworden, permutierte er den ehrfurchterregenden expliziten NAMEN, den *Schem Hameforesch*, wie man es ihn gelehrt hatte – und wurde sofort von Todesfurcht erfaßt. Schem Tow der Sefardi betete mit aller Kraft und fuhr mutig fort, die Buchstaben des höchsten NAMENS Gottes zu permutieren, worauf ihn eine spirituelle Entrückung solcher Intensität überkam, daß er sich von Kopf bis Fuß in einen plötzlichen Strom warmen Öls eingetaucht fühlte.

»Es gibt keinen Beweis für diese Disziplin«, vertraute Schem Tow der Sefardi anderen Aspiranten der Meditation über den Namen an. Er riet ihnen:

»Laßt endliche Beschäftigungen fahren, entledigt euch des selbstsüchtigen Ich, umgebt euch in einem isolierten Raum mit Grün, rezitiert die Psalmen. Dann bewegt die Buchstaben hin und her und wartet, was geschieht. Fürchtet euch nicht, mit eurem Geist an die äußersten Grenzen dessen, was unlogisch erscheint, zu gehen. Schreibt die Klänge auf und dann sprecht sie aus; schließlich werden sie eurer bewußten Kontrolle entgleiten und der Geist sich selbst sozusagen nach außen kehren und zu einem klaren Spiegel werden, in dem ihr euer wahres Selbst sehen könnt. Wenn ihr von ›Hinderern‹ verfolgt werdet, dann müßt ihr euren Geist weiter reinigen, bevor ihr meditieren könnt – oder ihr werdet wie Rabbi [Simeon] ben Zoma krank werden.«

Isaak von Akko: »Töte das Selbst für die Thora«

Ein anderer Anhänger der *Zeruf*-Schule, Zeitgenosse Abulafias und eigenständiger Lehrer und Philosoph, war Isaak von Akko. Ein Werk mit dem Titel *Mirjat ejnajim* (»Was die Augen sehen können«), Isaaks kabbalistische Erklärungen zu den frühen Spekulationen Nachmanides', dient jüdischen Mystikern noch immer als Handbuch. Sein eigenes Tagebuch der Offenbarungen, Visionen und Ratschläge an seine Schüler, *Ozar ha-Chajim* (»Der Schatz des Lebens«), wollte beweisen, daß die Permutation der hebräischen Buchstaben der schnellste und sicherste Weg zu spiritueller Erleuchtung ist. Teile seines Tagebuchs wurden tatsächlich geschrieben, während er sich in Trance befand, die durch mentale Buchstabenmanipulation hervorgerufen wurde. Wie bei Abulafia sprach Isaak von drei Stufen, die der Erleuchtung vorausgehen: Verzicht, *Chassiduth* (Hingabe) und Prophetie. Aber er fügte seinen eigenen, kompromißlosen, mönchischen Ton hinzu. Hingabe wurde durch die Ausführung der spirituellen Schritte repräsentiert, bei denen das Tetragrammaton nur permutiert wurde, während man sich auf das Nichts konzentrierte. Die Absonderung wurde auf eine asketische Ebene erhoben, die sich in Abulafias System nicht findet. Und Einsamkeit bedeutete bei Isaak den totalen eremitischen Rückzug aus der Welt.

Diese asketische Neigung ließ eine Haltung, die *Histapkuth* (machend tun) genannt wurde, entstehen. Isaak schrieb: »Was gut für den Körper ist, ist schlecht für die Seele und umgekehrt [...] denn die Seele [will] sich an den [...] himmlischen Frieden binden [...] und daraus entsteht für den Körper großes Unbehagen in Form der Kasteiungen und der mentalen Einengung in Meditation [...] die alle notwendige Bedingungen für den Empfang des Heiligen Geistes sind.« Kurz, Isaak lehrte seine Schüler, »das Selbst für die Thora zu töten«. Wie Abulafia geißelte er die »philosophischen« Rabbis, die sich mit der Vorstellung von einer verborgenen, transzendentalen, unpersönlichen Version Gottes zufriedengaben, und ermunterte seine Schüler, die direkte Erkenntnis Gottes durch SEINEN NAMEN zu suchen. Obwohl Isaaks Meditationsübungen weitgehend auf demselben technischen System beruhten wie die Abulafias, begründete er doch eigene Verfahren. Da er annahm, jede der zehn Sphären enthielte die NAMEN GOTTES, teilte er die Visualisierungen an dem Baum in vier Welten: die Leere, die Prämanifeste, die Welt der Attribute, in der die Formen sichtbar waren, und die untere Welt der physischen Permutation.

Mit dem Ziel, sich beinahe direkt zur höchsten Welt zu erheben, propagierte Isaak die ständige Meditation und das Ausschalten sinnlicher Eindrücke. Diese Lebensführung würde den Geist des Kabbalisten so ätherisch, der »geschaffenen Dinge« so überdrüssig machen, daß er sogar die mit Todesfurcht verbundene Stufe der *Schefa* überspringen und wie Rabbi Simeon ben Asai glücklich sofort die LEERE annehmen könne. Isaak pries diejenigen, die wie Rabbi Akiba von dem höheren Bewußtsein »rasch zurückkehren« konnten, aber sein Herz schlug offensichtlich für die Märtyrer des Geistes, die nie »zurückkehrten«.

Daß Isaak die Sünde und das Leiden so sehr betonte, macht ihn als Lehrer weniger attraktiv als den großzügigen, impulsiven Abulafia. In ihrer Hingabe an den Heiligen Namen waren sie jedoch gleich eifrig und gleich bemüht, die Erkenntnis des ABSOLUTEN in ihrer irdischen Zeit während ihrer Inkarnation zu erfassen. In seinem begeisterten Hinnehmen des Leidens gab Isaak seinen Schülern den Rat, ebenso an Rabbi Akibas Martyrium wie an seine Rückkehr aus der Meditation über die höchste Welt zu denken. Er machte ihnen Mut, dies in ihrer eigenen Askese symbolisch zu wiederholen, spielte aber zweifellos absichtlich die historischen Umstände dieses Ereignisses herunter. Denn Akiba hatte das Martyrium nicht aktiv gesucht, sondern war dazu gezwungen worden und starb heroisch im Alter von neunzig Jahren.

Wichtiger als seine strenge Anweisung zum Martyrium war für die Praxis der Kabbala seine einzigartige Neuinterpretation der Erfahrungen Moses' und die praktische Angleichung ihrer Symbolik. Die Legende behauptet, daß »Moses die Thora in der Luft der Himmel mit schwarzem Feuer auf weißem Feuer geschrieben sah«. Isaak von Akko formte aus den Bildern von Luft, Berg und Feuer ein Mandala und wies seine Schüler an, den Berg bis zum höchsten Punkt der Konzentration zu »ersteigen«, ihre Augen zu »erheben«, sie über den Himmel (Leere) streifen zu lassen, bis sie den Punkt am Horizont festhalten, wo sich Himmel und Erde treffen. In einen visualisierten Kreis im Himmel »schrieb« der Kabbalist dann die ganze Thora, vom ersten B des *Bereschith* (Schöpfung) bis zum L von *Israel*, dem letzten Wort. Dies wurde sehr wahrscheinlich mit einer Art Kurzschrift ausgeführt, bei der Buchstaben jeden Vers repräsentierten. Er blickte gespannt auf jeden eng zusammengedrängten Buchstaben und stellte ihn sich auf weißem Pergament vor. In den haarbreiten Zwischenräumen zwischen den Buchstaben und außerhalb ihres Abdrucks sah er ein »weißes Feuer«, das so strahlend war, daß es das Sonnenlicht dämpfte. Die Buchstaben selbst waren tiefschwarz. Bald verschmolz die ganze Vision zu einem wirbelnden Fleck aus Schwarz und Weiß, und der Kreis der Buchstaben und Flammen war nicht mehr in Anfang, Mitte und Ende unterteilt zu erkennen.

Der Kabbalist behielt die wirbelnde Vision so lange er konnte im Blick und beobachtete die unverständlichen Permutationen, die ihn zur *Krone* aus reinem Licht führten. In dieser Form, sagt Isaak, war Moses' »Wunderkreis«, der später »König Salomos Schürze« genannt wurde, durch die Jahrhunderte hindurch den Meistern des NAMENS überliefert worden.

Spätere Reflexionen über »Zeruf«

Im 18. Jahrhundert waren auch Isaaks Methoden (ganz zu schweigen von Abulafias revolutionärerer Schule) obskur geworden und flößten unbedeutenderen Kabbalisten Angst ein. Chajim Josef David Uzieli, ein Bewunderer des *Zeruf*, stieß auf ein Pamphlet, in dem Isaaks Methode detailliert beschrieben wurde. Da er vor den darin vorkommenden gewagten Formulierungen zurückschreckte, verbarg Uzieli das Buch, denn er war überzeugt, die Permutation des Tetragrammatons sei nichts für seine Zeit. »Auch wenn wir vielleicht unabsichtlich über ein Wissen stolpern, sind wir in Gefahr, die göttliche Ordnung in unserem Denken zu verwirren. Wir müssen Gottes Größe erkennen und an den Mysterien der Thora teilnehmen [...] ohne den Namen zu gebrauchen«, erklärte er und vertrat damit die Meinung seiner rationalistischen Epoche.

Die Kabbalisten hatten nie wieder die Freiheit, den NAMEN öffentlich zu permutieren. Schon im 16. Jahrhundert gebrauchten sie komplizierte Metaphern wie die folgende, um die Anweisungen, die in Abulafias und Isaaks Texten offen gegeben werden, zu verbergen:

Nähere dich dem weißen Feuer
In den Werken der *Merkaba*
Auf einem kurzen und langen Weg
Der schön ist und gut
Im Mysterium des *Pardes*, das bekannt ist jenen, die über Begriffe meditieren, welche uns bekannt sind durch diese Weisheit,
Und die wissen, wie sie ihren Kopf zwischen die Knie beugen wie Schilf, bis sie ihre Sinne ausgelöscht haben,
Und dann sieh ohne Empfindungen die himmlischen Lichter
Beständig und in Wirklichkeit, nicht in Metaphern.
Tut es einer so zum ersten Mal, muß der Meister über ihm stehen, damit er lernt, zur normalen Sinneswahrnehmung zurückzukehren –
Nur dann ist einer in dieses Erbe initiiert [...]
Damit er nicht hinschaue und niedergeschmettert werde [...] wenn er dorthin gelangt, das Angesicht des Herrn zu sehen.*

Die Sphären auf dem Baum wurden im 16. Jahrhundert von den Mystikern in Safed mit den Buchstaben und der Seele und den Körperteilen koordiniert:

Krone	=	*Aleph* und vereinheitlichende Ebene der Seele.
Weisheit	=	*Beth* und aufsteigende oder absteigende Ebene der Seele.
Verstehen	=	*Gimel* und undifferenziertes Bewußtsein.
Liebende Freundlichkeit	=	*Daleth* und das animalische Selbst an seinem höchsten Punkt.
Gericht	=	*Heh* und durch den Nexus des Atems an den Körper gebundenes spirituelles Bewußtsein.
Schönheit	=	*Waw* und das Blut.
Beharren	=	*Zajin* und die Knochen.
Majestät	=	*Chet* und das Fleisch.
Begründung	=	*Tet* und die Sehnen.
Souveränität	=	*Jod* und die Haut.

Nach Moses Cordovero sind die aus den Buchstabenkombinationen entstehenden Namen äußere Erscheinungen der Göttlichen Attribute, die als Klang in das menschliche Bewußtsein herabsteigen. Indem die

* Rabbi Josef ben Abraham Ibn Tzajach, *Even Ha-Schoham*.

Propheten sich in alten Zeiten mit den höheren Klängen oder Vibrationen verbanden, konnten sie sehen, daß alle Welten, alle Bewußtseinsstufen, alle Lebewesen in dem EINEN aufgelöst sind. Diese Männer waren vollständig ichlos und lehrten die Vereinigung des Bewußtseins durch Buchstaben in der Hoffnung, alle Menschen zu dem befreiten Zustand zu führen, den sie selbst erreicht hatten. Aber, sagt Moses Cordovero, mit der späteren Verfolgung und Zerstreuung der Juden schwanden diese Generationen der Weisen, und ihre Methoden wurden kaum mehr in die Praxis umgesetzt. »Und die Herzen wurden kleiner, und die, die die Thora suchten, stellten fest, daß ihre Kraft zu gering geworden war, um auch nur einfache Dinge zu verstehen, keinesfalls aber das Kabbala-Wissen, das von den Einzelheiten der Sphären handelt.«

Cordoveros eigenes Permutationshandbuch, *Pardes Rimmonim* (»Der Granatapfelhain«), ist eine Extrapolation aus Abulafias Abhandlung über die Vokalisationspunkte. Für den Laien ist die *Zeruf*-Methode, wenn sie durch den Filter von Cordoveros klarer Sprache hindurchgegangen ist, sofort zugänglich. Alle Buchstaben, sagt er, gehen auf das Tetragrammaton (JHWH) zurück oder von ihm aus. Dies läßt sich zum Beispiel am *Aleph* zeigen, das aus zwei *Jods* und einem *Waw* besteht: א und wie das Tetragrammaton die Gesamtsumme 26 ergibt. Diese Idee steht dahinter, wenn man das Alphabet mit seinem Ursprung kombiniert, indem man die Buchstaben mit ihren Vokalisationspunkten visualisiert und sie auf reinen Klang reduziert. Die Meditation über Wörter ruft die wahre, formlose Bedeutung ihres verborgenen Wesens hervor, und wenn man die Vokalisationspunkte um sie herum bewegt, vergrößert sich das spirituelle Vokabular des Kabbalisten. Für sich genommen sind die hebräischen Buchstaben klanglos, ohne die Vokale gar nicht auszusprechen. Wenn der ausgesprochene Buchstabe mit der menschlichen Stimme vibriert, nimmt er seinen Platz in der räumlich-zeitlichen Welt ein, in der der Kabbalist die Länge und den Akzent des Buchstabens ausmißt. Da der Buchstabe *Aleph* für den EINEN, die Einheit steht, spricht der Kabbalist ihn in einem Atemzug und führt dazu die entsprechende Kopfbewegung aus, die durch die Gestalt des zugehörigen Vokals bestimmt wird. Wenn er zum Beispiel das *Aleph* (*A*) mit dem *Jud* (*J*), dem ersten Buchstaben des Tetragrammatons, und dem Vokal namens *Cholem* (*O*) kombinierte, atmete er tief ein und aus und hatte damit den Klang des Buchstabens *Aleph* mental ausgesprochen. Er blickte mit leicht erhobenem Kopf geradeaus nach Osten und ahmte dabei den Vokal *Cholem* nach, der durch eine gerade Linie mit einem Punkt oben links dargestellt wird: וֹ.

Jeder Gesang des kombinierten *Aleph Cholam* und *Jud Cholam* wurde, frei von allen ablenkenden Gedanken, mit erhobenem Kopf, mit angehaltenem und dann ausströmendem Atem gesungen, ausgeführt und war beendet, wenn der Kabbalist seinen Kopf nach oben bewegte, um den Punkt an der Spitze des *Cholam* zu simulieren. In dieser Weise durchlief er das ganze Alphabet in Kombination mit jedem Buchstaben des göttlichen NAMENS, verbunden jeweils mit den fünf Vokallauten, den Kopfbewegungen und den Atemzügen. Der Ari zum Beispiel hatte den einzelnen Schülern bestimmte Vokale zugeordnet und empfohlen, sie sollten bei der Meditation über das Tetragrammaton nur diese verwenden. Bei Fehlern der Aussprache, des Atmens oder der Kopfbewegungen mußte der Kabbalist zurück an den Anfang der Reihe. Bekam er Angstgefühle oder wurde unterbrochen, warf er sich zum Gebet nieder. Er meditierte nicht, wenn ihn Familienangelegenheiten oder berufliche Pflichten zu sehr ablenkten. Moderne Kabbalisten praktizieren *Zeruf* überhaupt nicht.

5 Der Weg der Ekstase: Die Chassidim

Den Bemühungen von Philosophen wie Martin Buber und Abraham Heschel ist es zu danken, daß die Mysterien der chassidischen Erfahrung den Lesern des 20. Jahrhunderts bekannt geworden sind. Auch die Kampagnen der Lubawitscher Sekte auf den Straßen großer amerikanischer Städte haben die Aufmerksamkeit auf diese jüdischen Mystiker gelenkt. Romantische Geschichten und Legenden der Chassidim gibt es reichlich. Selbst die Broadway-Bühnen wirken mit, reale oder phantastische Informationen über sie zu verbreiten. Viele identifizieren sie mit langen Schläfenlocken, schwarzen Kaftanen, weißen Strümpfen, Lacklederschuhen und großen Pelzhüten. Manche moderne Chassidim kleiden sich so, das tun aber auch ihre Gegner, die *Mitnaggedim*, die halachischen Legalisten. Manche halten sie für Rebellen innerhalb des Judentums, doch die meisten zeitgenössischen Chassidim sind so streng orthodox, so peinlich genau in ihrem rituellen Leben wie die höchst unerleuchteten Fanatiker des Viertels Mea Schearim in Jerusalem. Manche halten sie auch für Ekstatiker. Chassidim schockeln und tanzen, wenn sie beten, aber die meisten chassidischen Synagogen sind, bis auf einige etwas gezwungene Bemühungen, am Sabbat zu tanzen, wie jede andere Synagoge. Und als Frau kann man sowieso kaum sagen, was vor sich geht, denn man sitzt hinter einer Gitterwand, die alles bis auf das flüchtige Geräusch scharrender Füße, das heute als chassidische »Ekstase« gilt, ausschließt. Wenn es einem gelingt, sich an einem Festtag in die Lubawitscher Synagoge in Brooklyn zu drängen, kann man vielleicht einen Blick auf die tanzenden Chassidim werfen, man wird aber auch feststellen, daß heute eher Wodka als inspirierter Gesang die Wonne herbeiführt.

Über die Chassidim gibt es mehr schriftliche Informationen als über alle anderen Schulen der jüdischen Mystik zusammen. Die Bewegung war privilegiert, denn sie hatte brillante und produktive Philosophen, die ihre Prinzipien aufschrieben, farbige Heilige, die ihre Legenden verbreiteten, und war, weil sie sich nicht über Osteuropa hinaus verbreitete, geographisch begrenzt. Der Chassidismus nahm die jüdische Mystik aus ihrer orientalischen Umhüllung und verwestlichte sie zum ersten Mal. Die Geheimnisse der *Merkaba* sind mit den Weisen begraben, der *Sohar* ist immer noch für die meisten zu unverständlich, als daß sie in ihn eindringen könnten, die Manipulation der HEILIGEN NAMEN ist für die Auserwählten und die lurianische Kabbala für die Mitglieder einer esoterischen Gemeinschaft. Nur der Chassidismus ist Mystik für die Massen. Seine Methode besteht einzig aus einfachen Gebeten; man muß sich nur den lichten *Zaddikim* überlassen, um sich auf ihren Weg zu begeben. Wie der Buddhismus wurde er von einem heiligen Mann und Reformator begründet, einem visionären Demokraten, der gegen den trockenen, griesgrämigen, pompösen Ritualismus rebellierte, in den die Brahmanen seiner Religion verfallen waren.

Israel ben Elieser, der Baal-schem Tow oder Meister des HEILIGEN NAMENS, machte die Kosmologie und Praxis der lurianischen Kabbala den Fähigkeiten eines gewöhnlichen Menschen zugänglich. Das Herz seiner Lehre ist *Debekuth*, das Anhangen an Gott, aber eine viel persönlichere und emotionalere *Debekuth*, als wir sie bisher getroffen haben. Der Baal-schem Tow legte die Betonung auf *Debekuth* im »Hier und Jetzt«, nicht durch Fasten und Selbstkasteiung, sondern durch das freudige Zelebrieren des GÖTTLICHEN im Alltagsleben. Für ihn bedeutete »Meditation«, daß der Mensch sich erfreut inmitten alles Lebendigen wahrnahm. Natürliche Verrichtungen, die als Verehrung Gottes gedacht und in einem Zustand des »Anhangens« an den ABSOLUTEN ausgeführt wurden, wurden zu religiösen Verrichtungen. Fremde oder ablenkende Gedanken wurden von den Hüllen der Materie verursacht, die die göttlichen Lichter durchsetzt hatten. Deshalb gab der Baal-schem Tow seinen Schülern den Rat, die heiligen Funken selbst aus diesen anscheinend »sündigen« Gedanken herauszuholen, indem sie sie überprüften und, wenn nötig, »korrigierten« oder sie ganz aufgaben.

Auch *Kawwana* (Konzentration) wurde uminterpretiert, damit sie in die Unmittelbarkeit der chassidischen Mystik paßte. Sie war jetzt nicht mehr dem Gebet in der Synagoge und der einsamen Meditation vorbehalten, sondern wurde auf die Marktplätze getragen. Als ein Kutscher seinem Meister bekannte, er könne nicht pünktlich zu den Gottesdiensten kommen und fürchte deshalb, Gott nicht richtig zu dienen, fragte ihn der Meister, ob er auch arme Passagiere ohne Bezahlung in seinem Gefährt mitnähme.

»Ja«, antwortete der Chassid.

»Dann dienst du Gott, als ob du in der Synagoge gewesen wärst«, versicherte der Meister.

Kawwana, das auf Selbstlosigkeit gerichtete konzentrierte Bewußtsein, wurde zu einem aktiven Teil in der täglichen rituellen Verrichtung des Chassiden.

Hitlahawuth, die chassidische Variante der Begeisterung, bereitete dem komischen Geist, der die Bewegung kennzeichnet und sie von allen anderen Schulen der jüdischen Mystik unterscheidet, den Weg. Die chassidische Begeisterung war Teil der Freude, und Freude war nicht jenseitige Wonne, sondern irdischer Humor. In vielen Fällen kommt der komische Geist des Chassidismus der »verrückten Weisheit« der Buddhisten nahe. Unter den Chassidim gibt es eine Fülle possenreißender Meister. Sie zwickten anderen in die Nase, brachten wichtigtuerische reiche Männer öffentlich in Verlegenheit und arrangierten auch glückliche Ehen für die Kinder ihrer Schüler. Für den Baal-schem Tow und seine Anhänger war Begeisterung der Beweis für den Kontakt mit der göttlichen Wirklichkeit. Die Ekstase trat nicht als Folge mühsamer Kontemplation von Welten innerhalb von Welten ein, sondern als spontaner Energieausbruch in Reaktion auf *diese* Welt und auf Gott, der in jedem ihrer Steine, den krabbelnden Insekten und Kindern lebt.

Das Gebet, sagt der Baal-schem Tow, ist für Gott nur dann annehmbar, wenn es aus einem freudigen Herzen kommt. Begeisterung, nicht Leiden, war der »große Weg« für einen Menschen, der sich mit den oberen Sphären vereinen »und mit einem Schlag durch alle Himmel hindurchbrechen« wollte. Der »kleine Weg« war die enge, schwer zu erfüllende Einhaltung der Gebote, wie sie von den Legalisten praktiziert wurde. Die Legenden der chassidischen Meister haben deshalb überreichliche Verweise auf die von betenden heiligen Männern bewirkten Wunder. Manche waren ekstatisch in erstarrtem Schweigen, andere schockelten und sangen; wieder andere schlugen auf dem Weg zur Synagoge Purzelbäume.

Wunder gingen mit den irdischen, ja rohen und häßlichen Aspekten des Lebens im *Schtetl* (osteuropäische Kleinstadt) einher, die für die Juden sofortige Vernichtung durch die antisemitischen Horden ringsum bedeuten konnte. Umgeben von Aberglauben und Amuletten, Dämonen und Dibbuks, gab der Chassidismus dem bedrängten Ghettobewohner weitreichende kosmische Perspektiven und stattete ihn mit einer Heiligkeit aus, die seine zerlumpte Beschränktheit weit überstieg und in seine Seele drang.

Psychologisch gesehen waren die Chassidim die intellektuellsten aller jüdischen Mystiker. Sie demokratisierten die Thora, nahmen sie den privilegierten Gelehrten aus der Hand und gaben sie dem gewöhnlichen Juden zurück. Nach den Lehren des Baal-schem Tow kann nur der einzelne Jude den Vorhang durchdringen, der Gott vor den Menschen verbirgt. Wenn ein Chassid einmal die mystische *Debekuth* erreicht hatte, dann war es sozusagen seine Pflicht, »an die Öffentlichkeit zu gehen« und sie auch an andere weiterzugeben. Hieraus entstand Heiligenverehrung der chassidischen Meister, die Verehrung des *Zaddik*, die dann, wie manche meinen, zum Niedergang der Bewegung führte. Andere sehen im *Zaddik* die Hauptstütze des Chassidismus. »Der [*Zaddik*] stärkt seinen Chassid in den Stunden des Zweifels, aber er öffnet seine Augen der Wahrheit nicht. Er hilft ihm nur, immer wieder die Wahrheit für sich selbst zu erobern. Er fördert die Fähigkeit des Chassiden zu beten. Er lehrt ihn, wie er den Worten des Gebets die richtige Richtung geben kann, und er verbindet sein eigenes Gebet mit dem des Schülers, vergrößert dadurch die Macht des Gebets und verleiht ihm Flügel.«*

Der Unterschied zwischen anderen spirituellen Meistern und den chassidischen *Zaddikim* zeigt sich am deutlichsten in der Veränderung ihres Titels: *Rav* (Meister), die respektvolle Form der Anrede, wurde von den Chassidim in *Rebbe* umgewandelt, eine diminutive, persönliche und unübersetzbare Form des Wortes, das Zuneigung und in der späteren Zeit der Bewegung die vollständige Hingabe des Schülers an seinen Lehrer bezeichnet.

Als wandelnde Beispiele der fleischgewordenen Thora predigten die *Zaddikim* nicht nur (aber nie förmlich von der Kanzel, sondern eher, wie der Baal-schem Tow, vor Gruppen auf dem Marktplatz oder auf den Wie-

* Harry M. Rabinowicz, *The World of Hasidism*, S. 185.

sen), sondern liebten auch ihre Schüler und standen in ständigem Kontakt mit ihren spirituellen und irdischen Bedürfnissen. Ihre Methoden waren verschieden, aber die meisten *Zaddikim* verwendeten Geschichten und Parabeln, um ihre Lehren zu vermitteln. Manche waren heilig, manche schroff, alle aber zuweilen clownesk. Es gibt zum Beispiel eine wundervolle Photographie des Rabbi Israel Alter, des alten Rebbe von Gur, der 1948 starb: eine Gruppe ehrwürdiger, bärtiger Chassidim umringt einen alten weißbärtigen *Zaddik* in einem langen schwarzen Kaftan und mit einem riesigen Pelzhut. Die Gruppe war offensichtlich auf einem Lehrspaziergang, als sie von dem Photographen aufgenommen wurde. Die meisten orthodoxen Juden lehnen es ab, sich ablichten zu lassen, denn sie betrachten Photographien als »Götzenbild«; deshalb schützte einer der Chassidim auf dieser Photographie sein Gesicht mit der Hand. Der Rebbe jedoch geht direkt auf die Kamera zu, vorgebeugt wie ein Boxer mit für einen Kampf bereiten Fäusten, und gibt in perfekter Jack-Dempsey-Haltung vor, einen Faustschlag auszuführen – und das mit einem vollkommen seligen Lächeln auf dem Gesicht.

Der Baal-schem Tow: Menschlich, praktisch und weise

Der Ari war ätherisch, der Baal-schem Tow war praktisch. Nachdem er einmal den Rat gegeben hatte, ein Kranker in einer fernen Stadt solle zur Ader gelassen werden, setzte er hinzu: »Ich kann aus der Ferne sehen, aber sendet doch einen Boten.« Seine übernatürlichen Kräfte waren immer von hausväterlicher Weisheit begleitet. Die Anhänger des Ari betonten dessen Heiligkeit, die Schüler des Baal-schem Tow waren am meisten von dessen Menschlichkeit beeindruckt. Seine Person selbst wurde zum Kanal für ihre *Mohin degadluth* (erweitertes Bewußtsein). Wie der Ari schrieb auch der Baal-schem Tow nichts nieder. Alle seine Lehren wurden mündlich übermittelt, bis sie schließlich nach seinem Tod in den Aufzeichnungen seiner engsten Schüler Jakob Josef von Polna und Dow Bär, der Maggid (Prediger) von Mesnitsch, zusammengestellt wurden.

Israel ben Elieser, geboren um 1698 in Okupy in der westlichen Ukraine, wurde früh Waise und blieb in der Obhut mitleidiger Juden aus seinem Dorf. Wie oft bei herabgestiegenen Göttern in anderen Traditionen haben auch bei Baal-schem Tow die Lebensumstände legendäre Ausmaße angenommen. Wie bei Ari wurde seinem Vater noch vor der Geburt des Knaben dessen zukünftige Größe durch Elia verkündet. Seine Seele war angeblich die Inkarnation eines Funkens von Rabbi Simeon bar Jochai.

Der Baal-schem Tow war ein Wunderkind, doch verbarg er seine Weisheit unter einem Deckmantel von Faulheit und beinahe Schwachsinn. Er arbeitete als Pförtner in der örtlichen Synagoge, studierte aber heimlich nachts die Kabbala. Dann heiratete der Baal-schem Tow sehr zum Mißfallen seines Schwagers, Gershon Kitower, des berühmten Sohnes des angesehenen verstorbenen Rabbis von Brody, die Tochter des großen Rabbis. Nachdem er versucht hatte, seine Schwester von diesem Entschluß abzubringen, ließ der gelehrte Kitower sich dazu herab, seiner Schwester einen Wagen als Mitgift zu geben, und schickte sie dann damit weg. Israel und seine ergebene Ehefrau zogen an einen einsamen Ort in den Karpaten, wo er studierte und meditierte und sie Kalk sammelte, den sie als Brennstoff an die Einwohner der Städte im Tal verkaufte.

So vergingen die Jahre, bis eines Tages im Mai 1743 der Baal-schem Tow mit seiner Frau von den Bergen herabstieg und seinem Schwager mitteilte, nun sei für ihn die Zeit gekommen, sich der Welt zu offenbaren. Der ehemals skeptische Kitower war jetzt von der Heiligkeit seines Schwagers überzeugt und wurde sein erster Anhänger. Baal-schem Tows Ruf als Heiliger und Heiler verbreitete sich schnell, und Tausende drängten zu ihm und erwarteten spirituelle Stärkung, Heilung, Trost und Segen. Auf diese populäre Phase seiner Tätigkeit folgte eine Zeit, in der er Schüler ausbildete und die mystischen Techniken zur göttlichen Verwirklichung, die dann später als »chassidisch« angesehen wurden, formulierte. Brillante Schüler wie der Maggid von Mesnitsch verbreiteten Baal-schem Tows Lehren in der jüdischen Gemeinschaft und fanden viele Anhänger, aber auch viele Gegner. Als Baal-schem Tow 1760 starb, hatte er die Kabbala von den Engeln herabgeholt und sie in die Hände von Menschen gelegt.

Die chassidische Methode: Das Gebet

Der Chassidismus betont nur eine einzige praktische Methode: das Gebet. Im weiteren Sinn gehören zum Gebet auch Vorbereitung, Andacht, Liebe und Kenntnis der Thora, Kontemplation, *Jichud, Zeruf* und alles übrige. Wenn die chassidischen Meister ihre Schüler lehrten, wie sie beten sollten, dann lehrten sie sie auch zu meditieren, wenn auch in einem weniger konventionellen Sinn als etwa Abulafia oder der Ari. Mystische Bewußtseinszustände waren für den Chassiden wesentlicher Bestandteil seiner täglichen Erfahrung. Deshalb ist die Praxis weitgehend darauf ausgerichtet, unter den verschiedensten Umständen eine betende Haltung einnehmen zu können. Erst in der dritten Generation der Schüler, besonders in den intellektuellen Schriften Schneur Salmans, des ersten Lubawitscher Rebbe, gelangt der Chassidismus zu einer philosophischen Kristallisation des Gebets als einer »Technik«.

Der heilige Rebbe Levi Isaak von Berditschew (1740–1809), berühmt als leidenschaftlicher Verteidiger des jüdischen Volkes, schwelgte in glühendem Gebet, was für den frühen Chassidismus höchst charakteristisch war. Während eines Gottesdienstes an Jom Kippur versetzte er die Gläubigen in Erstaunen, als er die traditionelle Liturgie abbrach, sich gerade vor den Altar stellte und von Gott verlangte, er solle die Verfolgungen der Juden einstellen, oder er, Levi Isaak, würde an dieser Stelle stehenbleiben, bis Gott auf seine Bitte reagieren werde.

Ein anderer chassidischer Meister, Jakob Isaak von Przysucha, sagte: »Wenn du so tief versunken bist, daß du es nicht spürst, wenn ein Messer durch deinen Körper stößt, dann bringst du dein Gebet richtig dar.«

Rebbe Uri ben Pinchas von Strelisk ging sogar so weit, daß er sich an jedem Tag von seiner Familie verabschiedete, damit er nicht davonginge, ohne Auf Wiedersehen gesagt zu haben, falls er während der Ekstase im Gebet stürbe.

Auf seine Weise verkörperte jeder einzelne Baal-schem Tows Idee, daß das Gebet eines Menschen Gott vervollständigt, denn ein Mensch ist ein lebenswichtiger Funke des Göttlichen: »Bei jedem Wort und Ausdruck, der über deine Lippen kommt, denke daran, die Vereinigung (*jichud*) herzustellen. Jeder einzelne Buchstabe enthält Universen, Seelen und Frömmigkeit, und wenn sie aufsteigen, sind sie aneinander gebunden, und sie werden vereinigt. Die Buchstaben werden dann vereint und aneinandergefügt und bilden ein Wort. Dann sind sie wirklich mit der Göttlichen Essenz vereinigt, und in allen diesen Aspekten ist deine Seele in ihnen eingeschlossen.«*

Eins mit dem Gebet zu werden, lehrte Baal-schem Tow, heißt eins zu werden mit Gott. Wenn der Chassid diese erhabene Bewußtseinsebene erreicht hatte, verlor er jedes Gefühl für seine physische Existenz; keine äußerlichen Gedanken störten ihn, keine Furcht, keine Beschränkung störte seine Freude. Er war, wie der Baal-schem Tow beschrieb, »wie ein kleines Kind, dessen Intellekt gerade erst anfängt sich zu entwickeln«. Die *Debekuth* des Chassiden, die durch die Worte des Gebets erreicht wurde, wurde durch Liebe erweitert, denn wie ein Liebhaber hielt er sie fest und wollte sie nicht loslassen. »Wegen deiner Zuneigung zu jedem Wort«, schrieb der Baal-schem Tow in einem Brief an seinen Schwager, »bringst du sie hervor.« Wenn ein Mensch so die Scheidewand zwischen sich und dem GÖTTLICHEN entfernt hatte, konnte er sehen, daß es dort zuerst keine Scheidewand gegeben hatte, nichts Böses, sondern nur die durch seine eigenen Gedanken errichtete Illusion des Bösen. In der chassidischen Version war Ezechiels Vision vom »Laufen und Zurückkehren« der Seelen analog der menschlichen Seele, die zu ihrem Ursprung laufen will, dennoch aber in einem Körper leben muß, der ißt, trinkt und seinen Lebensunterhalt verdient und deshalb zu seinem irdischen Wohnbezirk *zurückkehrt*. Wenn jedoch mit dem ausgelöschten Ego auch das Selbstgefühl schwindet, schwingt sich die Seele ungehindert nach oben wie einer der Engel. Aber selbst die Idee einer höheren Welt ist nichts anderes als ein weiterer Vorhang, der das Göttliche vor dem Blick der Menschen schützt, sagte Baal-schem Tow. Der Chassid, der sogar Engelheere durch konzentriertes Gebet auflöst, kehrte dann wieder in den Zustand des Nichtseins zurück. Wie Abulafias Meister des *Zeruf* ging auch er davon aus, daß die hebräischen Buchstaben ein lebendiges Wesen haben, und versuchte, ihre Essenz zu extrahieren. Mit der eigenen Hingabe als Instrument konnte der Chassid entweder aus dem Stegreif zu Gott sprechen oder sich an die vorgeschriebene Liturgie

* Aus Aryeh Kaplan, *Sparks in the Night.*

halten. In beiden Fällen manipulierte er das WORT, die vollkommene Verdichtung der Göttlichen Energie, die ihn wieder heilen und an seinen rechtmäßigen Platz beim THRON bringen würde. Es spielte keine Rolle, wie sehr er sich selbst beim Gebet aufgab, wichtig war, an diesen hohen Ort zu kommen.

Trotzdem waren auch mystische Übungen, die von einem zeitgenössischen britischen Chassidismusforscher, Louis Jacobs, als »so streng wie Yoga« bezeichnet wurden, Teil der moralischen Erziehung Baal-schem Tows. Der Chassid verband das Auswendiglernen der lurianischen *Jichud*-Formeln mit der entsprechenden Permutation des Tetragrammatons und konnte so zum Beispiel meditieren, während er in die *Mikwa* (rituelles Bad) eintauchte. Nachdem er hineingegangen war, nahm er die Buchstaben des Wortes *Mikwa* zusammen, die das numerische Äquivalent zu dem Satz ist, mit dem sich Gott Moses gegenüber bezeichnete (Ich Werde Sein), und meditierte über seine Formen. Wenn er seinen Kopf unter Wasser tauchte, kontemplierte er den Namen *Agla* (Stärke), ein aus den Anfangsbuchstaben der Wörter in dem Satz *Atah gibor leolam Adonai* (Du bist stark für immer für die Welt, o Herr) gebildetes Akronym. So tauchte er fünfmal ein, kombinierte und permutierte die Namen Gottes, die er aus den auswendig gelernten Sätzen im lurianischen Gebetbuch gebildet hatte. Soviel zur sogenannten »Spontaneität« und »Bildungslosigkeit« der chassidischen Beter. Baal-schem Tows innerer Kreis war in Wirklichkeit außerordentlich gebildet, sowohl was die *Halacha* (Gesetzesüberlieferung) als auch was Kabbala betraf. Sein wichtigster Schüler, der Maggid von Mesnitsch, verbreitete die Lehren seines Meisters und entwickelte sie in seinem eigenen komplizierten philosophischen Stil weiter. »Halte dich für nichts und vergiß dich selbst völlig, wenn du betest. Und denke nur daran, daß du um die Göttliche Gegenwart betest. Du betrittst dann vielleicht das Universum der Gedanken, einen Bewußtseinszustand außerhalb der Zeit. Alles in diesem Reich ist dasselbe – Leben und Tod, Land und Meer [...] aber um dieses Reich zu betreten, mußt du dein Ich verlassen und alle deine Sorgen vergessen.

Du kannst diese Stufe nicht erreichen, wenn du immer noch an den physischen, weltlichen Dingen hängst, denn das bedeutet, daß du mit der Teilung zwischen Gut und Böse, dem in den sieben Tagen der Schöpfung mitentstandenen Dualismus, in Verbindung stehst. Wie kannst du dann erwarten, dich dem Reich zu nähern, wo die absolute Einheit herrscht?

Wenn du außerdem dich selbst als ›etwas‹ betrachtest und zu Ihm um deine Bedürfnisse betest, kann Gott sich Selbst nicht in dich einkleiden. Gott ist unendlich und kann in keiner Art von Gefäß gehalten werden, außer man hat es in nichts aufgelöst.

Im Gebet mußt du alle deine Kraft in die Worte legen und von einem Buchstaben zum nächsten gehen, bis du deinen Körper völlig vergißt. Das Permutieren der Buchstaben wird dir viel Freude geben, physisch in deinem Herzen und spirituell.«*

Ein Wanderprediger wird Baal-schem Tows Schüler

Dow Bär (1710–1772), der Maggid von Mesnitsch, war vor seinem Eintritt in Baal-schem Tows Zirkel ein bekannter Talmud-Gelehrter. Seine heiligmäßige Disposition führte ihn weg von dem sicheren und angesehenen Leben eines gelehrten Rabbi und hin zum niederen Los des Wanderpredigers. Seine mystische Geisteshaltung ließ ihn Fasten und Selbstkasteiung so streng ausführen, daß er verkrüppelt und krank wurde. Sein Leidenskampf war so groß, daß er bei Baal-schem Tow Heilung suchte – ausgerechnet bei diesem eingeschworenen Gegner der Askese. Als der lahme Prediger nach einer ihn marternden, leidvollen Reise in Baal-schem Tows ferner Stadt ankam, lud ihn der Meister ein und begann eine frivole Diskussion über die Diät seines Gastes. Angewidert kehrte Dow Bär in sein Gasthaus zurück und begann für die Heimreise zu packen. Plötzlich klopfte es an die Tür, und ein Bote sagte ihm, der Baal-schem Tow habe ihm noch etwas mitzuteilen.

Zögernd kehrte der Maggid zurück und wurde dieses Mal aufgefordert, einen Abschnitt aus der lurianischen Kabbala zu interpretieren. Dies, dachte Dow Bär, sei eher das, was er von dem großen Meister erwartet hatte, und begann mit einem seiner für ihn charakteristischen brillanten Vorträge. Als er geendet hatte, sagte der Baal-schem Tow: »Du hast nur den Körper, aber nicht die Seele gelernt.« Dann nahm er das Buch und begann selbst vorzutragen. Der Maggid fühlte plötzlich,

* Aus *Collected Sayings* des Maggid von Mesnitsch, übersetzt von Aryeh Kaplan, in: Kaplan, *Sparks in the Night.*

wie der Raum warm wurde, und sah ihn von strahlendem Licht erfüllt, das erst schwand, als der Baa-schem Tow zu reden aufhörte. Dow Bär wurde danach der wichtigste Schüler Baal-schem Tows und sein öffentliches Sprachrohr, das die kabbalistische Lehre zahllosen Chassidim erläuterte. Als der Baal-schem Tow 1760 starb, legte sich der Maggid dessen Mantel um. Doch seine Amtsführung war noch rigoroser als die Baal-schem Tows. Unter den ständigen Attacken des rationalistischen Establishments, das von dem Gaon von Wilna angeführt wurde, verschlechterte sich seine schwache physische Konstitution zusehends, und der Maggid starb als gebrochener, exkommunizierter »Rebell«. Erst neun Jahre später hatte sich die Kontroverse so weit beruhigt, daß seine Schüler seine gesammelten Aussprüche veröffentlichen konnten.

Der Maggid war ein kompromißloser Nondualist und verwendete oft Bilder, die denen seltsam ähnlich sind, die in den Schriften der östlichen Philosophie auftauchen. Von manchen Wissenschaftlern ist er mit Shankara, dem im 18. Jahrhundert lebenden Gründer der Advaita – Vedānta, der nichtdualistischen Schule der indischen Philosophie verglichen worden. Manche Aussprüche des Maggid könnten ohne weiteres auch von Shankara stammen: »Stelle dir deine Seele als Teil der Göttlichen Gegenwart vor wie einen Regentropfen im Meer [...]

Die [prämanifeste] Welt unterliegt nicht einmal den Geboten [...], sie ist jenseits des ethischen Handelns, das, als Handeln, dualistisch ist.

Bevor ein Ei zu einem Hühnchen heranwachsen kann, muß es zuerst ganz aufhören, Ei zu sein. Jedes Ding muß seine ursprüngliche Identität verlieren, bevor es etwas anderes werden kann. Bevor deshalb etwas in etwas anderes transformiert wird, muß es auf die Ebene des Nichts kommen [...]«

Die Reise des Chassiden durch das Unbewußte

Durch das Medium der hebräischen Buchstaben transformierte sich der Chassid von einem einzelnen Individuum in eine ganze Schöpfung. Gebete, die von erleuchteten Meistern verfaßt und geschrieben wurden, waren die vorgeschriebenen Formeln, mit denen er die Umwandlung einleitete. »Jedes physische Ding«, sagte der Baal-schem

Tow, »aber auch die Thora und die Gebete enthalten diese zweiundzwanzig Buchstaben, mit denen die Welt und alles, was in ihr ist, geschaffen wurde.« Deshalb konnte der Gerechte sich während des Gebetes in der formlosen EINHEIT verlieren. Die spontanen Worte, die dann vielleicht über seine Lippen kamen, waren selbst göttliche Emanationen, neue Formeln, für die, die nach ihnen kommen würden. Denjenigen, die sich auf einer niederen Ebene der spirituellen Errungenschaft befanden, empfahl der Baal-schem Tow, nach dem traditionellen Gebetbuch zu beten, denn »der Blick auf die Buchstaben wird dir mehr Kraft geben, mit Stärke zu beten. Wenn du dich aber an die höhere Welt binden willst, ist es das beste, mit geschlossenen Augen zu beten.«

Die *Amida*, das stille Gebet im täglichen Gottesdienst, war der Moment, wo der Chassid sich Gott wirklich nah fühlte. Aber auch diese »Nähe« wurde durch das Niveau, das er in seiner Meditation erreicht hatte, näher bestimmt. Die chassidischen Meister klassifizierten ihre Schüler entsprechend den im *Sohar* von Rabbi Simeon Bar Jochai genannten vier Welten auf dem kosmischen Baum. In unserer materiellen Welt des Handelns stellte Nähe das höchste Ziel in einem Geist dar, der sich noch immer seiner selbst bewußt war (der Dualismus der normalen Erfahrung). Nähe in der Welt der spirituellen Wesen war zwar eine höhere Errungenschaft, aber noch immer von Bildern beherrscht. Erst wenn eine Individualität sich völlig im ABSOLUTEN aufgelöst hatte, konnte man von ihr sagen, sie habe den höchsten Punkt in der höchsten Welt auf dem Baum erreicht.

Baal-schem Tows Chassidim wandten Aris Methode zur Steigerung der Aufmerksamkeit an und wickelten wie ihre Vorgänger, die Löwenjungen von Safed, beim Gebet die Phylakterien um sich, und die Kapsel auf der Stirn erinnerte sie an *Weisheit* auf dem Baum und an das Zentrum der Weisheit im Gehirn, die Armriemen mahnten an das *Gericht*, das den richtigen Zustand der EHRFURCHT hervorrufen sollte. Aber der etwas irdischere Chassid sah in diesem Ritual das symbolische Band zwischen dem Kopf (spirituelles Streben) und der Erde, an die ihn die Riemen banden. »Gebet«, sagte der Maggid, »ist die Leiter, mit ihren Füßen auf dem Boden und mit ihrer Spitze im Himmel.«

Um ablenkende Gedanken auszuschalten, dachte sich der Maggid ein System aus, das alle Gedanken in sieben Modi unterteilte, entsprechend Gottes sieben Tagen des »Bauens«. Im Menschen waren diese sieben Tage gleichbedeutend mit den sieben unteren Sphären auf dem Baum des Lebens. Auf jeder Ebene gab es gleich starke gute und schlechte Gedanken. Die erste Stufe in der chassidischen Selbstbeobachtung bestand darin, die ablenkenden Gedanken zu isolieren und zu bestimmen, zu welcher der sieben Sphären sie gehörten: *Beständige Dauer, Begründung, Gericht* und so fort. »Schlechte« Gedanken, sagte der Maggid, kamen von den negativen Sphären auf dem Baum des Todes, dem negativen Gegenstück zum kosmischen Baum des Lebens. »Wenn der Gedanke Begehren und Lust in sich trägt, dann ist er vom Universum der Liebe gefallen; wenn er eine zerstörerische Phobie ist, dann ist er aus dem Universum der Furcht [...] Wenn du diese Gedanken durch Liebe und Furcht vor dem Schöpfer an Gott bindest, kannst du sie wieder an ihren Ursprung zurückbringen [...] Jeder Gedanke kann [so] zur [ursprünglichen Sphäre], aus der er fiel, erhoben werden.«

Diese eingängigen Symbole erleichterten die Reise des Chassiden durch das Unbewußte. Ohne ehrliche Selbstanalyse, während der er jeden Gedanken vor sich hinstellte und untersuchte, ob er »gut« oder »schlecht« war, und ihn sorgfältig bis zu ihrem Ursprung verfolgte, konnte er nicht darauf hoffen, *alle* Gedanken zu vergessen.

Vermutlich auf einen Hinweis von Abulafia hin gab der Maggid seinen Schülern den Rat, jeden Gedanken in seine Einzelbuchstaben zu zerlegen und über jeden Buchstaben zu meditieren, dabei aber unbedingt zu verhindern, daß eine rationale oder diskursive mentale Tätigkeit stattfindet. Mit der buchstabenweisen Zerlegung des Gedankens führte der Chassid ihn rückwirkend von der Erkenntnis zu Sätzen, zu Wörtern, zu Grundbuchstaben und diese dann zur präformalen Welt, aus der er kam, zurück. Techniken wie *Zeruf*, der »schlechte« Wörter gegen »gute« austauschen kann, halfen, jede dauerhafte Vorstellung aus dem Denken zu entfernen.

Wenn die Phase des »Bauens« abgeschlossen war, begann der Schüler mit den *Hachanoth* oder Vorbereitungen für das Gebet. Dies bedeutete, den Geist auf Gott auszurichten, den Körper zu reinigen, sich in nichtwollene Gewänder zu kleiden und einen besonderen Gürtel anzulegen, der das animalische Selbst vom spirituellen trennte. Nachdem er eine Prise Schnupftabak oder brennenden Weihrauch als Konzentrationshilfe genommen hatte, kniete der Chassid sich auf den

Boden, breitete seine Hände aus und hob sie gen Himmel, dann beugte er sein Gesicht zwischen die Knie. Wenn er zum Beten stand, dann schaukelte er oft, ebensosehr um ablenkende Gedanken zu vertreiben wie um seine Intensität auszudrücken. Rebbe Zwi Wolf von Zhitomer war ein Gegner dieser Gewohnheit zu schaukeln: »Der Chassid«, sagte er, »sollte den Gedanken an die Majestät und Größe des *En Sof* in seinen Geist eingehen lassen [...], ohne irgendwelche Bewegungen der Glieder, um fremde Gedanken zu vertreiben.«

Wenn der Maggid betete, sah er Licht aus den Worten des Gebetbuches herausfließen, ein Wort leuchtete in das nächste, und das Ganze verschmolz mit dem »Universum hoch oben«. Rebbe Schneur Salman, sein Schüler, sah Farben, wenn er den *Niggun* sang, einen wortlosen chassidischen Gesang, der die Ekstase einleiten sollte. »Die drei Farben Weiß [*Liebende Freundlichkeit*], Rot [*Gericht*] und Grün [*Schönheit*] können in einer Melodie ausgedrückt werden.« Folglich teilte er den mystischen Aufstieg in Stufen auf, die mit einer begleitenden Melodie betreten werden sollten. Um die Zustände *Hischtaphuth hanefesch* (Überwältigen der Seele), *Hitoreruth* (spirituelles Erwachen) und *Hitpaaluth* (Ekstase) herbeizuführen, komponierte Schneur Salman eine Viertaktmelodie mit dem Titel »Das Lied des Rebbe«, die von den Lubawitscher Chassidim bei ihrer Kontemplation noch heute gesungen wird.

Rebbe Aaron von Karlin (1736–72), der »Pionier der Chassidim in Litauen«, ging noch weiter und erklärte, daß Singen und Tanzen dem Studium und der Meditation gleich wären. Der heilige Levi Isaak von Berditschew komponierte, während er entzückt im Gebet versunken war, leidenschaftliche Loblieder:

Wo ich auch gehe – Du!
Wo ich grüble – Du!
Nur Du überall, Du immer Du.
Du, Du, Du.
Wenn ich glücklich bin – Du!
Und wenn ich traurig bin – Du!
Nur Du, überall Du.
Du, Du, Du.
Himmel ist Du!
Erde ist Du!

Du oben, Du unten!
In jeder Bewegung, an jedem Ziel,
Nur Du, überall Du!*

Wie die lurianischen Kabbalisten waren die Chassidim sehr bestimmt von der Idee, daß der Mensch für Gott ein notwendiger Helfer sei. Da das ABSOLUTE sich um des Menschen willen selbst beschränkt hatte, hatte der Mensch die Pflicht, die gesamte materielle Welt zu reinigen, damit das Licht von *En Sof* wieder ohne die von der Illusion geschaffenen Hindernisse scheinen könnte. Der Chassid zweifelte nie, daß seine Trennung von Gott nur Illusion war, und auch nicht daran, daß seine Aufgabe im Leben darin bestand, sich von dieser Illusion freizumachen. Die ekstatische Erfahrung wurde zur Waffe, diese Scheidewand zwischen seinem körperlichen und seinem spirituellen Selbst zu durchdringen: *Mohin degadluth* (erweitertes Bewußtsein) war sein Vehikel auf dem Weg zu Gott. Weil sogar das heilige Tetragrammaton in die materielle Welt gefallen war, war es seine Pflicht, auch es zu reinigen. Deshalb zog der Chassid, der aus sich einen Kanal für das göttliche Einströmen gemacht hatte, schon durch Essen, Kleiden, Schlafen und durch das Ausführen aller anderen alltäglichen und natürlichen Verrichtungen das Tier-, Mineral- und Pflanzenreich zurück zu Gott. Wer die von Worten entblößte Thora verstand, der vereinigte Gott mit SEINEM NAMEN. Ein solcher *Zaddik* mußte die Gebote gar nicht mehr physisch ausführen, denn er lebte in ihnen, verkörperte sie mit jedem Atemzug.

Geringere Menschen benutzten die irdischen Gebote in ihrer räumlichen und zeitlichen Beschränkung. Ein würdiger Chassid, der ein physisches Gebot ausführte, löste einen Impuls zur Vereinigung hin aus, der Rückwirkungen im ganzen Kosmos hatte, und dadurch brachte er sich und die ganze Schöpfung dem ABSOLUTEN etwas näher. Manche chassidischen Meister empfahlen auch, man solle bei jedem Bissen seiner Lieblingsspeise über den »köstlichen Geschmack« des SCHÖPFERS meditieren. Andere wiesen ihre Schüler an, sie sollten sich vorstellen, wie sie sich für die Heiligung des Namens Gottes in die Flammen stürzen würden. Nach Baal-schem Tows Tod kehrten die asketischer gesonnenen Chassidim wieder zu dem Modell ihrer mittel-

* Zitiert in: Harry M. Rabinowicz, *The World of Hasidism*, S. 53–54.

alterlichen deutschen Namensgeber zurück und ergingen sich in ebenso extravaganten Kasteiungen wie jene. Übungen, bei denen man sich bildlich vorstellte, man werde lebendig geschunden, wurden als Heilmittel gegen die Freude am Essen oder am Sex und als Antrieb zu ekstatischer Inbrunst angesehen. Zu starke Betonung der *schlechten* Gedanken und der Hüllen der Materie, die die Seele in sich schließen, führte manchmal zu extremer Selbstkasteiung. Um Torheit, Faulheit, Neid und ähnliches auszumerzen, murmelte man in manchen chassidischen Schulen Formeln wie »Der Kanaaniter, der Hethiter, der Amoriter, der Perizite, der Heviter, der Jebusiter und der Girgaschite« – die symbolischen Gegenstücke zu diesen Eigenschaften.

»Blicke nicht über deine vier unmittelbaren Ellen hinaus«, warnte ein Meister, »und wenn du doch außerhalb unterwegs bist und einer Frau begegnest [...] dann laß Gottes [weiblichen] Namen ›Adonai‹ vor deinen Augen entstehen.«

Viele asketische Chassidim enthielten sich des Sprechens. In einem Rückgriff auf die strengeren lurianischen Regeln beteten sie bei allem, vom Aufstehen am Morgen und der Entleerung bis zum Ausziehen am Abend. Die Generation chassidischer Meister, die nach dem Tod des Baal-schem Tow folgte, ahndete Ablenkung im Studiersaal streng; manchmal gingen sie dabei sogar so weit, daß sie ihre Schüler deren intimste Gedanken beichten ließen und sich auch in die ehelichen Pflichten einmischten. Reue wurde die Losung, wo einmal Freude geherrscht hatte. Ein Chassid formulierte es so: »Der Mensch wurde in dieser physischen Welt nur geschaffen, um seine Instinkte zu überwinden.« Die ernste und schuldbeladene Einstellung, die den Chassidismus des frühen 19. Jahrhunderts weithin kennzeichnet, war ein fernes Echo der freien und lebensbejahenden Proklamationen des Baal-schem Tow und der wonnevollen Gesänge des Levi von Berditschew. Die natürlichen Funktionen des Menschen waren nun kein Sinnbild mehr für Gott, sondern eine widerliche Notwendigkeit: »Wenn du spürst, daß du deine Eingeweide bewegen mußt, dann tue es sofort und lasse nicht zu, daß deine Exkremente in dir bleiben und dein Gehirn verschmutzen [...] Beflecke deine Seele nicht durch das Zurückhalten von solchem Stuhl und Urin, auch nur für einen Moment.« Eine solche Haltung konnte nur zu Haarspalterei, kleinlichem Gezänk und dem unvermeidlichen Niedergang der späteren Bewegung führen.

Aus dem Gewirr der *Zaddikim*, die im Gefolge von Baal-schem Tow und dem Maggid aufkamen, verdienen drei Männer besondere Aufmerksamkeit. Rebbe Nachman von Breslau, Urenkel des Baal-schem Tow, war ein wandernder Chassid, der, wo immer er sich gerade befand, erleuchtende Vorträge über Meditation hielt. Schneur Salman von Liadi, ein großer Gelehrter und der wichtigste Schüler des Maggid, entwickelte eine Philosophie des Chassidismus. Und Dow Bär von Lubawitsch, Schneur Salmans Sohn, kodifizierte die Ekstase, auf der die Bewegung beruhte.

Rebbe Nachman von Brazlaw, ein wahrer Sproß von Baal-schem Tows Familienbaum und der hoffnungsvollste, heiterste und optimistischste Chassid, wurde am 4. April 1772 in Miedzyborz geboren, in der Stadt, in der sein Urgroßvater Hof gehalten hatte. Seine Mutter war die Tochter von Baal-schem Tows heiligenhafter Tochter, sein Vater einer der führenden Schüler des Meisters. Mit dreizehn Jahren wurde Nachman mit der Tochter eines prominenten Rabbi verheiratet, der dem jungen Paar in den ersten fünf Jahren ihres Ehelebens ein Heim gab. Schon in diesem zarten Alter hatte Rebbe Nachman eine eigene Gefolgschaft angezogen, von denen viele ihn begleiteten, als er nach dem Tod seiner Schwiegermutter seinen Haushalt nach Medvedevka verlegte. Dort predigte er zehn Jahre lang, zog noch mehr Chassidim an und sammelte einen besonders illustren Kreis von Schülern um sich. Sein Amt in Medvedevka wurde durch eine mysteriöse Pilgerfahrt ins Heilige Land und eine Fehde mit einem prominenten Gegner des Chassidismus unterbrochen. Danach richtete sich Rebbe Nachman in Brazlaw ein, seinem letzten Aufenthaltsort. Am 3. September 1802 hatte er eine schicksalhafte Begegnung mit Rabbi Nathan, dem Sohn eines reichen Geschäftsmannes, der sofort sein Bewunderer, lebenslanger Gefährte und Schreiber wurde. Rebbe Nachman war damals dreißig Jahre alt, Rabbi Nathan zweiundzwanzig. Rabbi Nathan gab seine geschäftlichen Unternehmungen auf, um zu Füßen seines Lehrers zu sitzen, auch wenn seine Familie diese Verbindung mißbilligte. Auf Rebbe Nachmans Geheiß hin alphabetisierte er die Hauptlehren der Breslauer Schule und legte ein Verzeichnis der Vorträge des Meisters für den Gebrauch der Brazlawer Chassidim an, die später ohne

Führer blieben. Aus diesem Grund werden die Brazlawer Chassidim noch heute die »toten Chassidim« genannt. Rabbi Nathans Manuskript, eine vollständige und genaue Aufzeichnung der Lehren Rebbe Nachmans, wurde 1805 abgeschlossen und bald danach als *Lekutej Moharan* (»Die Sprüche des Meisters«) veröffentlicht. Der Schlüssel zu dem Buch ist Nachmans berühmte Lehre von der *Hitbodeduth*, eine Meditation, die formlos, überall und jederzeit praktiziert werden konnte.

Rebbe Nachman, der an Tuberkulose erkrankt war und um seinen nahen Tod wußte, bat seine Schüler, ihn nach Uman zu bringen, das kurz zuvor Schauplatz eines Pogroms gewesen war, denn er wollte die Seelen der gepeinigten Juden mit den durch seinen eigenen Tod erreichten *Tikkunim* (Korrekturen) begleiten. Der achtunddreißig Jahre alte Rebbe Nachman behielt seinen aktiven Lehrplan bis zuletzt bei und starb 1811 in Uman, wie er gewünscht hatte. Rabbi Nathan zeichnete jede Phase seines Todes mit derselben Liebe und Sorgfalt auf, die er schon den Lehren gewidmet hatte: »Wir legten ihn, in sein feines Seidengewand gekleidet, auf sein Bett. Er bat [Rabbi] Schimon, seine Kleider zu ordnen und die Ärmel zuzuknöpfen, damit sein Hemd nicht aus dem Gewand herausrage [...] Er nahm ein kleines Wachskügelchen und rollte es zwischen den Fingern, wie er es in seinen letzten Tagen oft tat, wenn er tief in Gedanken versunken war. Auch in seiner letzten Stunde flogen seine Gedanken durch Ehrfurcht erregende Welten, und er rollte dieses Kügelchen aus Kerzenwachs zwischen den Fingern bei großer Klarheit des Geistes. Das Haus war voller Leute, die gekommen waren, ihn zu ehren [...]

Nicht lange, und er verschied und wurde in großer Heiligkeit und Reinheit zu seinen Vätern aufgenommen. Er verschied hell und klar und ohne Verwirrung, ohne eine einzige widerstrebende Geste, in einem Zustand der ehrfürchtigen Ruhe.«*

* Alle Zitate zu Rebbe Nachman sind Aryeh Kaplan, *Rabbi Nachman's Wisdom*, entnommen.

Obgleich Rebbe Nachman die freudige und spontane Meditation über alles stellte, hatte er doch seine Karriere mit strengem Fasten begonnen, das schließlich zu einem Halsleiden geführt und seine Konstitution geschwächt hatte. Er hielt diese »Hingabe« seiner Kindheit vor seiner Familie geheim und schaffte es dennoch, den Talmud, die Bibel, den *Sohar* und die lurianische Kabbala zu studieren. Schon im Knabenalter hatte sich bei seinem Thorastudium gezeigt, daß er ein absolutes Gedächtnis hatte, aber es fiel ihm sehr schwer, den mischnaischen und talmudischen Legalismus zu verstehen. Jahrelang sonderte er sich ab und versenkte sich in inbrünstiges Singen und Gebet, zuerst rezitierte er nur die Einleitungsverse der Psalmen, schrie dann aber in wortlosem Gebet zu Gott. Diese »persönlichen Gespräche« wurden zur Hauptstütze seiner kontemplativen Praktiken.

Der junge Nachman verbarg seine religiösen Neigungen gut; er lief im Winter auf dem Dorfweiher Schlittschuh, spielte mit den anderen Jungen seines Alters und wurde eine Art herausragender Sportler. Aber in seinem Privatleben zwang er sich, stundenlang in anhaltender Konzentration zu sitzen, und dachte dabei: »Ich habe nur diesen einen Tag. Ich will das Morgen und alle künftigen Tage ignorieren. Ich habe nur diesen einen einzigen Tag.« Anhaltende mentale und physische Übungen dieser Art führten schließlich zum Erwerb übernatürlicher Kräfte. Später erzählte er seinen Schülern: »Jeder kann die höchste Stufe erreichen. Es hängt von nichts anderem als deiner freien Entscheidung ab. Du mußt dich wahrhaft um dich sorgen und sorgfältig entscheiden, was an wirklich Gutem vor dir liegt [...] Das Wichtigste ist das Gebet. Gewöhne dich daran, vor Gott zu flehen und zu bitten. Sprich zu Ihm in der Sprache, die du verstehst, das ist besonders wichtig. Bitte Ihn, dir die Augen zu öffnen. Fordere Ihn auf, dir auf dem Weg der Andacht zu helfen. Bitte darum, daß du würdig bist, nahe zu Ihm zu kommen.«

Die Reise in das Heilige Land fügte Rebbe Nachmans erhabenem Zustand eine weitere Dimension der Spiritualität hinzu. Seinen Schülern war sofort bei der Rückkehr klar, daß der Meister neue, ihnen unbekannte Höhen der Ekstase erreicht hatte. »Seine Vision kannte keine Grenzen«, schrieb Rabbi Nathan. Und von diesem Moment an predigte

Nachman die Verwirklichung des »Nichtwissens«: »Egal wie hoch man kommt, es gibt immer eine weitere Stufe. Deshalb wissen wir nie irgend etwas und erreichen doch nicht das wahre Ziel. Dies ist eine sehr tiefe und geheimnisvolle Vorstellung.« Rebbe Nachman sah offensichtlich die gefahrvolle Reise in das Heilige Land als eine lebendige Metapher für die dramatische Ausweitung seines eigenen Bewußtseins – sie hatte ihn gelehrt, wie wenig er wirklich wußte. Die Bedeutung des »Nichtwissens« erschien ihm so stark, daß er alle philosophischen Betrachtungen als blassen Schatten der intuitiven Kräfte der Thora verächtlich zu machen begann. Er ermahnte seine Chassidim, jeden Wunsch nach Reichtum, intellektuellem Wissen, Schönheit und anderem Besitz aufzugeben. Weltliche Vergnügen, sagte er, sind »wie Sonnenstrahlen in einem dunklen Raum. Sie sehen vielleicht aus, als stünden sie fest, aber wer einen Sonnenstrahl zu fassen versucht, hat nichts in der Hand.«

Wenn der Brazlawer Chassid sich von seinem Begehren gereinigt hatte, konnte er sich der Meditation der Freude nähern. »Torheit«, sagte Rebbe Nachman, konnte einen Menschen zur Wonne erheben; durch das »Schreien im Schweigen« erhielt er eine direkte Verbindung zu Gott: »Du kannst laut mit einer ›stillen, sanften Stimme‹ [1. Könige 19, 12] schreien, ohne daß dich jemand hört [...] Jeder kann das tun. Stelle dir nur in deinem Geist den Klang eines solchen Schreis vor. Male dir den Schrei in deiner Vorstellung aus, ganz genau so wie er klingen würde. Behalte dies bei, bis du [...] in dieser klanglosen ›stillen, sanften Stimme‹ schreist. Dies ist wirklich ein Schrei und nicht bloße Vorstellung. So wie einige Werkzeuge den Klang von deinen Lungen auf deine Lippen bringen, bringen andere ihn zum Gehirn. Du kannst den Klang durch diese Nerven ziehen und ihn dadurch buchstäblich in deinen Kopf bringen. Du kannst in einem Raum voller Menschen stehen und auf diese Weise schreien, und keiner kann dich hören. Wenn du dies tust, kommt vielleicht manchmal ein Geräusch über deine Lippen. Die Stimme, die durch die Nerven geht, kann auch die Stimmorgane aktivieren, die dann vielleicht einen sehr schwachen Klang hervorbringen [...] Es ist sehr viel leichter, auf diese Weise ohne Worte zu schreien. Wenn du Worte zum Ausdruck bringen willst, ist es sehr viel schwieriger, die Stimme im Geist zu halten, ohne irgendein Geräusch herauszulassen. Aber ohne Worte ist es sehr viel leichter.«

Um derart konzentrierte »Gespräche mit Gott« zu führen, übte sich der Breslauer Chassid darin, sein Geschäft, seine derzeitigen und vergangenen Erfahrungen, seine häuslichen Angelegenheiten und alle wirklichen oder eingebildeten Übertretungen, die er begangen hatte, zu »vergessen«. Sobald ein Ereignis stattgefunden hatte, verhinderte er, daß es jemals wieder in seinen Geist eindrang. Völlig im Augenblick zu leben, war alles, was der Rebbe je von seinen Schülern als Art »Kasteiung« verlangte, denn Nachman vergaß nie die Depressionen, die er als Folge seiner jugendlichen Askese auszuhalten hatte. Die Erfahrung hatte ihn gelehrt, wie sehr solche Praktiken die Gesundheit des Chassiden ruinieren konnten. Er spürte, daß nur *Hitbodeduth* dem Menschen erfolgreich zeigen konnte, daß sein »wahres Gesicht sein Geist ist, der ihn von innen heraus erhellt«.

Rebbe Nachman, der subtilste aller chassidischen Psychologen, unterschied zwischen »gebrochenem Herzen« und »Depression«, zwischen spirituellem Sehnen und verdrießlicher Selbstbezogenheit. Er wies seine Schüler an, jeden Tag eine bestimmte Zeitspanne für die »Perioden des gebrochenen Herzens« vorzusehen, die der Begegnung mit Gott in totaler Selbstverleugnung und Sehnsucht gewidmet sein sollten. Damit sie Sehnsucht und Depression nicht verwechselten, definierte er letztere als ärgerliche Beschwerde gegen Gott und verglich sie mit der trotzigen Stimmung eines Kindes. Andererseits konnte sich der Schüler, wenn er wollte, als ein Kind betrachten, das von seinem Vater getrennt war und sich mit gebrochenem Herzen danach sehnte, wieder mit ihm vereinigt zu werden. Dies war ein sichere Methode, die den Geist nicht beschädigte, der ja das wertvolle Instrument war, mit dem der Chassid »zu den erhabensten Höhen vordringen« konnte.

Rebbe Nachman ließ nicht ab, die Kräfte des konzentrierten Geistes zu preisen: »Wer nicht meditiert, kann auch keine Weisheit haben. Er mag gelegentlich in der Lage sein, sich zu konzentrieren, aber nicht über eine nennenswerte Zeit hinweg. Sein Konzentrationsvermögen bleibt schwach und kann nicht aufrechterhalten werden. Wer nicht meditiert, der bemerkt auch die Torheit der Welt nicht. Aber einer, dessen Geist entspannt und durchdringend ist, der kann sehen, daß alles eitel ist.«

Wie andere jüdische Meister glaubte auch er fest daran, daß Gedanken die Dinge in der physischen Welt wirklich beeinflussen können. Aber im Unterschied zu anderen ermahnte Rebbe Nachman seine

Schüler, sich so stark auf spirituelle Impulse zu konzentrieren, daß sie wahr werden. Er gab ihnen den Rat, sie sollten buchstäblich von dem Wunsch nach *Debekuth* besessen sein. Diese auf das Herz gerichtete Haltung wurde »Gottes Rat« genannt. Während man sich auf das Herz konzentrierte, schenkte man jedem Wort des rezitierten Gebetes vollkommene Aufmerksamkeit, dann betonte man jeden Buchstaben und visualisierte sich selbst als Glied des kosmischen Menschen. Wenn der Chassid durch einen speziellen Teil der Liturgie zur Ekstase geführt wurde, dann wußte er, daß er das Glied berührt hatte, aus dem seine Seele gekommen war. Wenn die Ekstase schwand und die Worte seicht wurden, wußte er, daß er die »Wurzel« seiner Seele verlassen hatte: »Dein zukünftiges Leben ist ganz von dem bestimmt, was du während der Erkundungsphase findest. Wenn du einer längeren Zeit würdig bist, in der die von deinen Taten geschaffenen Lichter scheinen, dann wirst du sicher mehr Gutes in der Schatzkammer des Königs finden. Es hängt alles davon ab, wie lange deine Lichter brennen.«

Wie der Ari, so übernahm auch Rebbe Nachman die volle Verantwortung für seine Chassidim und ging dabei so weit, daß er jedem einzelnen spezifische spirituelle Heilmittel vorschrieb. Seine Anhänger glaubten, er habe auch Aris Fähigkeit, in den Gesichtern zu lesen. Nachman selbst behauptete, er könne den Grad des spirituellen Verstehens einer Person aus deren ersten Worten erkennen. Nachman sagte, er könne eine wollüstige Person an der Form ihrer Nase erkennen und die Reinheit des Glaubens eines Chassiden an der Form seiner Füße. Nachman, dessen Anforderungen einfacher als die des Ari waren, ermutigte seine Schüler, ihre täglichen Verrichtungen mit großer Frömmigkeit auszuführen. Er entwickelte nicht komplizierte *Jichudim*, sondern verordnete manchen Chassidim eine längere Meditation und anderen eine vegetarische Diät. Alle seine Schüler aber mußten den *Schulchan Aruch* (Gesetzeskode) täglich lesen. Er war flexibel genug, ungebildeten Chassidim das Beten in den Wiesen zu erlauben, und er ermunterte sie, in ihrer eigenen Sprache mit Gott zu sprechen, wenn sie nicht hebräisch sprechen konnten. Für Rebbe Nachman war das Sprechen aus der Tiefe des Herzens immer sehr viel wichtiger als das Zurschaustellen von Gelehrsamkeit.

Jede während des Tages ausgeführte körperliche Bewegung war ein Sinnbild dafür, daß der Chassid sich Gott übergeben hatte. Der Brazlawer verdichtete sein ganzes Wesen in einen Wunsch nach Wahrheit, indem er imaginäre Dialoge mit seiner Seele hielt: *Was wird aus dir werden? Was wirst du am Ende tun? Was wirst du dem Einen antworten, der dich gesandt hat? Was denkst du? Was bist du auf der Erde anderes als ein Fremder? Was ist dein Leben, wenn nicht eitel und nichtig? Du weißt das genau. Was sagst du dazu?*

Unter der geschickten Anleitung seines Meisters bewegte der Brazlawer Chassid diese Fragen in seinem Geist hin und her, bis sie in seine Seele eingedrungen waren. Nach langer Meditation stieß er auf die Wahrheit hinter diesen Fragen: Es gab kein Entrinnen vor dem Leiden der Welt außer auf dem Weg der Thora. Rebbe Nachman versicherte ihm, daß er recht hatte, daß auch die heidnischen Philosophen zu diesem Schluß gekommen waren. »Aber«, setzte er hinzu, »wenn du dich davon abwenden und in den tiefen Treibsand dieser Welt versunken bleiben willst, dann wird dich niemand daran hindern.«

Rebbe Schneur Salman: Der intellektuelle Mystiker

Die direkte Antithese zu Rebbe Nachmans demokratischer Behauptung, daß mit der richtigen meditativen Ausbildung und Andacht alle Menschen *Zaddikim* werden könnten, war Rebbe Schneur Salmans Erklärung, daß die wahren *Zaddikim* geboren, nicht gemacht wurden. Dieser russische Intellektuelle, gepriesener Schüler des Maggid und Gründer seiner eigenen Sekte, stärkte die lurianische Kabbala innerhalb des chassidischen Kontextes. Schneur Salman, geboren 1747 in Liosno in Zentralrußland, war ein Wunderkind mit einem besonderen Talent für die komplexen Labyrinthe der talmudischen Logik. Aber anstatt bei dem großen Gaon von Wilna zu studieren, was die übliche Wahl für ein talmudisches Genie gewesen wäre, entschied sich der junge russische Gelehrte für den Maggid von Mesnitsch. Der Meister beauftragte seinen neuen Schützling sofort, eine Neuinterpretation des *Schulchan Aruch* zu schreiben, die Schneur Salman in seinem 25. Lebensjahr abschloß. Neben seinen chassidischen Studien war er auch noch Schüler des Menachem Mendel von Witebsk, der damals mit dem Maggid zusammen die Originallehren des Baal-schem Tow verbreitete.

Doch schon zu dieser Zeit begann Schneur Salman mit seinem eigenen philosophischen Opus, *Tanja* (ein Akronym für den vollständigen Titel des Buches), an dem er zwanzig Jahre lang arbeitete.

Als der Streit zwischen den rationalistischen *Mitnaggedim* und den Chassidim seinen Höhepunkt erreicht hatte, sandte der kränkelnde Maggid Schneur Salman und Menachim Mendel als Fürsprecher zu dem Gaon von Wilna, der damals drohte, über die ekstatische Sekte die Exkommunikation zu verhängen. Er dachte, Schneur Salmans Reputation als Talmudist würde sicherlich die Tür zu einer Versöhnung öffnen. Doch der Gaon war so sehr gegen die Chassidim eingestellt, daß er den beiden Gelehrten nicht einmal erlaubte, über seine Eingangshalle hinaus einzutreten. Kurz danach wurde der angedrohte Bann verkündet, und der Krieg zwischen Rationalisten und Mystikern begann offiziell. Dies hielt Schneur Salman aber nicht davon ab, 1796, als die Auseinandersetzungen auf ihrem Höhepunkt waren, sein *Tanja* zu veröffentlichen. Etwa in derselben Zeit reiste Menachem Mendel mit einigen Schülern in das Heilige Land. Als er ein Exemplar des Buches seines Freundes erhalten hatte, war er entsetzt. Er hatte den Eindruck, Schneur Salman habe Baal-schem Tows Lehren völlig fehlinterpretiert; *Tanja* war zu »kabbalistisch« für den Durchschnittschassiden – das Buch mußte vernichtet werden. Ein zweites Schisma folgte, diesmal eines innerhalb der Chassidim selbst, ein Bruch, der bis heute die Lubawitscher Sekte Schneur Salmans von allen anderen isoliert hat. Feinde jeglicher Art überredeten die nichtjüdischen russischen Behörden, Schneur Salman als Spion gefangenzunehmen. Aber nach einigen Monaten wurden alle Anklagen fallengelassen, er kam frei und erhielt schließlich die Erlaubnis, sich in Liadi niederzulassen, wo er der Führer einer Sammlung von jüdischen mystischen und politischen Gruppen wurde.

Da er glaubte, daß »der gewöhnliche Mensch im Streit mit seiner animalischen Natur liegt, und nur der wahre *Zaddik* seine animalische Seele völlig überwinden kann«, verhalf Schneur Salman dem chassidischen Meister zu ungeheuer hohem Rang. Auch heute noch herrschen seine Lubawitscher Nachfolger, angesehene Wundertäter, mit starker Hand über Hunderttausende loyaler Chassidim, die ihren Willen den Entscheidungen des *Zaddik*, ihres Rebbe, unterordnen. Des weiteren wurde die Lubawitscher Dynastie auch durch ihre traditionelle Vater-Sohn-Nachfolge so stark. Der heutige Rebbe, der in Brooklyn residiert, ist ein Schwiegersohn des vorhergehenden Rebbe, einem direkten Nachfahren Schneur Salmans.

Vermutlich aufgrund seiner natürlichen intellektuellen Neigung betonte Schneur Salman in der Erleuchtung den Aspekt des »Wissens«. Anders als der Baal-schem Tow, der für die einfache Hingabe eingetreten war, war bei ihm *Hasaga* (Intellekt) das wichtigste Mittel zur *Debekuth*. Die Lubawitscher beschworen *Wissen*, die geheime Sphäre auf dem kosmischen Baum, als eine kontemplative Phase, während der der Geist sich selbst mit der »Idee« Gottes verband, bevor er sie an die emotionalen Zentren weitervermittelte. *Weisheit* repräsentierte das erste Aufleuchten des Göttlichen Bewußtseins; *Verstehen* richtete es für die Reflexion auf einer physischen Ebene zu. Wo andere Kabbalisten die Kontemplation mit den sieben unteren Sphären begonnen hatten, ging Schneur Salman charakteristischerweise direkt zum Gehirn. *Chabad,* wie er sein System nannte, ist ein Name, der aus den ersten hebräischen Buchstaben der Sphären *Weisheit* (*Chochma*), *Verstehen* (*Bina*) und *Wissen* (*Daat*) gebildet ist und unsichtbar zwischen den ersten beiden steht. *Wissen,* der flüssige Mittler zwischen Körper und Idee, bewegte den Chassiden in Richtung auf die beiden höheren Bewußtseinszustände und half ihm gleichzeitig, dorthin »emporzusteigen«.

Zum kosmischen Baum der Sphären zurückgekehrt, ignorierten die Chabad-Chassidim die Buchstaben des Gebetes fast völlig. Schneur Salmans Schema der visuellen und intellektuellen Kontemplation bestand darin, Gottes Allwissenheit zu reflektieren, wobei man sich die eigene Seele als einen Funken vorstellte, der aus einer großen Flamme hervorging, bis man die Trennung zwischen dem Selbst und der Idee, auf die man sich konzentrierte (ein Zustand genannt *Tewuna*), nicht mehr wahrnahm. Der Lubawitscher Rebbe empfahl, sich zuerst auf die geschaffenen Dinge zu konzentrieren, denn sie waren leichter in Bilder zu fassen. Die fortgeschrittene Meditation bestand in der Reflexion über das Nichts, aus dem diese geschaffenen Dinge entstanden waren. »Freude« kam mit dem Gefühl der Nähe zu Gott; »Sorge« beim Empfinden Seiner Ferne. Wenn die Seele des Chabad-Chassiden wirklich den Raum zwischen dem Selbst und dem anscheinend unzugänglichen Schöpfer überbrücken wollte, dann verdichtete er alle »illusorischen«

Sphären in ein Licht. Die als Ergebnis dieser Visualisierung eintretende Ekstase nannte Schneur Salman *Hitlahawuth* und die auf das kontemplative Gebet folgende Entrückung *Hitpaaluth.*

Wie sein Meister, der Maggid, so glaubte auch Schneur Salman, daß Gottes Unsichtbarkeit eine vom Nichtwissen des Menschen erzeugte Illusion sei. Das beste Mittel, diesen Zauber zu durchbrechen, war, wenn ein Chassid seine Seele ganz bewußt mit Hilfe des Atems, an den sie gebunden war, motivierte: »Wenn jemand atmet, tut er das aus seinem Inneren heraus, aus seinem allerinnersten Wesen. Wenn jemand stark atmet, dann gebraucht er seine essentielle Macht und sein innerstes Wesen.« In seinem Buch für die durchschnittlichen, spirituellen Sucher, *Sefer schel Benonim,* empfahl Schneur Salman die Meditation über das ungeteilte ABSOLUTE, ohne die sonst damit einhergehenden üblichen Verweise auf Sphären und Geisteszustände. Er erinnerte jedoch daran, daß das bloße Erfassen der Idee von Gottes Größe nur ein Teil des Prozesses war, daß nur das erlebte Bewußtsein von Ihm an die Stelle der Wunschphantasien, die als Ekstase gelten könnten, treten kann. Das Ritual wurde zur Zuchtrute des Chassid, zu einer Vorbedingung für die Auslöschung des Ich, das der mystischen Einheit vorausgehen muß: »Solange die animalische Seele der göttlichen als Vehikel dient, wozu sie auch da ist, gibt es vollständige Einheit und Harmonie; in dem Moment aber, in dem die animalische Seele selbständig handelt, ist die Harmonie gestört.« Nur anhaltende Kontemplation konnte die göttliche Intelligenz, die in jeder Seele wohnt, wecken. Und nur die göttliche Intelligenz konnte einen voranbringen, hin zur *Weisheit,* »der Anerkennung der Unwirklichkeit der Materie, wie sie durch die Sinne wahrgenommen wird, einschließlich der vollständigen Aufhebung des Selbst und des Aufgehens im Göttlichen Ganzen«. Ständige Verfeinerung der animalischen Seele durch die Mittel der Kontemplation, die die göttliche Intelligenz mit einbezog, würde schließlich den illusorischen Schleier der Materie, der den Menschen von seinem göttlichen Ursprung trennt, beseitigen, denn auf dieser Ebene war die menschliche Seele buchstäblich ein Teil des ABSOLUTEN.

Die Arbeit an der animalischen Seele mußte auf besondere Art geleistet werden. Nach Schneur Salman war verdienstvolles Handeln eine Möglichkeit, deren Einfluß zu verringern; das Gebet eine andere. »Während des ernsten, ekstatischen Gebets wird das Animalische [...] mesmerisiert [...] Alle fleischlichen Gedanken sind verbannt [...].« Der Chassid, der noch immer »natürliche« Neigungen hegte, konnte nicht als vollkommen gelten. Aus diesem Grund meinte der Lubawitscher Rebbe, die Gebote einzuhalten, sei ein Mittel, die göttlichen Funken von dem, das sie gefangenhält, zu befreien, den Hüllen aus Materie, die alles animalische, pflanzliche und mineralische Leben einschließen. Wenn diese die Funken befreienden Taten außerdem durch die Leistung vieler »gewöhnlicher« Chassidim vervielfältigt wurden, »spiritualisierten« sie die gesamte physische Welt. Das Zeichen für die perfekte Ausführung des Rituals war der ekstatische Blick des Chassid auf das Sinai-Mysterium.

Dennoch sagte der Rebbe: »Dieselbe schöpferische Kraft, die für die Existenz des Guten und des Heiligen verantwortlich ist, ist auch für das Böse und Unheilige verantwortlich.« Mit dieser Erkenntnis ignorierte der Chabad-Chassid den didaktischen Aspekt der Gebote und betonte statt dessen ihre überrationale Eigenschaft. Das Thorastudium bedeutete beispielsweise, den menschlichen und den göttlichen Intellekt auf dem Boden des Physischen zu verbinden. Auf diese Weise brachte das *Denken*, die Speise der Seele, der Seele durch das Studium der Schrift Nahrung. Wenn der Chassid mit der physischen Reinigung die Wünsche des animalischen Selbst überwunden hatte, dann war die Seele frei, sich in mystischem Flug zu ihrem Ursprung emporzuschwingen. Die beste »physische« Tat, sagte Schneur Salman, war Wohlwollen gegenüber seinen Mitmenschen. Das Gebet konnte man jedoch noch weniger für sich nutzen, denn es war »ausschließlich eine Angelegenheit zwischen dem Andächtigen und seinem Schöpfer«. Der Rebbe wies seine Chassidim an, auf gar keinen Fall *um* oder *für* irgend etwas zu beten, sondern die Liturgie als ein Instrument zur Selbstanalyse zu benutzen. Er erinnerte sie daran, daß das Wort *hitpalel* (beten) auch »sich selbst richten« bedeutet. Die Befreiung der Seele wurde so zur täglichen Erfahrung des Chassid. Sie wurde als »Befreiung aus

Ägypten« symbolisiert, und die dreimal täglich verrichteten Gebete befreiten die göttliche Seele von ihren materiellen Hüllen. (*Mizraim*, der hebräische Name für Ägypten, wurde durch eine Verschiebung der Vokalzeichen zu *Mezarim* [Begrenzungen].) Nachdem der Chassid gelernt hatte, sich an diesem »Exodus« zu erfreuen, versuchte er ihn zu wiederholen und zu einem Dauerzustand zu machen, den er *Schabbat* (Vollkommenheit) oder Sabbat nannte. Er las aber die Erfahrung metaphorisch auch in die Werktage. Der Rebbe lehrte seinen Schüler, daß es die Aufgabe der Wochentage war, mit Hilfe guter Taten, nachdenklichem Sprechen und auf Gott ausgerichtetem Denken für sich selbst eine Hütte zu »bauen«. Am Sabbat aber sollte er überhaupt nicht »bauen«, sondern sich in die Hütte zurückziehen und dort in Heiligkeit »ohne Ägypten« (ohne materielle Beschränkungen) wohnen.

Den vollkommenen »Sabbat« bauen

Nur die von einem gefestigten Intellekt, einem demütigen Ich und einem sehnenden Herzen geübte absolute Konzentration konnte den vollkommenen *Sabbat* bauen. Dennoch, so Schneur Salman, »gibt es kein Gebot, Gefühle zu erregen, die nicht vorhanden sind, sondern man soll eine natürliche und tiefverwurzelte Zuneigung wecken und pflegen«.

Der Rebbe, der immer praktisch war, wies der Materie keinerlei negativen Züge zu. Der Mensch benutzte sie, er bestand sogar daraus; sein Ziel sollte sein, so viel Geist in sie einfließen zu lassen, daß sie Gott reflektierte. Die Eigenschaften der Natur – Aktivität, Beharrlichkeit und vollkommenes Gleichgewicht – waren hilfreich, faule Gemüter und Körper anzuregen und überaktive zu beruhigen. In der Chabad-Ausbildung gab es keine Kasteiungen, keine Verdammung der natürlichen Körperfunktionen, die für viele zeitgenössische chassidische Sekten charakteristisch waren. Statt dessen verwandelte der Lubawitscher Schüler Lust in Liebe und pflanzte sein Sehnen auf die rechte Seite seines Herzens, weg vom linken Ventrikel, dem symbolischen Sitz des »sinnlichen« Begehrens, und ließ seine Seele mit dem UNENDLICHEN verschmelzen, »denn das ist von Natur aus sein Wille und sein Begehren«.

Dow Bär von Lubawitsch: Die zehn Stufen der Ekstase

Schneur Salmans unnachsichtiger Monismus wurde durch seinen Sohn Dow Bär (1774–1827) noch weiter verstärkt. Wie der Maggid, sein verehrter Namensvetter, war auch Dow Bär von Lubawitsch der Idee verpflichtet, daß es »nichts außerhalb Gottes gibt, denn alles ist in Gott«. Diese »panentheistische« Philosophie (anders als der Pantheismus, der Gott in allem sieht) veranlaßte ihn dazu, zwischen der »physischen« und der »spirituellen« Ekstase zu unterscheiden. Sein Glaube an die verschiedenen Stufen der spirituellen Vollendung, personifiziert durch »Leitern« der Seele, führte dazu, daß Dow Bär die Ekstase in zehn Stufen einteilte, von denen fünf in der animalischen und fünf in der göttlichen Seele lagen.

Als er von seinem Vater das Amt als Führer der Chabad-Chassidim übernahm, traf er nicht auf uneingeschränkte Zustimmung. Rebbe Aaron von Staroselye, einer der wichtigsten Schüler seines Vaters, griff Dow Bärs sogenannten »intellektuellen« Stil der Kontemplation folgendermaßen an: »Wenn über Seine Einheit, gesegnet sei Er, und Seine Zuneigung zur Welt kontempliert werden soll [...] dann zuerst nur in jener Art der Kontemplation, die nur in der Reflexion der Majestät des Königs besteht [...] Ich habe bei dieser Art ziemlich ausführlich verweilt, weil sich viele von dem vernünftigen Weg abgewandt und aus dieser Lehre die Idee abgeleitet haben, das einzige, was zählt, sei allein die Kontemplation ohne irgendwelches Erwachen des Herzens.«*

Nach Rebbe Aaron hatte Schneur Salman, der »Ältere Rebbe«, seinen Chassidim zumindest die Illusion der Liebe gelassen, wenn er den Eindruck hatte, sie wären noch nicht bereit, das NICHTS zu kontemplieren. Als ob der Führer der Bewegung, nachdem er einen Blick auf einen persönlichen Gott zugelassen hatte, seinen Sinn geändert und ihn rasch wieder weggenommen hätte. Ohne Rücksicht auf seines Vaters offensichtliche Neigung zu einem »Gott mit Form« war Dow Bär entschlossen, sie durch NICHTS zu ersetzen. Er tadelte seine Chassidim, weil sie diese Neigung benutzt hatten, »Ekstase« herbeizuführen, die er

* Aus der Einleitung zu: Dow Bär von Lubawitsch, *Tract on Ecstasy*, S. 44–45.

für einen spirituellen Selbstkitzel hielt. Dies war nicht der Weg, »denn wenn einer sich darin übt, diesen Zustand mit vielen Kunstgriffen herbeizuführen, dann freut er sich mit der Glut seiner Begeisterung, wenn er ihn erlebt [...] wenn er sich aber nicht einstellt, dann ist er deprimiert. Dies [...] ist die Quelle einer großen Verwirrung.«

Schon in den Jahren von Dow Bärs Führung gab es die künstlich herbeigeführten Ekstasen, die an der Grenze zur Hysterie waren und bereits den Niedergang der chassidischen Bewegung anzeigten. Um sich dem entgegenzustellen, ermahnte er seine Anhänger, sie sollten ihre Meditation weg von dem Erlebnis der Ekstase und auf das GÖTTLICHE hin lenken. Die Chabad-Kontemplation richtete sich jetzt ausschließlich auf die Idee »Alles ist Gott«. Daher konnte das göttliche Nichts nur durch einen gleich »nichtseienden« und nicht durch einen »wonneerfüllten« Menschen erfahren werden. Um die Technik dieses sich Leerens zu unterrichten, stellte Dow Bär seinen Traktat »Über Ekstase« zusammen, der nach 1814 veröffentlicht wurde.

Er beginnt mit der kompromißlosen Erklärung: »Es gibt keine Wirklichkeit in geschaffenen Dingen [...] aus der Perspektive der göttlichen Lebenskraft, die uns erhält, haben wir keine Existenz [...] Woraus folgt, daß es außerhalb Seiner Existenz keine andere Existenz gibt [...].« Dow Bär benennt den Wunsch nach der Erfahrung des GÖTTLICHEN als den ersten Schritt auf dem Weg zur Wahrheit. Eine derartige Ekstase besteht nach Dow Bär, dem »Mittleren Rebbe«, aus »Lieben« und wird im physischen Herzen erlebt. Den intellektuellen Wunsch, Gott zu erkennen, nannte er »von weitem hören«. Von hier schritt der Chassid zur natürlichen »Furcht« voran, zu dem Punkt, an dem er sich entschloß, seinen Lebensstil entsprechend seiner Suche nach Vereinigung zu ändern. In dieser Phase fühlte er sich häufig unwohl und angetrieben, sich aus der materiellen Welt zurückzuziehen. Selbst wenn der hingebungsvolle Schüler sich von kurzfristigen Errungenschaften ferngehalten und damit »Hindernisse« aus dem Weg geräumt hatte, war er »nur durch Ekstase im Denken und noch überhaupt nicht von der Ekstase des Herzens bewegt«. Aber in der Erkenntnis, daß er jedesmal, wenn er meditierte, näher zu Gott gezogen würde, konnte er sich am Gottesdienst erfreuen und barmherzige Dinge tun.

Ekstase des Herzens kündigte sich als tiefes, lebendiges Gefühl des ABSOLUTEN an, war aber immer noch eingehüllt in das »Gewand« des animalischen Selbst. Aus dem animalischen Selbst konnte nur eine große mentale Anstrengung die intellektuelle »Liebe« und »Furcht« hervorbringen, die beiden Voraussetzungen für das höhere Bewußtsein, die auf der kontemplativen Karte des Baumes durch die Sphären *Liebende Freundlichkeit* und *Gericht* dargestellt sind. Schließlich transzendierte der »einfache Wille« das animalische und das intellektuelle Selbst und erhob den Chassid zur geheimen Sphäre des *Wissens*. Die höher entwickelten Seelen würden höhere Grade des spirituellen *Wissens* erlangen. Der Mensch, der auch nur die kleinste Spur eines Ego hatte, würde das GÖTTLICHE als etwas ansehen, das außerhalb seiner selbst existiert. Wenn der Chassid sein animalisches Selbst durch die Verinnerlichung der Thoravorschriften gereinigt hatte, würde er auf ganz natürliche Weise die göttliche Seele erwecken, deren Eigenart es gerade ist, die Materie zu erheben.

Auch Dow Bär besaß die traditionelle psychologische Aufgeschlossenheit und stellte meditative Themen für einzelne Personen zusammen. Manchen Schülern schrieb er die Kontemplation ihrer eigenen »Niedrigkeit« vor, anderen empfahl er die Meditation über ihre »Nähe« zu Gott. Bei jeder Methode jedoch betonte er die Spontaneität und verglich die Befreiung der Seele mit einem Blitz. Wahre Ekstase, sagte er, war »nichts, das sich nach intellektuellem Begreifen einstellte, sondern ging mit ihm einher«. Selbst die Wahrnehmung der Liebe schwand in Dow Bärs Version der Ekstase, die ohne Worte war. Deswegen hatte das von seinem Vater komponierte »einfache Lied« keine Worte, sondern nur die Essenz der Melodie, wie die Ekstase, die das vernünftige Denken übersteigt. Der reine Klang repräsentierte einen höheren Zustand als die geheiligte Form der Buchstaben. Im reinen Blasen des *Schofar* konnte sein Schüler »den einfachen Klang, der aus dem Atem des Herzens hervorgeht«, finden. Größer als Verstand, höher als Sprache, die wie der Verstand vom Gehirn abgeleitet ist, größer als die »falsche Ekstase« des physischen Herzens ist der in reinen Klang eingebettete »höhere Wille«. Der Mensch, dessen verfeinerte animalische Natur und erhabene göttliche Seele sich gleichberechtigt vereinigt hatten, wäre »in der göttlichen Güte angelangt« und bereit, den Urklang, aus dem das All geschaffen wurde, in sich aufzunehmen.

Die Chabad-Chassidim betrachteten visionäre Erfahrungen als »Verblendungen des Blutes«, selbst herbeigeführte Bilder, die aus einem übererregten Vorstellungsvermögen herrührten. Dow Bär dagegen betonte die Wichtigkeit einer Übung, die er »Schauen« nannte. Dabei wurden konkrete Objekte so genau erforscht, daß sie einen anhaltenden Eindruck auf den Geist machten. Auch das kleinste Detail wurde untersucht, bis der Chassid es so genau kannte, daß es eins mit seiner »Essenz« geworden war. Noch höher als diese Stufe war eine andere, die er »Erproben« nannte, bei der man sogar über *Weisheit* hinausging, indem man eine Idee bis zu ihrem Ursprung zurückverfolgte. Ziel dieser Kontemplationsübung war es, »zu beobachten, daß die Vielfalt der Existenz nur eine ›Erscheinung‹ und die letzte Realität ungeteilt und Eines ist [...] Die Reflexion über diese Details ist nicht auf die der physischen Welt beschränkt. Sie schließt auch die Meditation über den ganzen Baum [Baum der Sphären] und die Koordination aller höheren Welten ein.«

Die Diskrepanz zwischen der Chabad-Schule der Chassidim und dem »einfachen Gebet« Baal-schem Tows wird durch den »Älteren« und den »Mittleren« Rebbe personifiziert, die beide zum hochintellektuellen Weg der Sphären zurückkehrten. Baal-schem Tows Anhänger ignorierten größtenteils die übliche Bedeutung der Liturgie und schufen aus den nichtrationalen Sätzen, die ihnen während der Ekstase kamen, ihre »Vereinigungen«. Die meisten chassidischen Meister tadelten die Chabad-Rebben, weil sie zu esoterischen Methoden zurückgekehrt seien, die den Bedürfnissen oder Fähigkeiten der gewöhnlichen Leute, aus denen ihre Herde bestand, nicht mehr angemessen wären. Strikt bei der Kraft der Buchstaben zu bleiben, war ihrem Gefühl nach ausreichend für die Massen. Gegen die Einwände ihrer Kollegen stellten Schneur Salman und Dow Bär die Rolle des Intellekts in der jüdischen mystischen Praxis wieder her. Auch der Baalschem Tow hat auf dringendes Bitten seinem inneren Zirkel inbrünstige Meditationstechniken gegeben, aber seine öffentlichen Lehren stellten das andächtige und ekstatische Gebet immer über mentale Übungen, das Herz über den Geist. Aber anders als Schneur Salman sprach er nicht für einen überlegenen Menschentypen, der dank seiner mentalen Wendigkeit und moralischen Reinheit das Absolute ohne Tränen, Seufzer oder Stöhnen erreichte. Doch Schneur Salmans elitäres Chabad-System kannte offensichtlich die Bedürfnisse künftiger Zeiten besser, denn die Lubawitscher Chassidim sind der einzige Zweig der Bewegung, der heute noch lebt. Und der Baal-schem Tow ist zur Legende geworden.

III. Debekuth: Gott Anhangen

6 Der Weg Gottes

Hatte man durch *Debekuth*, durch Gott Anhangen, perfekte mentale Fähigkeiten erreicht, dann lagen in diesem Reich die Prophetie, die Kommunikation mit himmlischen Boten und die Macht über die Naturgesetze. Spirituelle Vollendung zu gewinnen war für den jüdischen Mystiker gleichbedeutend mit der Rückkehr zu seinem Ursprung oder seiner »Wurzel«. Je ähnlicher er Gott wurde, desto größer wurde seine mentale Macht und sein Mitleiden. Die jüdischen Meister lehrten, daß paradoxerweise gerade die Niedrigkeit des Menschen, seine Körperlichkeit, zu seiner Erhebung beitragen würden. Mit der Thora und den Ritualen zur Unterdrückung seines Begehrens hatte der Mystiker alles für einen guten Anfang. Wenn er dann nacheinander jeder Ebene seiner Seele begegnete, entdeckte er, daß das, was er am Anfang für seine »Identität« gehalten hatte, in Wirklichkeit eine Leiter aus kleineren Selbst war, an deren Spitze die »göttliche Seele« oder »Intelligenz« stand. Jede absteigende Sprosse war an die darunterliegende gebunden. Das letzte oder animalische Selbst, dessen sich der Mystiker in seinem wachen Leben bewußt war, stand dann seinerseits mit dem Blut des physischen Körpers in Zusammenhang. Des Kabbalisten Reise durch seine Seele umfaßte fünf Stufen:

1. Animalisches Selbst
2. Spirituelle Natur
3. Atem
4. Lebendige Essenz
5. Einzigartige Essenz oder Vereinigung.

Laut jüdischer Philosophen erfahren gewöhnliche Menschen die niedrigsten Ebenen auf der Leiter der Seele im Schlaf. Während alle anderen Fähigkeiten ruhen, funktioniert die Einbildungskraft weiter. Im Geist geschaffene Bilder sind eine Mischung aus den unverarbeiteten Ereignissen des Tages oder Ergebnissen der physiologischen Prozesse wie Verdauung und Blutdruck. Träume sind das Ergebnis aus einer Kombination dieser Faktoren und beanspruchen auch beim Durchschnittsmenschen den Rang der »Prophetie«, denn sie stellen das Werk des Vorstellungsvermögens, des höchsten Vermögens der animalischen Natur, dar.

Spirituell weiter entwickelte Menschen, die von der intellektuellen Ebene ihrer Seele bestimmt werden, träumen vielleicht davon, sich in den himmlischen Reichen zu bewegen, wo sie mit den körperlosen Wesen, die sie »Engel« nennen, kommunizieren. Wenn diese »Reisen« der animalischen Natur übermittelt werden, deren Bilder herstellende Funktion sie in Träume verwandelt, kann das Individuum wichtige Botschaften aus dem himmlischen Reich erhalten. Es muß dabei sehr sorgfältig vorgehen, denn die Information ist oft mit subjektiven Wünschen und Verzerrungen durchsetzt, die aus seinem Gefühlsleben stammen. Die jüdischen Weisen haben deshalb immer betont, daß ein Durchschnittsmensch unmöglich einen wirklich prophetischen Traum, dem nicht eine Menge wertlose Information beigemischt ist, haben kann.

Kabbalisten, die die NAMEN GOTTES aussprachen und dabei ihren Atemrhythmus veränderten, benutzten die dritte Sprosse der Leiter der Seele, den Atem, der sie mit der spirituellen Welt verband. Der Kabbalist konnte dadurch, daß er sich mental an ein bestimmtes »spirituelles Wesen« band, entweder sich selbst höher erheben (wie Abulafia lehrte) oder wichtige Informationen über die Zukunft erlangen. Letzteres war gefährlich, denn es brachte einen oft in Kontakt mit den *Schedim*, dämonischen Wesen, die den Geist des Meditierenden verändern und verwirren konnten. Auf dem ganzen Weg lauerte die Gefahr der Krankheit. Der »Atem«, die dritte Ebene der Seele, wurde deshalb als zweischneidiges Schwert angesehen. Nur die lauterste Absicht garantierte dem Kabbalisten einen sicheren Übergang zur nächsten Sprosse. Aber auch hier konnte sich eine spontane Ekstase einstellen, ein Zustand, in dem der Mystiker sich ohne bewußte Anstrengung von einem Ansturm göttlicher Wonne überflutet fühlen konnte. Doch auch diese Ebene der »göttlichen Inspiration« wurde nicht wirklich für wahre »Prophetie« gehalten.

Die spirituelle Natur des Propheten wirkte auf so anhaltende *Debekuth* hin, daß er sich seiner Einheit mit dem ABSOLUTEN jederzeit mit deutlicher Gewißheit bewußt war. Wie Moses brauchte auch der wahre Prophet keine Engel, keine Mittler irgendwelcher Art. Je weiter er in seiner spirituellen Entwicklung war, desto ruhiger und stiller war sein mentaler und physischer Zustand. Unbedeutendere Propheten verloren auf dem Höhepunkt ihrer Trance das Bewußtsein, aber der vollkommene Prophet hing unabgelenkt auch inmitten seiner aufwühlenden Tagesangelegenheiten seinem Ursprung an. Diese höchste Ebene der *Debekuth* ereignete sich auf der fünften Stufe der Seele und wurde *Jechida*, vollkommene Einheit mit dem Absoluten, genannt.

Sprache, Gebet und Gesang waren nur Vehikel, um das eigene Selbst zuerst zu visualisieren und dann ganz in Gott aufgehen zu lassen.

Merkwürdigerweise war es der rationalistische Philosoph Maimonides, der die Bedingungen für die wahre prophetische Erfahrung aufstellte. Zunächst muß der Andächtige neurologisch und psychologisch in makellosem Zustand sein; Seelenstärke war die nächste Bedingung. Maimonides betonte, daß im Unterschied zu anderen Mystikern die Propheten immer hochintellektuelle, rationale Menschen gewesen waren, bestens ausgestattet, um zwischen Halluzination und wirklicher transzendentaler Erfahrung unterscheiden zu können. Der Prophet hatte seine Askese so weit getrieben, daß er alle Erwartungen, außer dem Wunsch, Gott zu erkennen, aufgegeben hatte, und war deshalb von Visionen, in denen seine Wünsche erfüllt wurden, frei. Auch würde er nie in trauriger, zorniger oder unkonzentrierter Stimmung in einen prophetischen Zustand eintreten.

Nach Maimonides wurde der Prophet außerdem, sobald er die *Schefa* (den göttlichen Zustrom) herabgezogen hatte, in einen erdbewohnenden »Engel« verwandelt, einen überirdischen Menschen, der über die Stufe der größten jüdischen Weisen emporgestiegen war. Dann übernahm der Prophet eine Funktion in der Gesellschaft, gewöhnlich die, eine Nation entstehen zu lassen oder zu gründen oder den Massen die Anweisungen des göttlichen Plans zu verkünden. Er mußte nicht Wunder wirken, um zu überzeugen; der Beweis für die Richtigkeit oder Falschheit seiner Prophetie war nach Maimonides, daß die Vorhersagen des erleuchteten Propheten (anders als die der Astrologen und Wahrsager) *immer* eintrafen.

Abulafia scheiterte mit seinem Versuch, die Prophetie in der jüdischen mystischen Praxis wiederzubeleben. Die Gebräuche und Meditationstechniken der biblischen »Söhne der Propheten« sind in den prophetischen Büchern des Alten Testamentes nur vage angedeutet, und wir können nur vermuten, was in der Antike in den organisierten jüdischen Schulen für Mystiker vor sich ging. Der Lebensstil der Gemeinschaft der Essener in Qumran verweist auf ein asketisches und etwas isoliertes Leben der Propheten, aber erst Maimonides, der mehr als dreizehnhundert Jahre später lebte, hat sichere Definitionen für die Prophetie gegeben.

Übernatürliche Führer

Was der erleuchtete Mystiker in der Zeit seiner *Debekuth*, dem Moment seines Gott Anhangens, wirklich erlebte, ist für Josef Caro aus dem 16. Jahrhundert besser dokumentiert. Daß manchen Kabbalisten ein himmlischer Führer erschien, ist eines der faszinierendsten Phänomene im jüdischen mystischen Leben. Das Wort »Maggid« bedeutet »einer der erzählt« und bezeichnet im normalen Leben einen Wanderprediger (vgl. den Maggid von Mesnitsch). Der himmlische *Maggid* diktierte jedoch Botschaften durch den Mund des Kabbalisten in seiner eigenen Stimme. Vom 16. bis zum 18. Jahrhundert wurde die Beschwörung der *Maggidim* zu einem Kennzeichen der spirituell Gesegneten. Jacob von Marvège, ein provenzalischer Kabbalist, stellte in einem Handbuch »Fragen an den himmlischen Boten« zusammen, die dazu bestimmt waren, die Verbindung mit dem *Maggid* aufzunehmen. Im 16. Jahrhundert machte in Konstantinopel eine Kabbalistengruppe unter der Leitung von Josef Taytazak die Beschwörung der spirituellen Führer zu einer Gruppenpraxis.

Der berühmteste *Maggid* erschien Josef Caro, dem großen rationalistischen Rechtsgelehrten in Safed, der den *Schulchan Aruch* (Gesetzbuch) zusammenstellte, der heute die Hauptstütze des normativen, antimystischen Judentums ist. Für Josef Caro und seine Mitbürger in Safed waren die Erkenntnis Gottes und der Dienst an Ihm keineswegs unvereinbar. Freitag nachts, nach dem Synagogengottesdienst, versammelten sich ganze Gruppen in Josef Caros Haus, um die göttlichen Manifestationen mitzuerleben, die über seine Lippen kamen, wenn er in Trance war. Niemand sah irgendeinen Widerspruch in der dualen Persönlichkeit des angesehenen rabbinischen Lehrers und Heiligen.

Dank des *Maggidismus*, der etwas unter der Prophetie rangierte, konnte sich der Mystiker des riesigen spirituellen Reservoirs der Heiligen und Weisen, des Reiches des Elias und manchmal auch der Essenz der verkörperten Schriften bedienen. Caros *Maggid* nannte sich manchmal zum Beispiel *Herrschaft*, die zehnte Sphäre oder immanente Gegenwart des ABSOLUTEN in unserer Welt. Wenn Caro über die *Mischna* (das mündliche Recht) oder die *Gemara* (Kommentare zur Schrift) meditierte, erschien ihm der *Maggid* als der »Geist« der *Mischna* oder *Gemara*.

Zweihundert Jahre später schrieb Moses Chajim Luzzatto von Padua in einem Brief an einen Freund über seinen *Maggid*: »Seit 1727 hat Gott mir die Gnade gewährt, mir einen Heiligen aus dem Himmel zu schicken, der mir [...] des Nachts Geheimnisse [...] enthüllt. Er versprach mir, ich würde den Vorzug haben, [die Äußerungen] aus dem Mund des Propheten Elia und sogar die lebendigen Worte des Herrn zu hören. Und wie versprochen, so geschah es. Als die vereinbarte Zeit kam, offenbarte sich mir der Prophet Elia, gefolgt von den heiligen Seelen, die auf dieser Erde wohnen, um die Aufgaben des Herrn zu erfüllen [...] Und mit ihrer Hilfe verfaßte ich viele wichtige Werke.«

Dies geschah, nachdem Luzzatto in Schlaf gefallen war, während er eine kabbalistische Formel, wahrscheinlich eine der *Jichudim* aus dem lurianischen Gebetbuch, wiederholte. Er wurde plötzlich von einer Stimme geweckt, die auf aramäisch sagte: »Ich kam herab, um die verborgenen Geheimnisse des Heiligen Königs zu offenbaren.« Obwohl Luzzatto vor Angst zitterte, stand er und lauschte der Aufzählung der kabbalistischen Lehren. Am nächsten Tag traf Luzzatto ähnliche Vorbereitungen in seinem Zimmer, und wieder kam die Stimme und erläuterte die Kabbala wie zuvor.

Dies wiederholte sich einige Tage lang, bis die Stimme schließlich gestand, ein *Maggid* zu sein, und versprach, dem jungen Kabbalisten »einige Formeln zu geben, an die er jeden Tag denken« solle, bis er zurückkehren würde. Die Manifestation war kein körperliches Wesen, sondern nur eine Stimme, die Luzzatto hören und auf seinen eigenen Lippen sprechen fühlen konnte.

Luzzattos Beziehung zu seinem *Maggid* wurde so eng, daß er Fragen stellen und sofort ausführliche Antworten erhalten konnte. Nach drei Monaten gebrauchte der *Maggid* anstelle der Formeln den Heiligen Namen und versprach eine Vision Elias. Erwartungsgemäß erschien Elia und versprach Luzzatto, Metatron, »der große Wächter des Himmels«, würde folgen. Elia hielt sein Wort, und bald darauf konnte Luzzatto in seinem Tagebuch zuversichtlich berichten: »Ich kenne jeden einzelnen von ihnen. Es kommen auch heilige Seelen, deren Namen ich nicht kenne, und sie erzählen mir Neues, das ich aufschreibe [...] all das tue ich, während ich auf mein Gesicht falle und die heiligen Seelen wie durch einen Traum in menschlicher Gestalt sehe.«

Drei Jahre lang lebte Luzzatto in fast ständiger Ekstase. Zuerst teilte er niemandem etwas von diesem Erlebnis mit, aber als er es nicht mehr länger für sich behalten konnte, gestand er sein Geheimnis seinem vertrauten Freund Jekutiel Gordon. Gordon, ein junger Medizinstudent und hingebungsvolles Mitglied in Luzzattos kabbalistischem Zirkel, übernahm es, die Welt zu informieren. In der Rolle eines mystischen Boswell verließ er die medizinische Fakultät an der Universität Padua, um sich ganz der Verbreitung der Nachricht von Luzzattos Erleuchtung zu widmen. Gordon deutete an, der *Maggid* habe Luzzatto einen Funken von Rabbi Akibas Seele genannt, und behauptete, er habe ihm auch aufgetragen, einen neuen *Sohar* zu schreiben. Auch andere Schüler anerkannten begeistert den jungen Meister der Kabbala, aber konnten wie Gordon nie bestätigen, selbst ein Wort von den Mitteilungen des *Maggid* gehört zu haben. Als Beweis für dessen Legitimität verwiesen sie auf den erhabenen Strom von Texten, der beim Erscheinen des *Maggid* aus Luzzatto ausfloß. Konnten derartige mystische Abhandlungen anders als göttlich inspiriert sein?

Zu Luzzattos Gunsten führte Gordon weiter an: »Er kannte auch alle Seelenwanderungen und wußte, was jede einzelne Seele zu ihrer Reinigung bedurfte [...] Zunächst durfte sein *Maggid* nur die Geheimnisse der Thora mitteilen, aber jetzt sagt er ihm alles, und niemand weiß etwas davon außer uns Schülern.«*

* Zitiert in: Simon Ginzburg, *The Life and Works of Moses Hayyim Luzzatto.*

Solche öffentlichen Rechtfertigungen zogen die Aufmerksamkeit eines gewissen Rabbi Moses Chagis auf sich, eines starren Rationalisten, der immer nach gefährlichen Pseudo-Messiassen wie Sabbatai Zwi Ausschau hielt; für ihn war Luzzatto gerade die richtige Zielscheibe. 1730 unterrichtete Chagis die Rabbis von Venedig, in ihrer Mitte lebe ein selbsternannter Messias. Angespornt von Chagis, verfolgten die Rabbis den jungen Propheten fünf Jahre lang, aber der angesehene Rabbi Isaia Bassan, Luzzattos früherer Lehrer, verteidigte ihn.

Von den Rabbinern in Italien und Deutschland gejagt und schließlich auch exkommuniziert, zog Luzzatto, der inzwischen geheiratet hatte, mit Frau und Sohn nach Amsterdam. Dort lebte er in Frieden, verspürte aber keine Neigung mehr, seine visionären Erfahrungen zu veröffentlichen, sofern er noch welche hatte. Luzzatto legte einen schriftlichen Eid ab, nie wieder Kabbala zu unterrichten, und zog bald darauf nach Palästina, wo er 1746 in Tiberius an der Pest erkrankte und starb. Sein Leben war ein Zeugnis dafür, mit welcher Verachtung die Juden von jeher ihre Propheten behandelten.

Josef Caros geheimes Tagebuch

Josef Caros *Maggid*, der mehr als zweihundert Jahre früher erschienen war, hatte ein besseres Los. Die Geschichte dieser himmlischen Manifestation tauchte 1646 unerwartet im Laden eines polnischen Buchhändlers auf.

Caro, der mutmaßliche Autor dieser 160 Seiten langen Schilderung mit dem Titel *Maggid Mescharim*, war einundsiebzig Jahre zuvor in Safed in Palästina gestorben. Man hat nie herausgefunden, auf welchem Weg dieses Buch nach Lublin in Polen gekommen ist. Obgleich es in heftigem Widerspruch zu Stimmung und Geist von Caros bekannten juristischen Abhandlungen steht, waren sich die Experten über seine Autorschaft einig. *Maggid Mescharim* war in der Form eines geheimen Tagebuchs geschrieben, das Caro über eine Zeitspanne von zweiundfünfzig Jahren geführt hatte, von seinem zweiunddreißigsten bis zu seinem vierundachtzigsten Lebensjahr. Auch andere persönliche Angaben in dem Buch wiesen auf das reiche und farbige Leben des heiligmäßigen Rabbi hin. Zwischen die Bemerkungen über seine drei Ehen, sechs Kinder und verschiedene Besuche waren viele wörtlich wiedergegebene Gespräche zwischen einem himmlischen Boten und Caro eingestreut.

Der *Maggid*, der vorzugsweise am Sabbat erschien (den Caro in tiefer Meditation und spirituellem Studium verbrachte), trat in den bewußten Geist des Rabbis und sprach durch dessen Mund über eine Vielzahl von Themen, die von persönlichen Ereignissen in Caros Zukunft und der Zukunft der jüdischen Gemeinde bis zu den Tätigkeiten der abgeschiedenen jüdischen Heiligen im Paradies reichten. Je nach Form und Intensität von Caros Ekstase waren die Auftritte des *Maggid* so vielfältig wie die Engel, die himmlischen Attribute und Gesetzeskommentare, die seinen Geist während des wachen Bewußtseins beherrschten. Da Caro sehr viel Zeit mit Nachdenken über die *Mischna* verbrachte, die von Juda dem Fürsten um 200 n. Chr. fertiggestellte 36bändige Zusammenstellung des Mündlichen Gesetzes, überrascht nicht, daß der *Maggid* sich ihm als verkörperter Geist der *Mischna* enthüllte. Auch Caros Meditationsbeginn war vom Geist der *Mischna* inspiriert, der zu erscheinen bereit war, »sofern du mir, meinen Mischnajoth [Gesetzen], meinem Dienst, meiner Furcht anhangest und deinen Geist auch nicht einen Moment lang von mir lösest«. Er warnte ihn außerdem: »Vielleicht wandern Gedanken in deinem Geist herum, die sich dann einmischen und bewirken, daß nicht alle meine Worte sich erfüllen, und mich außerdem dazu bringen, daß ich stocke, und mich davon abhalten, dir alles zu offenbaren.«* Obgleich Caro beim Erscheinen des *Maggid* wach und bewußt war, geriet er beim geringsten Nachlassen der Konzentration ins Stocken, und die Worte kamen dann nicht über seine Lippen.

Caros medialer Prophetie gingen keine besonderen äußeren Ereignisse voraus. Er wurde 1488 in Toledo geboren; nach der Vertreibung der Juden aus Spanien ließ sich seine Familie in Konstantinopel nieder. Caro hatte die Neigung zum Gelehrten, was ihn aber nicht davon abhielt, dreimal zu heiraten und mit seiner zweiten Frau auch Kinder zu haben. Der *Maggid* sprach oft von dieser Frau und sagte, daß ihre berühmten kabbalistischen Vorfahren und ihre eigene spirituelle Tiefe

* Die Zitate in diesem Abschnitt sind aus: *Maggid Mesharim*, Ausgabe 1551, übersetzt von Aryeh Kaplan.

starken Einfluß auf Caros meditatives Leben hätten. Der wirkliche Wendepunkt kam jedoch, als Caro Salomo Molko begegnete, einem portugiesisch-marranischen Mystiker, der damals in der Levante lebte und zu dessen exzentrischer Vergangenheit eine dramatische Selbstbeschneidung und ein gefährlicher öffentlicher Auftritt in Portugal mit dem Bekenntnis seiner jüdischen Geburt gehörte. Molko, der messianische Vorstellungen hegte, war eine charismatische Gestalt, die öffentlich den Besitz transzendentaler Kräfte zeigte. Als der junge Prophet in Italien auf dem Scheiterhaufen der Inquisition den Märtyrertod erlitt, proklamierte er den Beginn der messianischen Zeit. Caro gelobte, ihm von diesem Tag an nachzufolgen. Das Tagebuch zeigt, daß er sein ganzes Leben lang einen fast obsessiven Drang hatte, so zu sterben wie Molko, als bekannter Märtyrer für die jüdische Sache. Das Schicksal hat ihn freundlicher behandelt, denn er starb friedlich in Palästina im Alter von siebenundachtzig Jahren als gefeierter rabbinischer Gelehrter, Redaktor des berühmtesten Textes über das jüdische Ritualgesetz und – nur in seinem geheimen Leben – Prophet.

Während seiner Zeit in Konstantinopel geriet Caro an den *Maggid*-Beschwörer Rabbi Josef Taytazak und seinen Kreis. Dieser war ein hochgeachteter Gelehrter, Mystiker und Asket, er studierte achtzehn Stunden am Tag, aß fast nichts und schlief nur wenige Stunden in einer qualvoll verkrümmten Haltung in einer engen Holzkiste. Obwohl Taytazak großen Einfluß auf den jungen Kabbalisten hatte, konnte er ihn nicht davon abhalten, auf die Nachricht von Molkos Tod hin ins Heilige Land zu eilen.

Im Jahr 1536 war die mystische Gemeinde von Safed in ihrer Hochzeit. Caro war dorthin geeilt, um die Inkarnation des Messias zu erwarten. Caro paßte vorzüglich in den Kreis der Kabbalisten, zu dem damals so illustre Mystiker wie Salomon Alkabez und Moses Cordovero gehörten. Mit achtundfünfzig Jahren hatte Caro sich selbst in der Gemeinde in so hohem Maße ausgezeichnet, daß er zum Oberrabbiner von Safed gekrönt wurde. Dem Tagebuch zufolge war der *Maggid* ihm bereits in seiner Zeit mit Taytazak in Konstantinopel erschienen und hatte ihm den Rat gegeben, nach Safed zu gehen, wo sich sein spirituelles Schicksal erfüllen würde. »Gehe in das Heilige Land, denn nicht alle Zeiten sind gleich, und der Hilfe steht kein Hindernis entgegen [...] Um dein Eigentum muß es dir nicht leid tun, denn du wirst vom

Besten des oberen Landes [Galiläa] essen; deshalb eile und emigriere, denn ich will für dich sorgen [...] Sei mutig!«

Das Tagebuch, das ganz offensichtlich nicht zur Veröffentlichung gedacht war, folgte keiner speziellen Chronologie, sondern besteht weitgehend aus zufälligen Ausführungen in der ersten Person, mit kurzen Einleitungen, in denen Caro die Zeiten, Orte und Umstände beim Erscheinen des *Maggid* angibt. Auch wenn sich die meisten Manifestationen als Personifikationen der *Mischna* ereigneten, erschien der *Maggid* doch gelegentlich auch in anderen Verhüllungen:

»Ich bin die Mutter.«

»Ich bin die Mutter, die züchtigt.«

»Ich bin die *Matrona*.«

»Ich bin der Erlösungsengel.«

»Ich bin der Gesandte des Heiligen Einen, gesegnet sei Er [...] Ich wache beständig über dich [...] Die *Schechina* spricht zu dir [...] Du hast erreicht, was nicht einem in einer Generation, während vieler früherer Generationen, gelungen ist zu erreichen.«

Der *Maggid* lehrte Caro, wie er ihn nach Belieben beschwören könne:

»Gehe an einen reinen Ort, denke unablässig an die Thora, ohne daß deine Gedanken auch nur für eine Sekunde abschweifen, auch nicht, wenn du ißt oder sprichst. Vereine Glieder, Körper und Seele in beständigem Dienst für mich, und denke an nichts anderes. Vor allem nicht während des Gebets. Blende alle Gedanken aus, die in deinen Geist eindringen, denn sie sind Manifestationen des Ich [...]

Vereine dein Herz beständig, zu jeder Zeit, jeder Stunde an allen Orten, denke an nichts anderes als an mich, wie ich in meiner Thora und in meinem Ritual erscheine. Dies ist das Mysterium der Vereinigung, bei dem sich ein Mensch buchstäblich mit seinem Schöpfer verbindet. Denn die Seele, die sich an Ihn heftet, zusammen mit ihrem Körper und den Gliedern, wird buchstäblich zu einem ›Lager der *Schechina*‹. Das meint die Thora, wenn sie sagt: ›Ihr sollt den Herrn Euren Gott fürchten, ihm dienen und ihm anhangen [...]‹ Deine Haltung zu allen Dingen in der Welt muß eine der Loslösung sein, denn wer nicht das Gute in dieser Welt mit ihrem Bösen gleichsetzt, der vereinigt sich nicht vollständig mit seinem Ursprung.«

Für einen Kabbalisten des 16. Jahrhunderts, der tief in der Kontemplation der Sphären verwurzelt war, war die Offenbarung des *Maggid* als *Schechina*, Mutter oder Gottes unmittelbare Gegenwart, die in der Sphäre *Herrschaft* und in der verborgenen Weisheit der geschriebenen Thora verkörpert ist, ganz natürlich. Wenn der *Maggid* als *Mischna* erschien, repräsentierte er die mündliche Thora, die in der Sphäre *Schönheit* verkörpert ist. Vermutlich rezitierte Caro die *Mischna* als einen Gesang, ohne ihren intellektuellen Gehalt zu beachten, eine Übung, die bei Kabbalisten sehr beliebt war, etwa bei seinem Zeitgenossen Isaia Hurwitz, der schrieb: »Glücklich ist, wer die sechs Ordnungen der *Mischna* auswendig kennt, denn damit baut er eine Leiter, auf der seine Seele zu den höchsten Graden aufsteigt.« Caros mystische Zeitgenossen schlossen sich oft »Bruderschaften« an, die sich hauptsächlich zu dem Zweck trafen, die *Mischna* auswendig zu lernen und zu rezitieren, um damit eine Ekstase herbeizuführen. »Wenn es deinem Auge nur erlaubt wäre zu sehen, dann würdest du dich von allen Seiten von Heerscharen umgeben finden. Manche von ihnen wurden durch den Atem geschaffen, der aus deinem Mund kommt, wenn du die *Mischna* studierst«, behauptete der *Maggid*.

Durch das Studium der *Mischna*-Kapitel, die mit den Konsonanten begannen, die den Namen eines verstorbenen Verwandten ergaben, konnte der Kabbalist den Geist dieses Verwandten beruhigen. Studierte er zum Beispiel das siebte Kapitel des Traktats »Nidda«, das mit dem Buchstaben *D* beginnt, und das 21. Kapitel im Traktat »Sabbat«, das mit dem Buchstaben *N* beginnt, gedachte er des Geistes eines Mannes mit Namen *Dan*. Zu diesem Zweck gab es sogar spezielle Handbücher, die die *Mischna*-Kapitel und ihre Anfangsbuchstaben in alphabetischer Reihenfolge aufführten.

An diese *Mischna*-Kontemplation schloß Caro noch die Rezitation des *Sch'ma* an, wahrscheinlich in Kombination mit den verschiedenen Atemtechniken, die in den Schriften eines ihm bekannten Kabbalisten, Chajim Vital, beschrieben wurden. Denn der *Maggid* hatte ihm geraten, »alle weltlichen Gedanken in dem Strohfeuer deines Atems beim Rezitieren des *Sch'ma*« wegzubrennen. Von den einhundertfünfunddreißig datierten Besuchen fanden einhundertundneun an einem Freitagabend statt. Bei den jüdischen Mystikern heißt es, daß all denen, die den Sabbat einhalten, ein *Ibbur*, eine »zusätzliche Seele«, geliehen wird. Vielleicht hat dieser Glaube Caro zu seiner konzentrierten Beschwörung angeregt. Er rechnete schließlich so zuversichtlich mit dem Erscheinen des *Maggid*, daß er die *Mischna*-Rezitation entfallen ließ. Dies hielt aber die Stimme nicht davon ab, von sich aus zu sprechen und Caro als *Zaddik* anzureden und ihm mitzuteilen, er habe eine solche Höhe der *Debekuth* erreicht, daß er kontemplative Formeln jetzt nicht mehr bräuchte. Der *Maggid* überschüttete ihn mit Lob und sprach zu dem neuen Heiligen: »Sooft du hinaus auf die Straßen gehst, werden dich meine sieben Welten und alle ihre Heerscharen begleiten und vor dir ausrufen: ›Erweist Achtung dem heiligen Bild des Königs! [...] Macht Platz für das heilige Bild des Königs!‹« Doch Caro sollte in seinem Verhalten noch skrupulöser werden. »Du darfst deine Bindung an den Gesegneten Namen auch nicht für einen Moment lösen; solltest du es dennoch tun, dann würde die *Schechina* herabfallen. Und wehe dem Menschen und seinem Schicksal, der die Zerstörung aller Welten verursacht.«

Es ist wichtig, daran zu denken, wie unauflöslich der jüdische Mystiker mit seinen vielen Welten verbunden war. Kabbalisten wie Abraham Abulafia und Salomo Molko gründeten ihre Visionen völlig auf den messianischen Impuls, der die ehrfurchtsvolle Verantwortung für die Erlösung mit sich bringt. Es war daher keine leere Drohung, wenn der *Maggid* Caro davor warnte, seine Aufmerksamkeit auch nur für einen Moment abzuwenden. Jede Unterbrechung wäre eine Katastrophe, die nicht nur Caro selbst, sondern den ganzen Kosmos der Chance berauben würde, sich mit dem URSPRUNG zu vereinen. Seit dem Mittelalter sah sich jeder jüdische Mystiker, auch Caro, in gewisser Weise als Messias. Nachdem er als *Zaddik* bestätigt war, konnte er in noch tiefere Zustände der *Debekuth* eintauchen. Der *Maggid* versprach, wenn er *jetzt* auch nur ein Wort der *Mischna* mit *Kawwana* (Konzentration auf einen Punkt) über die Lippen brachte, dann würde er in einem Augenblick ein höheres Bewußtsein erreichen. Bis dahin, sagte er, war Caro nur von den ersten fünf erleuchteten Sphären des unteren Teils am Baum umgeben gewesen, wenn er durch die Straßen von Safed ging. Aber nachdem er die *Mischna*-Rezitation perfekt vollendet hatte, war er von sechs strahlenden Lichtern umgeben; das neue Licht war das göttliche Attribut *Schönheit*.

Caro machte sich bewußt, vermutlich um sich des Stolzes und der Isolation von seinen Gefährten zu enthalten, daß schon das kleinste persönliche Scheitern das Scheitern der ganzen Menschheit zur Folge hätte. Für einen Menschen mit seinem Interesse an der Gemeinschaft war die Verantwortung so groß, daß er einfach nicht scheitern durfte. Immer wieder betonte der *Maggid* seine moralische Schwäche; selbst auf dem neuen Gipfel der Heiligkeit konnte er sagen: »Wenn du nur wüßtest, wie viele Welten einen Verlust erleiden, wenn du aufhörst, über Fragen des Gesetzes zu meditieren, du wärest lieber tot als lebendig.« Deshalb lud er sich weitere Konzentrationsübungen auf, stellte sich das Tetragrammaton immer in schwarzer Tinte auf weißem Pergament vor seinen Augen schwebend vor; wenn er die Straße entlangging, dachte er bei jedem Schritt über die Thora nach; er dachte auch beim Essen, Trinken und Sprechen unablässig an die *Mischna*, die Thora und das Tetragrammaton. Er unterwarf sich einer immer strengeren Askese. Caro aß seine Nahrung ohne Gewürze und gestattete sich am Abend nur ein Glas Wasser. Auch der *Maggid* schien die Absicht zu haben, ihn zu kasteien: »Während des Tages solltest du überhaupt nicht trinken.« Er begann ein vierzigtägiges Fasten, um der vierzigtägigen Entwicklung des Embryos in erkennbare menschliche Form zu gedenken, und in Analogie zur spirituellen Wiedergeburt, die er mit den Mitteln der Selbstreinigung durchlebte. Nachdem er nun so sehr darauf achtete, sich aller genußbringenden Nahrungsmittel zu enthalten, wurde er von dem *Maggid* in oft komischen Dialogen ermahnt: »Wie kannst du wollen, daß ich mit dir rede, nachdem du Meerrettich gegessen hast?« fragte der beleidigte *Maggid*. »Ich habe dich schon auf das Geheimnis der guten gegen die bösen Düfte hingewiesen.« Kabbalisten wie Caro dachten, gewürzte Speisen stimulierten die animalische Seele und festigten deshalb die Bindung an die weltlichen Begierden.

Die höchste Vision

Nachdem Caro auch die Herrschaft über seine noch verbliebenen anscheinend harmlosen Eßwünsche erlangt hatte, konnte er auch die höchste Vision, die Vision Elias, herbeiführen. Der *Maggid* formulierte das folgendermaßen: »Er wird mit dir von Mund zu Mund reden und dich begrüßen, denn er wird dein Führer und Meister sein und dich alle Geheimnisse der Thora lehren. Elia kleidet sich in einen Körper, um in dieser Welt sichtbar zu sein. Sobald du wünschst, daß er für dich sichtbar wird, konzentriere dich zur Schlafenszeit [auf ihn]. Es gibt drei Möglichkeiten, ihn zu sehen: In einem Traum [...] wenn man wach ist und ihn begrüßt [...] wenn man wach ist und ihn begrüßt und er den Gruß erwidert. Du wirst in den dritten Grad erhoben. Du wirst ihn sehen, während du wach bist, ihn grüßen, und er wird den Gruß erwidern; aber er wird dir erscheinen, wenn du ihn nicht erwartest.«

Nachdem er in sieben aufeinanderfolgenden Wochen an drei Tagen und Nächten gefastet hatte und allein in seinem Meditationsraum saß, gelang es Caro, den Propheten herbeizurufen. Elia, ganz in Weiß gekleidet, betrat den Raum, setzte sich ihm gegenüber und begann, sich mit Josef Caro von Angesicht zu Angesicht »zu unterhalten«.

Die vollkommene *Debekuth* entsteht nur aus der vollkommenen Meditation. Wenn der jüdische Mystiker den Rückzug aus dem Denken, zuerst aus der äußeren Welt und dann aus der Welt des Denkens selbst praktizierte, war er in das »Bündel des Lebens« eingebunden, das heißt, er gelangte zur Furchtlosigkeit im Angesicht des Todes und der Unsterblichkeit. Es war nun nicht mehr Josef Caro oder Abraham Abulafia oder Nechunja ben Hakana, der sprach oder wollte oder handelte, sondern die *Schechina*, die durch sie wirkte. Der Jude, der den *Debekuth* genannten Zustand erreicht hatte, sah sich selbst lediglich als ein Vehikel zur »universalen Wahrheit«. Seine *Debekuth* gestattete ihm die völlige Indifferenz gegen Freude und Leid; sein Leben war dem Dienen gewidmet, von dem er aber als eine selbständige Persönlichkeit völlig losgelöst war. Die Früchte seiner Arbeit wurden ganz den Bedürfnissen seiner Mitmenschen geopfert.

Die Durchdringung der Paradoxe des Lebens befreite den Mystiker, und er »sah« Gott im klaren Spiegel seiner eigenen Seele. Wenn er *Hitbodeduth*, Meditation, an einem abgeschlossenen Ort in sich praktizierte, band er sich selbst an den Himmel und entwickelte eine derart große Liebeskraft, daß sie den göttlichen Zustrom buchstäblich in seinen Körper herabzog.

Moses, der größte spirituelle Meister der Juden, hatte die vollkommene *Debekuth* erreicht und blieb doch unversehrt, aufmerksam, ruhig. Dies alles vollendete Moses an einem hohen Ort, genannt Sinai, was in der bildlichen Sprache der Weisen einen Zustand der Meditation, aber auch einen wirklichen Berg bezeichnet. Nicht einmal die eigenen Söhne des Propheten konnten seiner Lehre folgen; nur Josua, der »nicht von Moses' Seite wich« und mit ihm von Kindheit an in vollkommener *Hitbodeduth* blieb, konnte die »Tradition« aufnehmen und sie den späteren Generationen weitergeben. Diese in Abgeschiedenheit praktizierten Lehren sind zu uns als *Kabbala* gekommen. *Kawwana,* die Kombination aus Kontemplation, Entzug der Sinneswahrnehmungen, Gesängen und ritueller Verehrung, war der Schlüssel zur Tradition, eine Form der striktesten Konzentration, die auch die reine Andacht kennzeichnete.

Mit einem von weltlichen Bindungen befreiten Körper, mit einem vom Grübeln losgelösten Geist und einem ganz auf Gott gerichteten Herzen sprach der Kabbalist den heiligen Namen aus. Wenn der Sinn der Worte völlig verschwunden war und der Andächtige nicht mehr bestimmen konnte, wo er anfing und sein »Gebet« aufhörte, dann hatte er die *Debekuth* erreicht.

Wie Moses, der die Kinder Israel in Lager geordnet hatte, so ordnete auch der Kabbalist all seine Fähigkeiten und visualisierte jeden großen Moment in der Geschichte seines Volkes: Die Gemeinschaft Israels versammelt sich am Sinai; Abraham und Isaak auf dem Berg Moria; der von den Hohenpriestern vollzogene Tempeldienst. Wenn er diese Szenen in all ihrem Glanz seinem geistigen Auge eingeschrieben hatte, erhob er sich, um die täglichen Gebete mit der wahren *Kawwana* zu beginnen.

»Solche Stunden des Gebets«, sagte der mittelalterliche Dichter und Mystiker Juda la-Levi, »[sind] Herz und Frucht seiner Zeit, der Rest seiner Zeit sind die vielen Wege, die dazu führen, [...] denn dann ist er den spirituellsten Wesen ähnlich und am weitesten vom Animalischen entfernt.« Gebet mit *Kawwana* bedeutete nach Maimonides, direkt in der Gegenwart der *Schechina* zu stehen. Auch der Gesang eines Hausierers vor seinem Fenster erinnerte den Mystiker an Gott; wenn er das einfache Lied in sein Gebet einfügte, konnte es ihn direkt in die *Debekuth* fortreißen.

Der jüdische mystische Weg ist zugleich lang, beschwerlich, ernst, freudebringend, isolierend und Gemeinschaft stiftend, ätherisch und irdisch. Zweitausend Jahre lang wurde er durch Scharlatanerie von innen und Feindseligkeit von außen geplagt; in der Moderne ist er fast ganz verschwunden. Aber nun, da wir uns dem 21. Jahrhundert nähern, könnte die jüdische Mystik, wenn die Vorhersagen des Kabbalisten Rabbi Abraham Isaak Kook von 1903 zutreffen, durchaus wieder an der Oberfläche auftauchen.

Epilog
Persönliche Gedanken über eine zukünftige Kabbala

Wir leben in einem Zeitalter der Jet-set-Gurus. In jedem Flugzeug von oder nach Indien sieht man sie in ihren orangeroten Gewändern, umgeben von sie verehrenden amerikanischen Jüngern, von denen nach Angaben der Statistiker 60 Prozent Juden sind. Denn die jüdische Mystik ist zu einem Museumsstück geworden, ein interessantes, wenn auch groteskes Reis am jüdischen Baum. Die Leute sind durchaus willig, sie zu studieren, darüber zu spekulieren, einige Rabbiner lassen sich sogar dazu bringen, sie wegzuerklären, aber niemand praktiziert sie wirklich, wenigstens nicht in der auf den vorhergehenden Seiten beschriebenen Weise. In einer Vorlesung in Harvard hörte ich, wie ein Rabbiner einem Studenten, der Fragen zum *Sohar* gestellt hatte, sagte: »Das ist nicht Judentum, das ist Mystik.« Es überrascht daher nicht, daß ganze Flugzeuge voller Cohens und Schwartzens mit rasierten Köpfen und Ringen in der Nase die Botschaft direkt aus dem spirituellen »Osten« erhalten wollen. Das Judentum befaßt sich letztlich doch mit *dieser* Welt, von der die neuen Buddhisten und Yogis gerade genug haben. Die Meditation hat Millionen Westlern andere Dimensionen der psychischen Erfahrung eröffnet, manchen ein weiteres »High«, mystischer sogar als das durch die Halluzinogene der 60er Jahre herbeigeführte. Die östliche Mystik bietet scheinbar einen Ausweg aus dem sehr irdischen, politischen Drama, das im Zentrum der derzeitigen jüdischen Erfahrung steht. Man gehe nach Israel und bitte einen heiligmäßigen jüdischen Rabbi mit einer Reputation für mystische Neigungen, er möge einen Abulafias Buchstabenmeditationen lehren, und er wird mit einem *»Chas ve chalila!«* – Gott behüte! seinen zarten weißen Kopf schütteln. Aber man gehe nach Indien, und sobald man durch den Zoll ist, findet sich jemand, der das Geheimnis lehrt, wie man sein *Kundalini* (spirituelle Energie am unteren Ende der Wirbelsäule) wecken und aufsteigen kann.

Aber es haben auch eine Reihe junger Zen-Rückkehrer ihr Haar wieder wachsen lassen und die kahle, klare, militante Erfahrung des »Sitzens« gegen die behaarte Methode von Lubawitsch eingetauscht. Disziplin der einen oder anderen Art ist »in«, auch wenn das bedeutet, daß man sich koscher halten muß und vom Ritual völlig eingenommen wird. Einen »neuen Chassiden« zu finden, der über seinem *Zizith* seine alte Perlschnur trägt, ist gar nicht so ungewöhnlich. Die traditionellen Chassidim nehmen ihre »verlorenen« jüdischen Seelen mit offenen Armen und manchmal auch mit einem missionarischen Eifer wieder auf, der an die Sun Myung Moonies erinnert. Warum wollen die Überreste der jüdischen mystischen Tradition ihre Kinder zurück? Gibt es ein im Untergrund kursierendes Gerücht, daß ein neuer Baal-schem Tow inkarniert werden wird, wenn wir in das 21. Jahrhundert eintreten? Dadurch ließe sich vielleicht die plötzliche Verbreitung der »Wassermann«-Chassidim erklären, abtrünnige Rabbiner, die selbst mit dem exotischen Osten experimentieren und die Weisheit aller Zeiten und Traditionen in die Kabbala aufnehmen, um sie auf die künftige einheitliche Welt vorzubereiten. *Der jüdische Katalog,* das neueste Sortiment des Alternativ-Judentums, scheint den jüdischen Mystiker des 21. Jahrhunderts auf ein neues Safed vorzubereiten, vielleicht in Maine oder auf einem Bauernhof in Pennsylvania, wo Makrobiotiker und andere koschere Vegetarier zu Ehren der Königin Sabbat tanzen. Vielleicht scharen sie sich auch um einen weiblichen Guru, der sich in Phylakterien und Gebetsschal hüllt – wenn die jüdischen Feministinnen sich durchsetzen.

Aber auch mit dieser »New-Age«-Mischung aus Drogenkultur, östlicher Mystik und radikaler Politik konnte bisher kein gleichwertiges und praktikables jüdisches System entstehen, das den hochorganisierten Zen-, Yoga- und Sufi-Gruppen vergleichbar wäre, die ironischerweise in die alten »Borscht-Hotels« in den Catskills eingezogen sind, die erst vor kurzem von den Juden geräumt wurden. Auch war bisher niemand in der Lage, die Praxis der Kabbala so zu erläutern, wie es etwa der Ari für Schüler aller Grade tat, oder Rabbi Akiba, oder Rabbi Simeon bar Jochai. Nirgendwo versammeln sich *Chaverim*, Genossen, mit dem speziellen Ziel, *Debekuth* zu erlangen. Was man in den zählebigen Überresten der Tradition findet, sind Regeln für die peinlich genaue Einhaltung der Vorschriften, aber ohne die Anweisungen für die *Kawwana*, mit der man erst die Übung achtsam ausführen kann und die die Grundlage für alle mystischen Disziplinen ist. Auch die Gruppen, die stolz darauf sind, daß sie »anders« sind als die Mainstream-Juden, versammeln sich in Brooklyn, um darüber zu spekulieren, was die Aussprüche von toten jüdischen Meistern wohl bedeuten könnten, während ihre Frauen pflichtschuldig in der Küche Brot backen. Manchmal gibt es vielleicht einen Gesang, aber niemand, nicht einmal der gelehrteste Vertreter, kann für sich das wirkende Wissen von Aris *Kawwanot* in Anspruch nehmen, diesen mantra-ähnlichen Meditationssymbolen, die das tägliche Gebetbuch wie ein beunruhigender, nicht dechiffrierbarer Kode bedecken. Man frage danach und erfährt, daß Aris Methoden »nicht für unsere Zeit« sind. Und gewiß auch nicht die gefährlichen Reisen der *Merkaba*.

Es ist seltsam. Käme man auf die Idee, den japanischen Zen-Meister darum zu bitten, seine uralten Techniken einem neuen Zeitalter anzupassen? Nein, man kauert in einem amerikanischen buddhistischen Kloster auf seinen Knien und ißt Haferbrei mit Stäbchen, weil man pflichteifrig der »Tradition« folgt. Auch würde kein wirklicher »Wassermann« an einen Guru glauben, der seinen Lendenschurz gegen den Nadelstreifenanzug eines Bankiers eingetauscht hätte (meiner Meinung nach einer der Hauptgründe, warum der makellos gekleidete Krishnamurti Anhänger um sich scharte, die meist jenseits der Vierzig sind). Die Meditationstechniken, die uns von unseren jet-settenden Swamis angeboten werden, sind – außer bei dem publicity-tüchtigen Maharishi – eben nicht recycelt worden, damit sie den Bedürfnissen des westlichen Gemüts und Körpers entsprechen. Vielmehr werden ihre Anhänger aufgefordert, in Sprachen zu singen, die sie nicht verstehen; Zeremonien zu Ehren von Göttern durchzuführen, die sie nur aus Bilderbüchern kennen; und manchmal auch, die Eß- und Trinkgewohnheiten aus einem anderen Klima und einer anderen Kultur zu übernehmen, die zu ihrer eigenen unmittelbaren Umgebung gar nicht passen. Doch der jüdische Mystiker wird ständig zur »Modernisierung« aufgefordert, dazu, sich aller »irrelevanten« Paraphernalien wie rituelle Bäder, Sabbat und Gebet zu entledigen. Vielleicht kehren die weiblichen und männlichen Wunderkinder deshalb so häufig zum jüdischen Ritual zurück. Warum in der Sprache eines anderen beten, wenn man seit der Bar-Mizwa nicht mehr in seiner eigenen gebetet hat?

Es ist keine Frage der Modernisierung, Anpassung oder Restauration, sondern eher eine Frage, wie man lernen kann, das anzuwenden, was die Juden schon haben. Die Vorbereitungen und Wege sind in diesem Buch aufgezeichnet worden. Sie sind eine ebenso gültige Form der spirituellen Übung wie die aus dem Fernen Osten. Viele mögen der westlichen jüdischen Seele auch vertrauter sein. Ich kenne eine junge Frau, die ihre indische Meditation bestens mit ihrem chassidischen rituellen Leben vereinbart. Alle Arten interessanter Zwitterbildungen sind möglich. Am Ende der Übungen, sagen die Weisen, braucht man dann überhaupt kein System mehr. Wenn man die Spitze des Berges erreicht hat, braucht man den Esel nicht mehr. Vieles, was als Meditation, spirituelles Leben und Disziplin gilt, ist nichts anderes, als diesen Esel weiter auf dem Rücken herumzuschleppen, als ob er ein wahres und sichtbares Zeichen der »Erleuchtung« wäre, sei er nun ein jüdischer Esel, ein Zen-Esel oder ein Yoga-Esel.

Die Kabbala bietet denen, die damit gut umgehen können, klar umrissene Anweisungen, wie man ekstatische Zustände (Chassidismus), rationale, selbstprüfende Meditation (lurianische Kabbala), Konzentration und Visualisierungstechniken (Abulafias *Zeruf*) und psychologisch einsichtige Meditation (*Merkaba*) erreichen kann. Die Umhüllungen mögen vielleicht exotisch erscheinen. Doch die Art, wie die Bibel in der Sonntagsschule unterrichtet wird, hat eine ganze Generation von jüdischen Mystikern verhindert. Wer würde sich nicht von einem eifersüchtigen, ausschließlich männlichen Gott fernhalten, der die Absicht hat, jeden, der ihm in den Weg kommt, zu töten? Doch man muß nur einen Blick in den *Sohar* werfen, und es öffnet sich eine neue, herrliche Vision auf die ungeheure Welt Jahwes.

Wie steht es mit den Lehrern? Ist man gesegnet, kann man vielleicht schon bei der ersten Sitzung einen *Maggid* oder Elia selbst herbeilocken. Dann hat man den idealen spirituellen Meister gefunden, den inneren Guru. Die meisten von uns sind aber nicht ganz so erhaben. Für den gewöhnlichen Kabbala-Anfänger wäre es besser, mit der Lektüre von Originalmaterial zu beginnen, am besten auf hebräisch, am zweitbesten in Übersetzung. Denn die eigenen Worte der Lehrer sind am mächtigsten, sie erklingen auf den Seiten noch immer mit ihren ursprünglichen Stimmen. Ein gelehrter Kabbalist, den ich kenne, praktiziert nach den Lehren eines mittelalterlichen Meisters, dessen Manuskript für ihn zu einem »lebendigen« Führer geworden ist. Bachja Ibn Pakudas Rat zur Vorbereitung im Alltagsleben ist immer noch die

Grundlage für jede weitere Praxis. Man muß nicht traditionell »religiös« sein, um diese rigorose Selbstbeobachtungstechnik auszuführen. Sie ist eine unverzichtbare Vorbedingung für jede Kontemplation, besonders in der Art Abulafias, die wegen ihrer psychischen Intensität einem labilen Geist oder Körper Schaden zufügen kann.

Heute gibt es keine aktiv werbenden Kabbalisten, man sieht keine Poster an den Seminarwänden, die intensive Meditationssitzungen ankündigen, und man stößt nicht zufällig darauf. Vielleicht läßt ein gelehrter Kabbalist in einer Vorlesung über jüdische Mystik hier und da einmal einen Hinweis fallen. Wer bereits meditiert, der möge doch versuchen, das *Sch'ma* oder eine der von Rabbi Simeon bar Jochai zur Visualisierung vorgeschlagenen »Szenen« als Zentrum der Konzentration einzusetzen: die Versammlung des Volkes Israel am Sinai, die zeigt, wie die eigenen Glieder und Gedanken auf den zentralen Ort hin ausgerichtet werden. Auch eine Reise nach Israel ist hilfreich, aber nicht erforderlich; die Kabbala ist nicht an einen Ort gebunden, sie hat die Juden durch ein zweitausendjähriges Exil begleitet und ist ebenso gültig, ob sie in New Jersey oder in Jerusalem studiert wird. Doch die sephardische Tradition, die bei weitem poetischste, läßt sich am besten verstehen, wenn sie in Israel praktiziert wird. Nahöstliche oder nordafrikanische Rabbiner, die dort leben, haben keine Scheu, sich als Kabbalisten oder Mystiker zu bezeichnen. Man muß nur an ihren Empfangstagen zu ihnen in ihre Häuser, in ihre *Jeschiwoth*, gehen. Die einzigen Hindernisse sind Sprache und kulturelle Fremdheit. Man beachte jedoch, daß auch die Westler, die sich wirklich auf den tibetischen Buddhismus eingelassen haben, lernen mußten, die Sutras auf tibetisch zu lesen, und daß diejenigen, die in einem traditionellen indischen Aschram studieren, Sanskrit in nach Geschlechtern getrennten Sektionen lernen. Die kulturelle Einbindung und Ausschmückung ist für einen selbständigen, individualistischen Amerikaner oder Westeuropäer der lästigste Teil jeder Meditationsdisziplin. Es wurden zwar viele Versuche unternommen, das Wesen der Erfahrung aus dem religiösen Putz herauszufiltern, aber meines Wissens ist keiner wirklich gelungen. Ich vermute, auf dem Abschnitt der Reise, wo man noch einen »Esel« braucht, ist das Ritual auf die eine oder andere Weise eine unvermeidliche Hürde.

Weil Kabbalisten in der Regel eher sprechen als schreiben, ist es unmöglich, den idealen Meister der »Tradition« in Büchern zu finden. Keine »Kabbala-Hochschule« experimentiert mit den physischen Auswirkungen des *Zeruf*, in keinem intellektuellen Zentrum versammeln sich Kabbalisten, um Ideen über die »neue« Kabbala auszutauschen. Es gibt keine *neue* Kabbala. Nur eine alte, die im 20. Jahrhundert noch niemand verbessert hat – jedenfalls bisher nicht. Am leichtesten lassen sich die chassidischen Zentren finden, auf die man stößt, wenn man die traditionelle Orthodoxie durchforstet, und die einem immerhin eine Ahnung des Funkens in ihrem Innern vermitteln. Nur dauert das Durchforsten unglücklicherweise oft ein Leben lang. Manche der chassidischen Techniken lassen sich am besten von vielpublizierten liberalen Rabbis wie Zalman Schachter, Führer der *Bnei Or* (Kinder-des-Lichts)-Gemeinde in Philadelphia lernen. Man hat mir erzählt, daß in jeder größeren Stadt in Israel Kabbalisten der verschiedensten Richtungen wohnen, die meisten von ihnen so unauffällig, daß nur eine unverzagte Suche sie ausfindig machen kann. Kein wahrer Lehrer der Kabbala wird für sich werben; hat man Glück, dann erfährt man mündlich von ihm oder ihr. Wie Larry Darrel in Somerset Maughams *The Razor's Edge* muß man einfach weiter für sich suchen.

Adam Kadmon: metaphorisch »der Körper Gottes«.

Aravoth: ein heiliger Ort, an dem die abgeschiedenen Seelen der Heiligen und Weisen wohnen.

Bahir: »das Buch des Lichts«; das Handbuch eines französischen Mystikers aus dem 11. Jahrhundert.

Bina: die Sphäre *Verstehen* auf dem kosmischen Baum.

Bittul ha-Jesch: die Auslöschung des begehrenden Selbst oder Ich.

Chajoth: »Lichtblitz«; eine von Ezechiel beschriebene Vision, bei den → Merkaba-Mystikern Symbol für einen hoch ekstatischen Zustand.

Chassid: mystischer Frommer.

Chassiduth: Hingabe an Gott, Frömmigkeit.

Chaverim: »Genossen«; eine Gruppe von Mystikern in Safed im 16. Jahrhundert.

Cheschek: mystischer Enthusiasmus.

Chochma: die Sphäre *Weisheit* auf dem kosmischen Baum.

Daat: die geheimen Sphären des *Wissens* auf dem kosmischen Baum.

Debekuth: der Zustand des Gott Anhangens.

Dillug: »Springen«; eine meditative Übung mit freier Ideenassoziation nach einem spezifischen Kode der Wörter.

Dodi: »lieber Freund«; der Zustand, in dem der Mystiker an Gott eher durch Liebe als durch Ehrfurcht gebunden ist.

Elohim Chajim: »der lebendige Gott«; ein durch tiefe Konzentration erreichter Zustand des ekstatischen Bewußtseins.

En Sof: der Unendliche.

Etrog: Zitronenfrucht; während der Meditation im Zentrum des Herzens visualisiert.

Gilgulim: Inkarnationen.

Hachanoth: chassidische Vorbereitungen auf das Gebet: Meditation, rituelle Waschung, Anziehen nichtwollener Kleider.

Halacha: die jüdische Gesetzestradition.

Haluk: ein Kleid aus Licht, das Gottes Herrlichkeit umgibt und für die → Merkaba-Mystiker sichtbar ist.

Hasaga: die Betonung des Intellekts als Weg zu Gott bei den Lubawitscher Chassidim.

Hebel: der Atem in Zusammenhang mit den meditativen Atemübungen über einen Text aus Ekklesiastes.

Hechaloth: die Hallen in Gottes Palast.

Histapkuth: »machend tun«, die asketische Haltung der mittelalterlichen Schule Isaaks von Akko.

Hitbodeduth: Meditation.

Hitlahawuth: chassidischer Enthusiasmus.

Hitpaaluth: die chassidische Entrückung nach dem kontemplativen Gebet.

Ibbur: die zusätzliche Seele, die allen, die den Sabbat halten, an diesem Tag geliehen wird.

Jechida: die Einheit mit dem Absoluten.

Jichud: die mentale Übung des »Bindens«, die von Isaak Luria, dem Ari von Safed, eingeführt wurde.

Kabbala: der Sammeltitel für die jüdische mystische Tradition.

Kawwana: die Konzentration auf einen Punkt.

Kawwanot: die Symbole im lurianischen Gebetbuch, die die Konzentration auf einen Punkt herbeiführen sollen.

Kisupha: das Sehnen nach dem Göttlichen.

Lulav: ein Palmzweig; in der meditativen Visualisierung symbolisch für die Wirbelsäule.

Madregot: die Ebenen des mystischen Aufstiegs.

Maggid: im gewöhnlichen Leben ein Prediger; im spirituellen Leben ein himmlischer Wächter.

Maskil: erleuchtet.

Matrona: der weibliche Aspekt Gottes, auch → Schechina genannt.

Mechavenim: diejenigen, die ihr Gebet mit Meditation verrichten.

Merkaba: Thronmystik, die in den ersten beiden Jahrhunderten der gemeinsamen Zeitrechnung vorherrschend war. Von den Mystikern, die hebräische Buchstaben permutierten, auch als »Wagen«, »Kombinieren« und »Übertragen« definiert.

Mischna: mündliches Gesetz, das im 3. Jahrhundert von Juda dem Fürsten kompiliert wurde.

Mizwa: die göttliche Vorschrift.

Mohin degadluth: in der chassidischen Ekstase erreichte Bewußtseinserweiterung.

Neschama: der spirituelle Anteil der Seele.

Niggun: die wortlose Melodie, die bei den Lubawitscher Chassidim zur Herbeiführung eines meditativen Zustandes eingesetzt wurde.

Ofanim: radförmige Engelwesen.

Pardes: der »Garten«, Symbol für die jüdische mystische Praxis.

Rav: der Meister.

Rav Ha-Chassid: der Meister der Andacht.

Rebbe: der chassidische Meister.

Schedim: dämonische Wesen, die den Geist bei der Meditation verwirren.

Schefa: der Zustrom des Göttlichen, Influxus.

Schechina: Gottes weiblicher Aspekt und seine unmittelbare Gegenwart, auch → *Matrona* genannt; weilt in der Sphäre *Herrschaft* auf dem kosmischen Baum.

Sch'ma: die tägliche Rezitation der Einheit Gottes.

Schem Hameforesch: der spezifische Name Gottes.

Sefer Jezira: ein Handbuch zur Permutation der Gottesnamen aus dem 1. Jahrhundert.

Sohar: »das Buch des Glanzes«; ein spanisches Mystikerhandbuch aus dem 13. Jahrhundert, von zentraler Bedeutung für die Kabbala des Mittelalters.

Tannaitische: die Epoche der jüdischen Geschichte, in der das mündliche Gesetz kodifiziert wurde (1.–5. Jahrhundert).

Tetragrammaton: JHWH, der heilige Name Gottes.

Tewuna: ein chassidisches Stadium der Kontemplation, in dem die Unterscheidung zwischen Subjekt und Objekt verschwindet.

Tikkun: eine spirituelle Übung zur »Wiederherstellung«.

Zaddik: erleuchteter Heiliger.

Zeruf: die mentale Permutation der hebräischen Buchstaben.

Zizith: Fransen, die von Männern auf ihrer Kleidung getragen werden, um dem biblischen Gebot in Numeri 15, 37–41 zu folgen.

Bibliographie

Primärquellen

Abarbanel, Isaac, »Nachalot Avot«. Kommentar zu *Sayings of the Fathers*. Venedig 1545. Übersetzung von Aryeh Kaplan. New York 1953

Abulafia, Abraham, *We-zot le-Jehuda*. Zitiert in: A. Jellinek, *Ginzaj chochmoth na-Kabbala*. Leipzig 1853, S. 13 ff.

–, *Scheva Netivoth Ha-Tora*. Zitiert in: A. Jellinek, *Philosophie und Kabbalah*. Leipzig 1854

–, *Ozar Eden Ganus*. Bodleian Library, Oxford, MS Nr. 606

–, *Sefer ha-zeruf*. Bibliothèque Nationale, Paris, MS Nr. 774 und Jewish Theological Seminary, New York, MS Nr. 1887

–, *Mafteach ha-chochmoth*. Jewish Theological Seminary, New York, MS Nr. 1686

–, *Mafteach ha-schemoth*. Jewish Theological Seminary, New York, MS Nr. 1897

–, *Or ha-sechel*. Vatikanbibliothek, Rom, MS Nr. 233

–, *Sefer ha-cheschek*. Jewish Theological Seminary, New York, MS Nr. 858

–, *Chaje olam ha-ba*. Hebräische Universität Jerusalem, MS Nr. 8°540

Albotini, Jehuda, *Sulam Ha-Alija*. Hebräische Universität, Jerusalem, MSS Nr. 334 und Nr. 1302

Bahya Ibn Paquda, *The Book of Direction to the Duties of the Heart*. Übers. von Menachem Mansoor. London 1973

Caro, Josef, *Maggid Mescharim*. Lublin 1551

Charles, R. H., Hrsg. und Übers., *The Book of Enoch*. London 1962

Cordovero, Moses, *The Palm Tree of Deborah*. Übers. von Louis Jacobs. New York 1974

–, *Pardes Rimonim*. Venedig 1586

–, *Sefer or jakar*. Zitiert in: G. Scholem, *Kitve jad a-Kabbala*. Jerusalem 1930, S. 232

Dov Bär of Lubavitch, *Tract on Ecstasy*. Übers. von Louis Jacobs. London 1963
Isaak von Akko, *Ozar ha-chajim*. Hebräische Universität, Jerusalem, MS Nr. 775–1062
Luzzatto, Moses Chayim, *Derech ha-Shem*. Übers. von Aryeh Kaplan. Unveröffentlichtes MS
–, *The Path of the Just*. Übers. von Shraga Silverstein. Jerusalem 1974
Maimonides, Abraham, *Sefer Ha-Maspik Leovdey Ha-Shem*. Übers. aus dem Arabischen ins Hebräische von Yosef ben Tzalach Dori; aus dem Hebräischen ins Englische von Aryeh Kaplan. Jerusalem 1965
Maimonides, Moses, »Dreizehn Prinzipien des Glaubens«, in: Maimonides *Werke*. Ein Querschnitt durch das Werk des Rabbi Moshe Ben Maiman. Auswahl und Übertragung von Nahum Norbert Glatzer. Köln: Hegner 1966
Sefer Bahir. Übers. von Aryeh Kaplan. New York. Erscheint demnächst
Selections from Hekhalot Rabatai. Übers. von Aryeh Kaplan, in: A. Kaplan, *Meditation and Kabbalah*. York Beach, Maine, 1982
Selections from Pirkey Hekhalot. Übers. von Aryeh Kaplan. Unveröffentlichtes MS
Schem Tov der Sefardi, *Schaare Zedek*. Columbia University, New York, MSS Nr. X 893 und Nr. Sh 43
Usieli, Chajim Josef David, *Midbar Kadmut*. Lvov 1870
Vital, Chajim, *Schaare Keduscha*. Konstantinopel 1731
–, *Schaare Keduscha*. Teil IV. British Museum, London, MS Nr. 749
–, *Shaarey Ruach Ha-Kodesh*. Ausgew. und übers. von Aryeh Kaplan, in: A. Kaplan, *Meditation and Kabbalah*. York Beach, Maine, 1982
Zajach, Josef ben Abraham ibn, *Even ha-schoham* und *Scherit Josef*. Hebräische Universität, Jerusalem, MS Nr. 8°416
Zohar, Vol. 1–5. Übers. von H. Sperling und M. Simon. London 1933

Sekundärquellen

Abelson, J., *Jewish Mysticism*. New York 1969
Bension, Ariel, *The Zohar in Moslem and Christian Spain*. New York 1932
Chang Chung-yuan, *Creativity and Taoism*. New York 1970

Enelow, H. G., »Kawwana: The Struggle for Inwardness in Judaism«, in: *Studies in Jewish Literature*. Berlin 1913
Fluegel, Maurice, *Philosophy, Qabbala and Vedanta*. Baltimore 1902
Ginzburg, Simon, *The Life and Works of Moses Hayyim Luzzatto*. Philadelphia 1931
Hurwitz, Siegmund, »Psychological Aspects in Early Hasidic Literature«, in: *Timeless Documents of the Soul*. Evanston, Ill., 1968
Jacobs, Louis, *Hasidic Prayer*. London 1972
Kaplan, Aryeh, »Sparks in the Night«. Unveröffentlichtes MS
–, »The Light Beyond: Adventures in Hasidic Thought«. Unveröffentlichtes MS
–, *Meditation and Kabbalah*. York Beach, Maine, 1982
–, *Rabbi Nachman's Wisdom*. New York 1973
Mindel, Nissan, *Rabbi Schneur Zalman of Liadi*. 2 Bde., New York 1973
Rabinowicz, Harry M., *The World of Hasidism*. Hartford, Conn., 1970
Rosenberg, Roy A., *The Anatomy of God*. New York 1973
Rubinstein, Aryeh, *Hasidism*. New York/Paris 1975
Schechter, Solomon, »Safed in the Sixteenth Century«, in: *Studies in Judaism*, 2. Serie. Philadelphia 1945
Scholem, Gershom, »Ha-Kabbalah Shel Sefer Ha-Temunah ve Shel A. Abulafia«, in: *Perakim betoldot Ha-Kabbalah Besefard*, Nr. 2, hrsg. von Y. ben Shlomo, Jerusalem 1965
–, Jewish Gnosticism, *Merkabah Mysticism, and Talmudic Tradition*. 2. Aufl., New York 1965
–, *Die jüdische Mystik in ihren Hauptströmungen*. Frankfurt am Main 1967
Staal, Frits, *Exploring Mysticism*. Berkeley 1975
Werblowsky, Zvi, *Joseph Caro, Lawyer and Mystic*. New York 1962
Zwelling, Jeremy, »Androgynous God, Androgynous Man: A Kabbalistic Interpretation«. Unveröffentlichtes MS

Quellennachweise

Für die freundliche Genehmigung zum Nachdruck danke ich:

Exzerpte aus *The Life and Works of Moses Hayyim Luzzatto* von Simon Ginzburg. ©1931 by Greenwood Press, Inc. Nachdruck mit Genehmigung von Greenwood Press, Inc., Philadelphia.

Exzerpte aus *Major Trends in Jewish Mysticism* von Gershom G. Scholem. Copyright ©1946, 1954 by Schocken Books, Inc. Copyright ©1974 by Schocken Books, Inc. Nachdruck mit Genehmigung von Schocken Books, Inc., New York.

Exzerpte aus *The Path of the Just* von M. C. Luzzatto, übersetzt von Shraga Silverstein. ©1974 by Feldheim Publishers. Nachdruck mit Genehmigung von Feldheim Publishers, Jerusalem/New York.

Exzerpte aus *Rabbi Nachman's Wisdom*, übersetzt von Aryeh Kaplan. Copyright ©1973 by Aryeh Kaplan. Privatdruck, Vertrieb durch Hermon Press, New York. Mit Genehmigung des Autors.

Danksagung

Mein besonderer Dank gilt Rabbi Aryeh Kaplan, meinem Übersetzer, für seine verständisvollen Interpretationen der hebräischen und aramäischen Texte. Seine persönliche Einstellung zur Kabbala hat meine Arbeit über den Rahmen einer bloßen Übersetzung hinaus bereichert.

Bibliothèque Nationale, Paris.
Bodleian Library, Oxford.
British Museum, London.
Columbia University Library, Handschriftenabteilung, New York.
Hebräische Universitätsbibliotheken, besonders Benjamin Richler von der Mikrofilmabteilung, Jerusalem.
Jewish Theological Seminary Library, besonders Susan Winter und Micah Oppenheim, New York.
Alma Khayenko, Jerusalem.
Tovyah Lasdun von Feldheim Book Publishers, New York.
Dr. Nili Livni, Hadassa Hospital, Jerusalem.
Professor Ruth Reichelberg, Bar Ilan Universität, Ramat Gan, Israel.
Rabbi Alexandre Safran, Universität Genf, Schweiz.
Abraham Samet, Jerusalem.
Vatikanbibliothek, Rom.
Donald Weiser von Samuel Weiser Books, New York.
Professor Jeremy Zwelling, Wesleyan University, Middletown, Connecticut.

Die Weisheit der Upanischaden

Klassiker indischer Spiritualität

Herausgegeben und
ins Deutsche übersetzt von
Hans-Georg Türstig

Band 12896

Die Upanischaden haben seit über zweitausend Jahren das Leben, das Denken und den Glauben von Millionen von Menschen entscheidend geprägt. Als Abschluß und Krönung der großen vedischen Literatur Indiens enthalten sie Lehren, die in einer ungebrochenen mündlichen Tradition von Generation zu Generation überliefert und weiterentwickelt wurden, ehe sie in der uns heute bekannten Form schriftlich niedergelegt wurden. Der ganze Reichtum der indischen Weisheitstradition hat in diesen Schriften Niederschlag gefunden. Sie geben Auskunft über das Wesen des Göttlichen und der Welt; über den Atman, die unsterbliche individuelle Seele, und ihre Identität mit Brahman, der Weltseele; über die verschiedenen Wege und Methoden des Yoga, die zur Erlösung und Verwirklichung von Sat-Chit-Andanda, von »Sein-Bewußtsein-Glückseligkeit« führen. »Die Upanischaden sind die belohnendste und erhebendste Lektüre, die auf der Welt möglich ist«, sagte Arthur Schopenhauer, dem diese Texte selbst nur in einer unzulänglichen Drittübersetzung zugänglich waren. Die hier vorgelegte zeitgemäße Neuübertragung der wichtigsten Upanischaden aus dem Sanskrit-Original macht deutlich, daß diese Klassiker der östlichen Weisheit bis heute nichts von ihrer Relevanz für jeden Wahrheitssuchenden eingebüßt haben.

Fischer Taschenbuch Verlag

fi 5105 / 2

Ravi Ravindra

Mystisches Christentum

Das Johannesevangelium im Licht fernöstlicher Weisheit

Aus dem Amerikanischen von Hans-Georg Türstig

Band 13029

Von einer in äußeren Formen und dogmatischen Glaubenssätzen erstarrten Amtskirche enttäuscht, haben sich viele Westler, die eine spirituelle Orientierung suchen, östlichen Meditationswegen zugewendet. In diesem Buch zeigt ein indischer Kenner östlicher Religionen, daß das Licht mystischer Erfahrung, das viele im Orient suchen, auch im Herzen der christlichen Tradition zu finden ist – wenn man ihre Quellen vom Standpunkt innerer religiöser Erfahrung und nicht nur vom oberflächlichen Wortlaut zu interpretieren versteht. Ohne die Enge theologischer Schriftgelehrtheit und kirchlicher Dogmatik interpretiert der Autor das Johannesevangelium vor dem Hintergrund der uralten Weisheitslehren des Ostens. So gewinnt das Johannesevangelium – jenseits von christlichen »*Allein*gültigkeitsansprüchen« – eine *allgemein*gültige, universale Dimension, deren Verständnis uns die meisten christlichen Sonntagspredigten und theologischen Abhandlungen eher verbaut als erleichtert haben. Und so ist es gerade der Blick aus der kulturellen Distanz, der uns die mystische Tiefe und die kulturübergreifende Relevanz dieser heiligen Schrift auf eine für Christen wie für Freunde östlicher Weisheit inspirierende Weise vor Augen führt.

Fischer Taschenbuch Verlag

fi 5103 / 2

Thomas Cleary

Die Drei Schätze des Dao

Basistexte der inneren Alchemie

Aus dem Englischen
von Ingrid Fischer-Schreiber

Band 12899

Vitalität, Energie und Belebender Geist sind die zentralen Konzepte der uralten chinesischen Kunst der Harmonisierung von Körper, Geist und Seele. Von den Daoisten, die diese Kunst über Jahrtausende entwickelt und verfeinert haben, werden sie die »Drei Schätze« genannt, denn auf ihnen basiert unser Leben, unsere Gesundheit und unsere körperliche und geistige Entwicklung. Diese Drei Schätze sind auch die Grundpfeiler jener von daoistischen Weisen entwickelten Disziplinen, die heute im Abendland so großes Interesse finden. Der vorliegende Band versammelt Auszüge aus chinesischen Quellentexten, die die Theorie der Drei Schätze und die Möglichkeiten ihrer praktischen Umsetzung darlegen. Der Bogen spannt sich dabei über zweieinhalb Jahrtausende von den berühmten Klassikern der Väter des Daoismus (Laotse, Chuang-tzu u. a.) über Parabeln und satirische Lehrgeschichten von geheimnisvollen daoistischen Magiern, die Unterweisungen der chinesischen Alchemisten des Altertums sowie Anleitungen zur Komtemplation und Meditation bis hin zu den Lehren zeitgenössischer daoistischer Adepten. Für jeden, der sich für die philosphischen und spirituellen Lehren Chinas und ihre praktische Anwendung in Medizin, Energiearbeit und meditativer Schulung interessiert, ist dieser Band eine Fundgrube von zum größten Teil erstmals ins Deutsche übersetzten Basistexten.

Fischer Taschenbuch Verlag

fi 5104 / 2

William Hart

Die Kunst des Lebens

Vipassana-Meditation nach S. N. Goenka

Aus dem Amerikanischen von
Heinz Bartsch

Band 12991

Vipassana, ein Wort aus dem altindischen Pali, bedeutet »die Dinge zu sehen, wie sie sind«. Es ist die Essenz der Lehre des Buddha. Vipassana ist die Wissenschaft vom Geist und der Materie und der Art, wie beide miteinander verknüpft sind. Als Vipassana-Schüler lernt man, die eigene Natur zu beobachten. Dazu muß man sich selbst erforschen und die eigenen geistigen und körperlichen Prozesse erkennen und verstehen lernen. Diese direkte Erfahrung der eigenen Realität, diese Technik der Selbstbeobachtung ist die Vipassana-Meditation. Im Laufe dieser tiefgreifenden Schulung des Geistes lernt der Meditierende, sich nach und nach von seinen geistigen Verspannungen, Konditionierungen und Illusionen zu befreien. Man lernt eine »Kunst zu leben«, mit der man beginnt, die natürlichen Qualitäten des Geistes zu entwickeln: Liebe, Mitgefühl, Freude, Gleichmut. Konkrete Fragen von Schülern und Antworten von S. N. Goenka am Ende der Kapitel zeigen die praktische, einfache und hilfreiche Natur der Vipassana-Meditation.

Fischer Taschenbuch Verlag

fi 5102 / 2